학습자 모어 특성에 따른 한국어 교수법

박덕유 외

박문사

머리말

한국어 교육의 역사는 길게 잡으면 고대 국가 시기까지 거슬러 올라갈 수 있겠지만, 해방 이후 현대 한국어 교육이 시작된 이후로 지금에 이르기까지 짧은 시간 동안 한국어 교육의 열기는 나날이 더해지고 있고 학문적 성과 또한 놀랍게 축적되고 있다. 1959년 최초로 국내 대학에 부설 기관으로 연세대학교 한국어학당이 개원된 이래 어느덧 60년 가까운 시간이 흘렀다. 그동안 한국어에 대한 국내외의 관심이 폭발적으로 증가하면서 한국어를 학습하는 학습자는 연령, 국적, 언어권, 직업, 이주, 정착 등 학습자 특성과 학습 목적에 따라 다양해졌다.

국내 대학과 대학원에서 한국어 교육과 한국학을 전공한 우수한 외국인 학습자들은 본국에 돌아가 대학에서 한국어를 가르치고 있고 한국인 한국어 교수자들도 세계 여러 국가에서 한국어와 학습자 모어를 대비하며 한국어를 가르치고 있다. 이들의 한국어에 대한 열정은 연구 성과에도 이어져 한국어를 보편적인 언어적 시각에서 고찰하고 언어 유형론적 관점에서 한국어의 특성을 더욱 세밀하고 정교하게 기술하도록 이끌고 있다. 이 책 『학습자 모어 특성에 따른 한국어 교수법』은 이러한 흐름에서 한국어 학습자의 모어 특성을 고려하여 한국어를 효과적으로 가르치고자 하는 목적에서 집필되었다.

이 책은 크게 세 부분으로 이루어졌다. 우선 1장은 학습자의 특정 모국어에 한정되지 않고 다국적 학습자에게 적용할 수 있는 한국어 음운과 어휘를 교수하는 방법에 대한 것이다. 그러나 교수자는 얼마든지 1장의 내용에 대해 학습자의 모국어 특성을 반영하여 교수 내용과 방법을 달리 적용할 수 있다. 「한국어 음운규칙의 교수 방안」은 음성에서부터 출발하여 음운의 특성, 조음 위치와 방법, 음절 등 음운규칙과 관련된 제반 용어에 대한 개념과 주요 특성을 한국어 사례에 접목하여 한국어의 발음 원리를 체계적이고 실제적인 방식으로 학습할 수 있도록 제시하였다.

「확장형 읽기를 활용한 한국어 어휘 교수 방안」에서는 수준별 교재를 활용한 확장형 읽기는 학습자에게 많은 양의 어휘를 접하게 하되 어휘를 통제하여 동일한 어휘를 다양한 맥락 속에서 정기적인 주기로 마주칠 수 있게 하기 때문에 학습자가 체계적으로 어휘를 학습할 수 있으며 지속적인 읽기 활동을 통해 한국어 학습자들은 한국의 문화 요소를 자연스럽게 터득하게 되고 읽기에 대한 흥미로 인해 어휘 학습과 한국어 학습에 대한 긍정적인 태도를 형성하게 됨을 논의하였다.

제2장에서는 학습자 모어 특성에 따른 한국어 조사의 교수·학습 방안을 다루었다. 한국어와 달리 조사가 없는 인도네시아어를 모어로 하는 학습자들과 조사가 있으나 그 차이점에서 더 정교한 학습이 필요한 터키어 학습자들을 위한 한국어 조사 학습 방법이 제시되었다. 「인도네시아인 한국어 학습자의 조사 사용 양상과 교수·학습 방안」에서는 인도네시아인 학습자들이 모국어에는 없는 조사를 학습함에 있어 상대적으로 많고 다양한 한국어 조사를 구별하여 사용하는 데 많은 혼란을 겪고 있으며 조사가 생략된 문장이 구어체에 허용되는 것을 습관적으로 실제 작문에서도 생략시켜 오류를 범하고 있음을 보였다. 이에 인도네시아인 한국어 학습자를 위한 조사 교육 순서, 의미와 쓰임이 비슷한 조사들의 비교 학습, 서술어의 품사에 대한 정보와 문형을 토대로 한 교수 방안을 제시하였다.

「터키인 한국어 학습자의 조사 사용 양상과 교수·학습 방안」에서는 터키어와 한국어는 모두 알타이 제어로, 조사와 어미의 첨가로 인해 문장이 구성된다는 공통점이 있으나 고급 학습자가 되어서도 오류를 많이 생성하는 목적격 조사의 차이점을 부각하여 교수방안을 제시하였다. 한국어 조사 '을/를'의 12가지 용법에 따른 의미 대응 관계를 분석하고 터키어에는 없는 용법들을 대조하여 제시하였으며 조사 '을/를'의 다양한 용법을 전 학습 단계에 따라 단계별 학습 내용을 설정하고, 적절한 교수 모형 절차를 제안하였다.

마지막으로 제3장에서는 학습자 모어 특성에 따른 한국어 문법 교육에 대한 내용을 제시하였다. 「중국인 학습자를 위한 의문문 의사소통 기능 실현요소와 교수·학습 방안」은 한국어 의문문과 중국어 의문문의 기능이 실현되는 문법 요소를 대조 분석하여 한국어 의문문의 다양한 의사소통 기능이 실현되는 문법 요소는 주로 의문형 종결어미, 의문사, 선어말 어미 '-겠-', 부사, 부정법, 구문 표현 등이지만 중국어 의문문의 다양한 기능이 실현되는 문법 요소는 주로 의문 어기사, 의문대사, 양태동사, 어기 부사, 부정법, 통사 구조 등임을 밝히고 언어 간의 차이로 인한 한·중 의문문의 다양한 기능을 귀납 추론 전략 활용하기와 대조 전략 활용하기 교수·학습 방안을 통해 제시하였다.

「태국인 한국어 학습자를 위한 어휘 교육」에서는 하나의 어휘를 학습하고 어휘 형성 원리를 통해 관련 어휘를 확장해 나가는 방식을 제안하였다. 단어를 암기하고 잊어버리는 단순화된 훈련에서 벗어나 좀 더 체계적인 어휘학습이 가능할 수 있도록 빈번한 빈도를 보이며 단어 구성에 참여하는 단어 구성 요소를 추출하여 태국어와 한국어를 대비하였다. 이 대비한 자료는 한국어의 '수식어+피수식어'의 어순과 대조되는 태국어의 '피수식어+수식어'의 어순이 단어 형성에도 그대로 반영되었음을 보인다.

「베트남인 학습자를 위한 한국어 재귀표현 교육」에서는 한국어와 베트남어 재귀표현의 개념과 특징을 살펴보고 양국 언어의 재귀표현을 대조하여 베트남인 학습자가 효율적으로 한국어 재귀표현을 사용할 수 있는 방안을 제시한 것이다. 한국어 재귀표현인 '자기', '자신', '스스로', '본인', '자체'는 베트남어 재귀표현은 'mình', 'bản thân', 'tự'에 일대일로 대응하지 않아 각 한국어 재귀표현을 베트남어로 번역할 때에 경우에 따라 모두 'mình', 'bản thân', 'bản thân mình', 'tự' 등으로 번역할 수 있는 점, 교착어인 한국어의 특성으로 한국어 재귀 대명사는 격조사와 결합되지만 고립어인 베트남어에서 재귀 대명사는 격표지 없이 쓰이는 점 등 한국어와 베트남어의 차이점을 면밀히 대비하고 각각의 상황에 학습자가 어떠한 내용을 염두에 두고 학습해야 하는지를 제시하였다.

끝으로 이번에 『학습자 모어 특성에 따른 한국어 교수법』을 발간할 수 있도록 인도하신 하나님께 영광을 돌리며, 여러 모로 도움을 주신 모든 분들께 감사드린다. 아울러 본서를 출판해 주신 도서출판 박문사 관계자 여러분께 진심으로 고마움을 전한다.

2017년 7월
저자 일동

차례

제1장
한국어 음운 및 어휘 교수법

제2장
학습자 모어 특성에 따른 한국어 조사의 교수 · 학습 방안

차례

제3장
학습자 모어 특성에 따른 한국어 문법 교육

학습자 모어 특성에 따른
한국어 교수법

제 1 장

한국어 음운 및 어휘 교수법

1. 한국어 음운규칙의 교수 방안

박덕유 | 인하대학교 교수

서론

한국어가 배우기 쉽다고 한다. 이는 모어 화자인 한국인만이 아니라 외국인들에게도 동일하게 적용되는 말이다. 실제로 한국인이 다른 언어를 배우고 의사소통하는 능력보다 외국인이 동일 기간에 한국어를 배우고 의사소통하는 능력이 더 우수하다. 그 이유는 한국어를 배우기가 쉽기 때문이다. 한국어를 배우기 쉬운 이유는 무엇보다 음소의 체계성과 과학성이라 볼 수 있다. 즉 자음의 경우 발음기관을 상형(象形)하여 만든 글자이므로 조음 위치와 방법에 따라 발음되기 때문이다. 그리고 그 기본자를 이해하면 격음(激音, 거센소리)과 경음(硬音, 된소리)은 가획(加劃)의 원리에 따라 쉽게 이해할 수 있다. 예를 들어 혀의 뒤와 입천장의 연구개에서 나는 소리 'ㄱ'은 거센소리 'ㅋ'과 된소리 'ㄲ'과 같은 자리에서 나는 글자이다. 이러한 발음기관의 조음 위치에 따라 기본자를 만들고, 가획자와 이체자(異體字, 같은 위치에서 나는 소리이지만 모양이 다른 글자)를 만든 것이 훈민정음의 제자원리이다. 이러한 조음 위치에 따른 문자 배열은 서구에서 사용하는 로마자보다 뛰어나다. 다만 문제가 되는 것은 발음하기가 어렵다는 점이다. 그 이유는 한국어 자음의 경우 공명음(共鳴音)인 유성음 문자는 현재 4개인 반면에 무성음 문자는 무려 15개에 이른다. 무성음 문자는 일종의 저지음이므로 발음하기 어려운데 그것은 폐에서부터 발음기관을 거쳐 발화되는 공기의 흐름이 장애받기 때문이다.

본고에서는 한국어 음운규칙을 문법 명칭에 따른 암기식 학습이 아니라 왜 그렇게 발음되는지 실제적인 학습 방법 면에 초점을 맞춰 논의할 것이다. 이에 한국어 발음에 대한 학습의 원리를 쉽게 이해하도록 음운규칙 학습 방안에 대해 기술하려고 한다. 우리는 어릴 때부터 문법 용어 중심으로 학습해 왔다. 예를 들어 "'국민'이 '[궁민]'으로 발음되는 문법 현상을 무엇이라고 하나요?"라는 질문을 받으면 그 답은 '자음동화'였다. 그러나 '자음동화'라는 문법 용어가 중요한 것이 아니라 자음동화가 무엇인지 그 원리와 방법을 설명하는 것이 중요하다. 오히려 '자음동화'라는 문법 용어는 몰라도 된다. 중요한 것은 그 과정이다. 이것이 본고에서 기술하려는 목적이다. 이에 한국어 무성음과 유성음, 발음기관의 조음 위치와 방법 등을 통해 고찰함으로써 한국어 음운규칙을 외국인 학습자들에게 이해하기 쉽게 교수하는 방법을 소개하는 데 본고의 목적이 있다.

2 음성의 개념과 특성

음성이란 인간의 말소리, 즉 사람의 음성기관을 움직여서 내는 언어음(speech sound)으로 이루어지는 소리이며, 이 언어음을 연구하는 것을 음성학이라 한다. 음성학에서는 소리가 어떻게 나오며 어떻게 음파를 타고 전달되고 어떻게 지각되는지 언어음의 특성에 대한 일반적인 연구를 다룬다. 음성학(phonetics)은 음운론(phonology)과 유사한데, 음성학이 소리에 대한 정적(靜寂, static)인 학문이라면, 음운론은 동적(動的, dynamic)인 학문이다. 그리고 음성학이 소리에 대한 과학적인 기술과 분석적인 반면에, 음운론은 소리의 체계와 그 기능적인 것으로 음성모형과 음운체를 연구한다.

음성학은 화자가 소리 내는 조음기관의 움직임을 연구하는 조음음성학(articulatory phonetics)과 음향적 방면으로 소리를 전파 매개하여 음파의 성질을 연구하는 음향음성학(acoustic phonetics), 그리고 청취자의 입장에서 귀로 감지하는 음성을 고찰하는 청취음성학(auditory phonetics) 등이 있다.

'가곡'에서 첫음절의 'ㄱ'과 둘째 음절의 첫소리와 끝소리 'ㄱ'은 폐쇄음으로 혀와 여린입천장(연구개)을 이용하여 공기의 흐름을 막았다(閉鎖, 폐쇄)가 터뜨려 낸다(破裂, 파열)는 공통점이 있지만, 첫음절의 'ㄱ'은 무성음(無聲音, voiceless)이고 둘째 음절의 첫소리 'ㄱ'은 유성음(有聲音, voiced)이라는 차이점이 있다. 그 이유는 둘째 음절의 첫소리(초성)는 유성음인 모음과 모음 사이에 있기 때문이다. 그리고 둘째 음절의 끝소리(종성)의 'ㄱ'은 '가곡'의 첫음절 'ㄱ'과는 무성음이라는 공통점이 있지만 공기의 흐름을 폐쇄하기만 하고 파열하지 않는다는 점에서 다르다. 이와 같이 구체적인 소리의 하나하나를 음성(音聲)이라 한다.

① 유성음과 무성음

음성은 성대진동, 즉 성(聲, voice)의 유무에 따라 유성음과 무성음으로 나뉜다. 성대를 진동시킴으로써 발음되는 소리, 곧 성대 진동을 동반하여 산출되는 소리를 유성음(voiced)이라 하고, 유성음과는 달리 성대 진동을 동반하지 않는 소리를 무성음(voiceless)이라 한다. 예를 들면 모든 모음과, 자음 중 /ㄴ, ㄹ, ㅁ, ㅇ/ 등이나 /b, d, g/ 등은 유성음이고, 한국어에서 모음과 /ㄴ, ㄹ, ㅁ, ㅇ/을 제외한 모든 자음은 무성음이다. 영어의 pit(구멍)에서 p는 무성음이고, bit(작은 조각)에서 b는 유성음이다.

② 구음과 비음

음성은 기류가 입안으로 향하느냐 코 안으로 향하느냐에 따라 구음(口音, orals)과 비음(鼻音, nasals)으로 나뉜다. 연구개(velum, 라틴어로 '돛'의 뜻)를 올려서 코로 들어가는 기류를 차단하고 입안 쪽으로 기류를 향하게 하여 산출되는 소리를 구음 또는 구강음(orals)이라 하고, 연구개를 아래로 내려서 기류 전체 혹은 일부를 코로 통하게 하여 비강에서 공명하여 산출되는 소리를 비음 또는 비강음(nasals)이라 한다. /ㄴ, ㅁ, ㅇ/은 비음이고, 다른 자음은 모두 구음이다.

③ 지속음과 비지속음

호기(呼氣)를 완전히 차단하느냐, 혹은 부분적으로 차단하느냐에 따라 조음시의 소요되는 시간이 달라져 지속음과 중단음인 비지속음으로 발음된다. 발화할 때 기류가 완전히 막히지 않거나 부분적으로 막혀서 내는 소리를 지속음(continuant)이라 하고, 완전히 차단하여 내는 소리를 중단음 또는 비지속음(interrupted)이라 한다. 기류가 음성기관에서 방해를 받는 정도에 따라 자음과 모음으로 나뉜다.

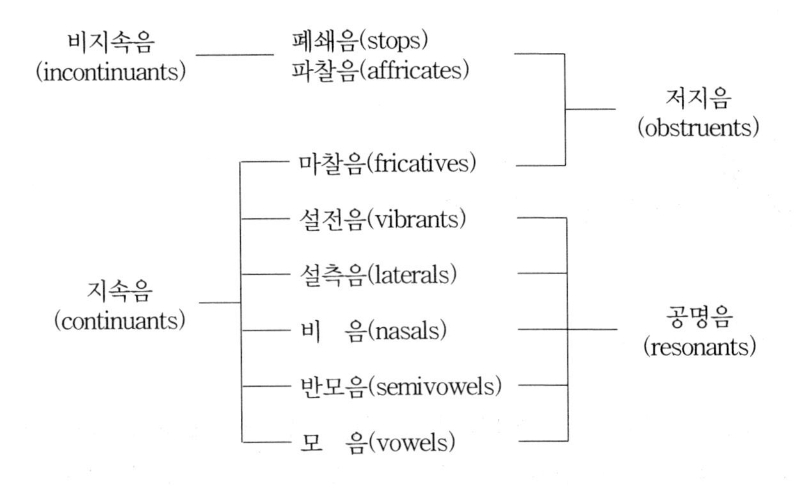

④ 저지음과 공명음

조음 방법에 따른 분류의 하나로서 폐쇄의 정도와 비강공명과 같은 소리의 변화에 따라 저지음(沮止音)과 공명음(共鳴音)으로 나뉜다. 저지음(obstruents)은 공기의 흐름을 저지함으로써 산출되는 폐쇄음, 마찰음, 파찰음 등을 말한다. 반면에 공명음(resonants)은 성대를 떨게 한 공기가 구강이나 비강으로 흘러 나갈 때 성도를 저지하지 아니하고 성도의 모양을 변형함으로써 산출되는 비음, 설측음, 설전음, 반모음, 모음 등을 말한다.

⑤ 성절음과 비성절음

모음과 같이 음절을 이루는 핵심인 분절음을 성절음(成節音, syllabics)이라 하고, 자음과 같이 음절을 이루지 못하는 분절음을 비성절음(unsyllabics)이라 한다. 성절음을 이루는 가장 일반적인 것은 모음이지만, 영어와 같은 일부 개별언어에는 성절자음도 있다. 그러나 반모음은 비성절음이다.

3 발음기관과 조음부

3.1. 발음기관

음성을 발음해 내는 사람의 발음기관을 음성기관(organs of speech)이라고 한다. 음성기관은 크게 3부위로 나뉘는데, 공기를 움직이게 하는 발동부(發動部, initiator)와 소리를 발성해 내는 발성부(發聲部, vocalizator), 그리고 발성된 소리를 고루는 조음부(調音部, articulator) 등이 있다.

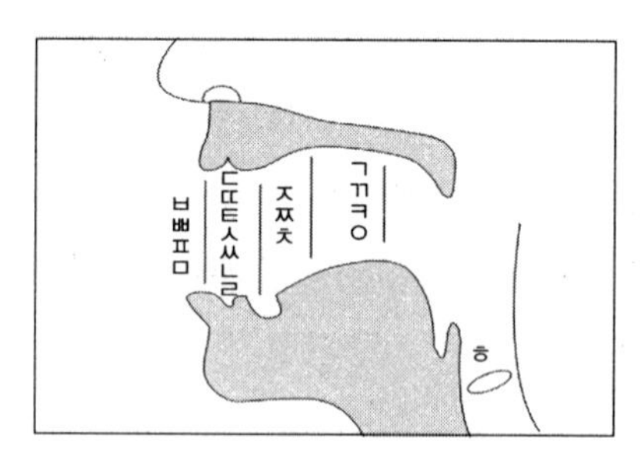

<그림 1> 발음기관(The Organs of Speech)

3.2. 조음부

발음기관 가운데에서, 소리를 내는 데 적극적으로 움직이는 부위로 성대에서 발성된 소리를 조음하는 입안(구강)과 코안(비강)을 조음부(articulator)라고 한다. 조음부에는 비교적 적극적으로 움직이는 능동부와 거의 움직이지 않는 고정부로 이루어진다. 윗입술, 윗잇몸(치조), 경구개, 연구개 등은 고정부에 속하고, 아랫입술, 혀끝(설단), 혓바닥(설면), 혀뿌리(설근) 등은 능동부에 속한다. 고정부는 조음기관에서 가장 큰 수축이 일어나는 조음위치를 나타내므로 조음점(point of articulation)이라 하고, 능동부는 기류를 막거나 일변하는 데 사용하는 조음기관이므로 조음체(articulator)라 하여 구별하기도 한다.

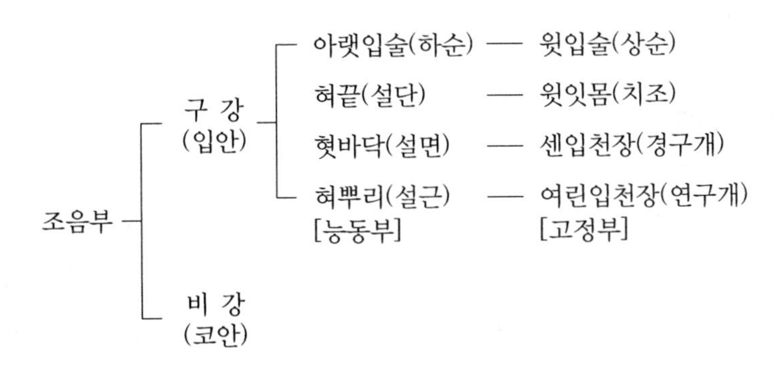

4 음운론의 개념과 유형

한국어에서 '기, 끼, 달, 딸, 불, 뿔, 장, 짱' 등은 첫소리 'ㄱ, ㄲ, ㄷ, ㄸ, ㅂ, ㅃ, ㅈ, ㅉ' 에 의하여 서로 뜻이 다른 언어가 되고, '발 벌, 볼, 불' 등은 가운뎃소리 'ㅏ, ㅓ, ㅗ, ㅜ'에 의하여 뜻이 다른 단어가 된다. 이처럼 말의 뜻을 구별해 주는 기능을 가진 소리의 단위를 음운(音韻)이라 한다.[1] 음운의 특징은 ① 비슷한 음성군으로 기억되어 있는 관념적인 소리, ② 모든 사람이 같은 소릿값으로 생각하는 추상적인 소리, ③ 문자로 나타낼 수 있는 역사적이며 전통적인 소리, ④ 뜻을 구별하여 주는 가장 작은 음성단위(변별적 기능이 있음), ⑤ 일정한 음운체계와 관계가 있는 소리 등을 들 수 있으며 음운학의 단위가 된다.

① 변이음

하나의 음운이 음성 환경에 따라서 음성적으로 실현된 각각의 소리를 말한다. '가곡'에 사용된 'ㄱ'이라는 음운은 각각의 음성 환경에 따라 무성음 'ㄱ'[k], 유성음 'ㄱ'[g], 내파음 'ㄱ'[k']으로 발음되지만 뜻을 구별짓지 못한다. 이러한 구체적인 음성을 변이음(變異音, allophone)이라 한다.

② 한국어의 음운

한국어의 음운에는 모음 21개(단모음 10개, 이중모음 11개), 자음 19

1) 음운(音韻)은 음소(音素)와 운소(韻素)의 결합으로 음소는 자음과 모음을, 운소는 음소 외에 의미의 변별을 하는 강세, 장단, 성조 등을 뜻한다.

개가 있다.

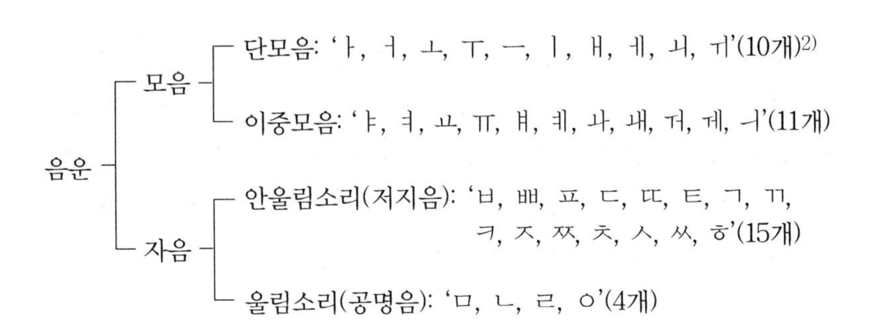

가슴 안의 양쪽에 있는 것으로 원뿔을 반 자른 것과 비슷한 모양의 호흡을 하는 기관이 있는데 이를 폐(肺, 허파)라고 한다. 폐는 공기를 들이마시거나 내보내는 역할을 하는데, 들이마시는 공기를 흡기(吸氣, 들숨)라 하고, 내쉬는 공기를 호기(呼氣, 날숨)이라 한다. 이 호기(날숨)는 후두(喉頭)의 중앙부에 있는 소리를 내는 성대(聲帶, 목청)를 지나게 되는데, 성대는 자유롭게 늘어나고 줄어들어 공기의 통로 폭을 조절하며 허파에서 나오는 공기에 의하여 진동되어 소리를 낸다. 성대의 진동을 받은 소리가 입과 코를 거쳐 나오면서 그 통로가 좁아지거나 막힘이 없이 장애를 받지 않고 나는 소리를 모음이라 하고, 통로가 좁아지거나 완전히 막히는 따위의 장애를 받으며 나는 소리를 자음이라 한다.

2) ‘ㅟ’와 ‘ㅚ’를 학교문법에서는 단모음으로 보고 있으나 ‘ㅟ’와 ‘ㅚ’는 [wi], [we]로 이중모음으로 보는 학자들이 있다.

4.1. 자음

허파에서 나오는 공기가 성대를 거쳐 발음 기관에 의해 구강 통로가 좁아지거나 완전히 막히는 따위의 장애를 받으며 나는 소리를 자음(consonant)이라 한다. 자음은 조음 위치와 조음 방법에 따라서 분류할 수 있다. 조음 위치와 방법은 한국어 발음을 이해하는 데 중요한 이론이다. 즉, 한국어 음운규칙의 원리를 알 수 있다.

4.1.1. 조음 위치와 방법

(1) 조음 위치

소리 내는 자리인 조음 위치에 따라 양순음, 치조음, 경구개음, 연구개음, 후음 등이 있다. 입술소리인 양순음(兩脣音)은 두 입술에서 나는 소리로 'ㅂ, ㅃ, ㅍ : ㅁ'이고, 치조음(齒槽音)은 혀끝(설단)과 윗잇몸(치조) 사이에서 나는 소리로 'ㄷ, ㄸ, ㅌ ; ㅅ, ㅆ ; ㄴ ; ㄹ'이다. 경구개음(硬口蓋音)은 혓바닥과 경구개(센입천장) 사이에서 나는 소리로 'ㅈ, ㅉ, ㅊ'이고, 연구개음(軟口蓋音)은 혀의 뒷부분과 연구개(여린입천장)에서 나는 소리로 'ㄱ, ㄲ, ㅋ ; ㅇ'이다. 목청소리인 후음(喉音)은 목청 사이에서 나는 소리로 'ㅎ'이 있다. 이 중 성대를 떨게 한 공기가 구강이나 비강으로 흘러 나갈 때 장애받지 않고 울리는 소리인 공명음은 4개로 양순음에서 'ㅁ', 치조음에서 'ㄴ, ㄹ', 그리고 연구개음에서 'ㅇ'이다. 나머지 15개 자음은 모두 공기의 흐름이 좁혀지거나 완전히 막혀서 장애를 받는 저지음이다.

(2) 조음방법

소리를 내는 조음 방법에 따라서는 크게 저지음과 공명음으로 분류

된다. 안울림소리(무성음)인 저지음에는 파열음, 마찰음, 파찰음이 있다. 파열음은 폐쇄음이라고도 하는데 폐에서 나오는 공기를 막았다가 그 막은 자리를 터뜨리면서 내는 소리로 'ㅂ, ㅃ, ㅍ ; ㄷ, ㄸ, ㅌ ; ㄱ, ㄲ, ㅋ'이고, 마찰음은 입안이나 목청 사이의 통로를 좁혀서 공기가 그 사이를 비집고 나오면서 마찰하여 나는 소리로 'ㅅ, ㅆ ; ㅎ'이며, 파찰음은 처음에는 폐쇄음, 나중에는 마찰음의 순서로 두 가지 성질을 다 갖는 소리로 'ㅈ, ㅉ, ㅊ'이다. 이런 저지음(파열음, 마찰음, 파찰음)은 다시 예사소리(ㅂ, ㄷ, ㄱ, ㅈ), 된소리(ㅃ, ㄸ, ㄲ, ㅉ), 거센소리(ㅍ, ㅌ, ㅋ, ㅊ) 등으로 나뉜다. 19개 자음 중 발음기관의 통로를 완전히 막았다가 터뜨리는 폐쇄음의 특성을 갖는 자음이 12개이고, 통로를 좁혀서 마찰시켜 내는 자음은 3개('ㅅ, ㅆ ; ㅎ')이다. 울림소리(유성음)인 공명음은 비음(鼻音)과 유음(流音)으로 나뉘는데, 비음은 입 안의 통로를 막고 코로 공기를 내보내면서 내는 소리로 'ㅁ, ㄴ, ㅇ'이고, 유음인 'ㄹ'은 혀끝을 잇몸에 가볍게 대었다가 떼거나('나라'의 'ㄹ'), 혀끝을 잇몸에 댄 채 공기를 그 양 옆으로 흘러 보내면서 내는 소리('달'의 'ㄹ')이다.[3]

한국어의 발음은 조음 위치와 조음 방법의 결합으로 설명할 수 있다. 특히 폐쇄음 계열의 받침을 갖는 음절이 유성음인 공명음으로 시작하는 음절을 만나면 저지음은 공명음으로 발음된다.

3) 유음은 받침으로 끝나는 설측음[l]과 모음 사이에서 나는 설전음[r]으로 분류된다.

<표 1> 한국어의 자음체계

조음 위치 / 조음 방법			두입술	윗잇몸 혀 끝	경구개 혓바닥	연구개 혀 뒤	목청 사이
안울림 소리 (저지음)	파열음 (폐쇄음)	예사소리	ㅂ	ㄷ		ㄱ	
		된 소 리	ㅃ	ㄸ		ㄲ	
		거센소리	ㅍ	ㅌ		ㅋ	
	파찰음 (폐찰음)	예사소리			ㅈ		
		된 소 리			ㅉ		
		거센소리			ㅊ		
	마찰음	예사소리		ㅅ			ㅎ
		된 소 리		ㅆ			
울 림 소 리 (공명음)	비음		ㅁ	ㄴ		ㅇ	
	유음			ㄹ			

4.1.2. 자음의 발음 특성

(1) 공명음화

자음은 장애를 받는 소리이다. 그러므로 공명음인 모음보다 발음하기가 어렵다. 그런데 자음 중에서도 공명음이 있다. 폐에서 나오는 공기의 흐름을 저지당하지 않는 편한 음으로 발음하려는 것이다. 공명음에는 비음인 'ㅁ, ㄴ, ㅇ'과 유음인 'ㄹ'이 있다. 이 가운데 저지음인 폐쇄음이 공명음 사이에서 비음으로 발음하려는 것을 공명음화라고 하고, 'ㅁ, ㄴ, ㅇ'이 모두 비음이므로 비음화(鼻音化)라 한다. 즉, 'ㅂ'이 'ㅁ'으로, 'ㄷ'이 'ㄴ'으로, 'ㄱ'이 'ㅇ'으로 발음된다. 이는 동일한 조음 위치에 있는 양순음 'ㅂ'이 양순음 'ㅁ'으로, 치조음 'ㄷ'이 치조음 'ㄴ'으로, 연구개음 'ㄱ'이 연구개음 'ㅇ'으로 발음되는 것으로 예를 들어 '[밥물] → [밤물]', '[닫는] → [단는]', '[국물] → [궁물]'을 들 수 있다.

(2) 설측음화

유음(ㄹ)은 초성에서 날 때에는 혀굴림소리(설전음)로 발음되며, 종성에서 날 때에는 혀옆소리(설측음)로 발음된다. 예를 들어 '나라[nara]'의 'ㄹ'은 설전음[r]으로 혀를 굴려 내는 소리이며, '달[tal]'의 'ㄹ'은 설측음[l]으로 이는 혀끝을 잇몸에 대고 공기를 혀 옆으로 흘려보내는 소리이다. '흘러'의 경우 둘째 음절 '러'의 'ㄹ'은 초성에서 나는 설전음[r]으로 볼 수 있지만 이 'ㄹ'은 기본형에 부사형 어미가 결합된 형태인 '흐르+어'가 '흘+ㄹ+어 → 흘러'의 형태로 '르'의 설전음 'ㄹ'이 '흘'의 설측음 'ㄹ'로 바뀐 것이다. 이를 설측음화라고 한다. 이러한 설측음화(舌側音化) 현상은 15, 16세기에 'ᄅᆞ/르' 어간에 모음이 연결될 때, 'ㆍ', 'ㅡ'가 탈락되면서 'ㄹ'이 분철되어 설측음으로 발음되었다.

① 'ㄹ-ㅇ'의 경우
다ᄅᆞ다(異) : 다ᄅᆞ+아>달아, 다ᄅᆞ+옴>달옴
오ᄅᆞ다(登) : 오ᄅᆞ+아>올아, 오ᄅᆞ+옴>올옴
니르다(言) : 니르+어>닐어, 니르+움>닐움

② 'ㄹ-ㄹ'의 경우
ᄲᆞᄅᆞ다(速) : ᄲᆞᄅᆞ+아>ᄲᆞᆯ라, ᄲᆞᆯ+옴>ᄲᆞᆯ롬
모ᄅᆞ다(不知) : 모ᄅᆞ+아>몰라, 모ᄅᆞ+옴>몰롬
흐르다(流) : 흐르+어>흘러, 흐르+움>흘룸

현대어에서도 설측음화 현상이 있다. 받침 'ㄴ'은 'ㄹ'의 앞이나 뒤에서 [ㄹ]로 발음한다. 예를 들면 '신라 → [실라]', '난로 → [날로]', '칼날 → [칼랄]' 등을 들 수 있다.

(3) 받침의 대표음화

폐쇄음인 파열음의 계열 'ㅂ, ㅍ, ㅃ', 'ㄷ, ㅌ, ㄸ', 'ㄱ, ㅋ, ㄲ'이 받침으로 올 때, '앞 → [압], 잎 → [입]', '낱 → [낟]', '부엌 → [부억], 밖 → [박]' 등처럼 예사소리인 'ㅂ', 'ㄷ', 'ㄱ'으로 발음된다. 이는 훈민정음 제자원리에서 초성인 자음의 기본자들이다. 그리고 파찰음 'ㅈ, ㅊ'과 마찰음 'ㅅ, ㅆ, ㅎ'은 'ㄷ'으로 소리 난다. '옷 → [옫], 낮 → [낟], 꽃 → [꼳], 바깥 → [바깓], 히읗 → [히읃]' 등을 들 수 있다. 이 역시 훈민정음 제자원리에서 기본자 'ㅅ'에서 가획자로 이루어진 것으로 근대국어(17C-19C)에서는 대표음이 'ㅅ'이었다. 그러다가 현대국어에 와서 받침 대표음은 'ㄷ'으로 바뀌었다.

(4) 경음화

받침 'ㄱ(ㅋ, ㄲ), ㄷ(ㅌ, ㅅ, ㅆ, ㅈ, ㅊ), ㅂ(ㅍ)' 뒤에 연결되는 'ㄱ, ㄷ, ㅂ, ㅅ, ㅈ'은 된소리인 [ㄲ, ㄸ, ㅃ, ㅆ, ㅉ]으로 발음한다. 예를 들어 '먹고 → [먹꼬], 국밥 → [국빱], 부엌도 → [부억또], 깎다 → [깍따], 닫다 → [닫따], 입고 → [입꼬], 덮개 → [덥깨], 옷감 → [옫깜], 꽃집 → [꼳찝] 등처럼 경음으로 발음된다.

4.2. 모음

성대의 진동을 받은 소리가 목, 입, 코를 거쳐 나오면서 장애를 받지 않고 목청이 떨어 나는 소리를 모음(vowel)이라 한다. 모음의 종류에는 말소리를 발음하는 도중에 입술이나 혀가 고정되어 움직이지 않는 소리인 단모음과 소리를 내는 도중에 입술 모양이나 혀의 위치가 처음과 나중이 달라지는 소리인 이중모음이 있다.

4.2.1. 모음의 종류

(1) 전설모음과 후설모음

단모음은 혀의 앞뒤의 위치에 따라 혀의 앞쪽에서 나는 전설모음(前舌母音, front vowels), 혀의 뒤쪽에서 나는 후설모음(後舌母音, back vowels)으로 나뉜다. 전설모음은 'ㅣ, ㅔ, ㅐ, ㅚ, ㅟ'이고, 후설모음은 'ㅡ, ㅓ, ㅏ, ㅜ, ㅗ'이다.

(2) 고모음, 중모음, 저모음

혀의 높낮이에 따라 고모음, 중모음, 저모음으로 나뉜다. 고모음(高母音, high vowel)은 입이 조금 열려서 혀의 위치가 높은 모음으로 'ㅣ, ㅟ, ㅡ, ㅜ'이고, 중모음(中母音, mid vowel)은 혀의 위치가 중간인 모음으로 'ㅔ, ㅚ, ㅓ, ㅗ'이며, 저모음(低母音, low vowel)은 입이 크게 열려서 혀의 높이가 낮은 모음으로 'ㅐ, ㅏ'이다. 이는 입의 크기에 따른 개구도에 의한 폐모음(閉母音, close vowel), 반폐반개모음(半閉母音半開母音, half-close vowel half-open vowel), 개모음(開母音, open vowel)의 분류와 같다. 즉, 고모음은 혀의 앞쪽이나 뒤가 입천장에 가까이 닿으므로 입의 크기가 작아지는 폐모음이 되며, 저모음은 혀의 앞쪽이나 뒤가 입천장으로부터 최대한 멀어지면서 입의 크기가 커지는 개모음이 된다.

(3) 원순모음과 평순모음

입술의 모양에 따라 원순모음과 평순모음으로 나뉜다. 원순모음(圓脣母音, rounded vowel)은 입술을 둥글게 오므려 내는 모음으로 'ㅚ, ㅟ, ㅜ, ㅗ'이고, 평순모음(平脣母音, unrounded vowel)은 원순모음이 아닌 모음으로 'ㅣ, ㅔ, ㅐ, ㅡ, ㅓ, ㅏ'이다.

<표 2> 한국어의 모음체계

혀의 앞뒤	전설모음		후설모음	
혀의 높이	평 순	원 순	평 순	원 순
고 모 음	ㅣ	ㅟ	ㅡ	ㅜ
중 모 음	ㅔ	ㅚ	ㅓ	ㅗ
저 모 음	ㅐ		ㅏ	

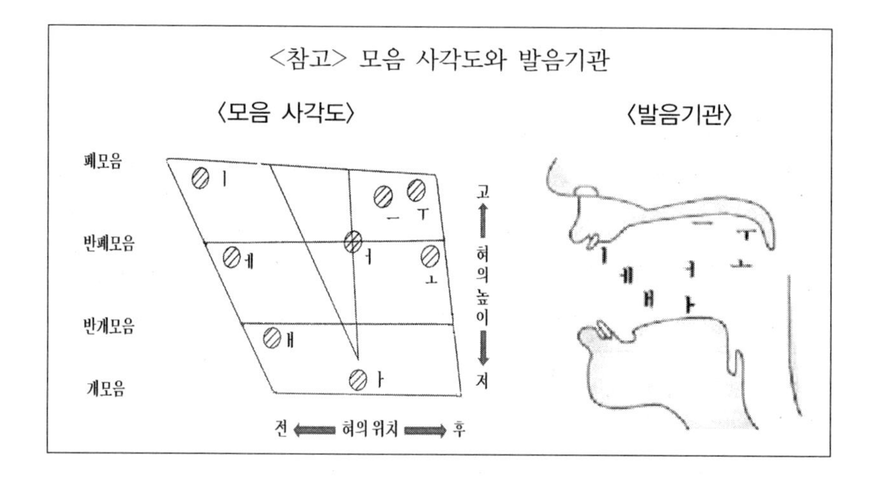

<참고> 모음 사각도와 발음기관

(4) 이중모음

이중모음은 시작되는 혀의 위치에 따라 구분된다. 'ㅣ[j]'의 자리에서 시작되는 모음('ㅑ, ㅕ, ㅛ, ㅠ, ㅒ, ㅖ'), 'ㅗ / ㅜ[w]'의 위치에서 시작되는 모음('ㅘ, ㅙ, ㅝ, ㅞ, (ㅟ)'), 그리고 'ㅡ'의 위치에서 시작되어 'ㅣ'의 위치에서 끝나는 모음('ㅢ')이 있는데, 이들 이중모음을 형성하는 'ㅣ, 'ㅗ/ㅜ' [w] 등이 반모음(半母音, semivowel)이다.

	두 입술, 연구개	혓바닥, 경구개
반 모 음	ㅗ / ㅜ	ㅣ

4.2.2. 모음의 발음 특성

(1) 전설모음화

인간은 언어를 편리하게 발음하려는 속성이 있다. 혀 뒤에서 발음하려는 후설모음보다는 혀 앞에서 발음하려는 전설모음이 편리하기 때문이다. 전설모음화(前舌母音化)는 후설모음인 ‘ㅡ’ 음이 치음 ‘ㅅ, ㅈ, ㅊ’ 밑에서 전설모음 ‘ㅣ’로 변하는 현상으로 18세기 말 이후에 나타나는 일종의 순행동화 현상이다. ‘즛>짓, 즈레>지레, 츩>칡, 거츨다>거칠다, 슳다>싫다’ 등을 들 수 있다. 현대어에 와서 후설모음인 ‘ㅏ’를 ‘ㅐ’로, ‘ㅓ’를 ‘ㅔ’로 발음하려는 것도 전설모음화이다. 예를 들어 ‘[남비] → [냄비]’, ‘[나기] → [내기]’, ‘[장이] → [쟁이]’, ‘[수수꺼끼] → [수수께끼]’로 발음한다.

(2) 고모음화

고모음은 입이 조금 열려서 혀의 위치가 높은 모음으로 폐모음이고, 저모음은 입이 크게 열려서 혀의 높이가 낮은 모음으로 개모음이다. 인간은 발음할 때 입을 작게 벌리려는 속성을 갖는다. 입의 크기가 커질수록 소리도 커지므로 그만큼 에너지가 많이 사용되기 때문이다. 따라서 고모음화(高母音化)는 입의 크기를 작게 발음하려는 것으로 ‘ㅐ’를 ‘ㅔ’로, ‘ㅗ’를 ‘ㅜ’로 발음한다. 예를 들어 ‘[찌개] → [찌게]’, ‘[동이] → [둥이]’, ‘[나하고] → [나하구]’를 들 수 있다.

(3) 원순모음화

원순모음화(圓脣母音化)는 순음 ‘ㅁ, ㅂ, ㅍ’ 아래 오는 모음 ‘ㅡ’가 ‘ㅜ’로 변하는 현상으로, 이는 발음의 편리를 꾀한 변화라고 볼 수 있다. 이 현상은 15세기에 나타나기 시작하여 18세기에 많이 나타났다.

원순모음화가 일어나는 경우는 순음과 설음 사이에서 나타난다. 예를 들면 '믈 → 물, 블 → 불, 플 → 풀' 등을 들 수 있다. 15세기에는 '믈[水] : 물[群], 브르다[飽] : 부르다[殖, 潤]'처럼 구별되는 경우도 있다.

(4) 단모음화

단모음화(單母音化)는 치음인 'ㅅ, ㅈ, ㅊ' 뒤에서 이중모음인 'ㅑ, ㅕ, ㅛ, ㅠ'가 앞의 치음의 영향을 받아 'ㅏ, ㅓ, ㅗ, ㅜ'의 단모음으로 바뀌는 현상으로 일종의 순행동화이다. 이는 18세기 말에 나타나기 시작하여 1933년 '한글맞춤법통일안'에서 확정되었다. '셤 → 섬, 셰상 → 세상, 둏다 → 죻다 → 좋다, 쇼 → 소' 등을 들 수 있다.

(5) 이화

이화(異化)는 한 낱말 안에 같거나 비슷한 음운 둘 이상이 있을 때, 그 말의 발음을 보다 분명하게 하기 위해 그 중 한 음운을 다른 음운으로 바꾸는 것을 말한다. 여기에는 자음의 이화와 모음의 이화가 있는데, 모음의 이화로는 '소곰 → 소금, ᄀᆞᄅᆞ → 가루, 보롬 → 보름, 처섬 → 처엄 → 처음, 서르 → 서로' 등을 들 수 있다.

4.3. 음절

한 뭉치를 이루는 소리의 덩어리로서 모음과 자음이 결합되어 이루는 가장 작은 발음 단위를 음절(syllable)이라 한다. 한국어에서 음절이 만들어지려면 반드시 성절음인 모음이 있어야 한다. 음절의 구조는 '모음(V)' 단독(이, 어, 애, 왜), '자음+모음(cV)'(가, 노, 대, 표), '모음+자음(Vc)'(앞, 열, 옷, 왕), '자음+모음+자음(cVc)'(감, 돌, 벌, 집) 등을 들 수 있다. 음절을 구성할 때, 우선, 음절의 첫소리로 올 수 있는 자음은 모두 18개이며, 'ㅇ'[ŋ]은 첫소리에 올 수 없다. 그리고 음절의 끝소리로 올 수 있는 자음은 7개('ㄱ, ㄴ, ㄷ, ㄹ, ㅁ, ㅂ, ㅇ')의 자음만 올 수 있으며, 자음 단독으로는 음절을 이루지 못한다.[4]

<참고> 한글의 비밀

(1) 한글은 로마자처럼 소리글자[표음문자]이지만 풀어쓰기가 아닌 모아쓰기 방식이다.
(2) 영어의 경우 로마자가 소리글자이므로 'Success'처럼 풀어쓰기로 한다.
(3) 한글의 경우 'ㅅㅓㅇㄱㅗㅇ'처럼 풀어쓰기를 해야 하는데, '성공(成功)'처럼 모아쓰기를 하고 있다. 이는 세종이 한글은 풀어쓰기를 하지 않고 모아쓰기법을 적용했기 때문이다.
① 부서법(附書法): 자음에 모음을 붙여씀으로써 한 음절이 되게 한다.
ㄱ. 우서법(右書法): 자음에 모음을 우측에 붙여쓴다.
예) 가, 나, 다, 라
ㄴ. 하서법(下書法): 자음에 모음을 아래에 붙여쓴다.
예) 고, 노, 도, 로
② 성절법(成節法): 음절은 '초성+중성+종성'이 모여 아룬다는 것으로 모아쓰기를 한 이유는 한자가 '성모+운모'로 일종의 모아쓰기(초성+중성+종성) 방식을 따른 것으로 한자를 포용한 것이다.
예) 한국(韓國), 부정(不定, 不淨, 不貞, 否定 등)

4) 음절의 중심을 이루는 모음(가운뎃소리)은 성절음이고, 첫소리와 끝소리를 이루는 자음은 비성절음이다.

5 음운규칙(音韻規則)

5.1. 축약(縮約, contraction)

두 음운이 만나 합쳐져서 하나로 줄어 소리나는 현상으로 'ㅂ, ㄷ, ㄱ, ㅈ'과 'ㅎ'이 서로 만나면 'ㅍ, ㅌ, ㅋ, ㅊ'으로 축약되는 자음 축약과 두 모음이 서로 만나서 한 음절이 되는 모음 축약이 있다.

(1) 자음 축약(consonant contraction)
좋다 → [조:타]　　잡히다 → [자피다]　　먹히다 → [머키다]

(2) 모음 축약(Vowel Contraction)
모음 'ㅣ'와 'ㅓ'가 결합하여 하나의 음절 'ㅐ'와 'ㅕ'로 발음되거나 'ㅡ'와 'ㅣ'가 결합하여 'ㅢ'로 발음된다. 또한, 'ㅜ'와 'ㅓ'가 결합하여 'ㅝ'로 발음되는 것을 축약이라 한다.
되어 → 돼　　되었다 → 됐다　　가리어 → 가려
뜨이다 → 띄다　　두었다 → 뒀다

5.2. 탈락(脫落, Dropping)

두 형태소가 만날 때에 앞뒤 두 음운이 마주칠 경우, 한 음운이 완전히 발음되지 않는 현상을 탈락이라 한다.

(1) 자음 탈락

① ‘ㄴ, ㅂ, ㄷ, ㅈ’, 그리고 ‘오, 시’ 앞에서는 ‘ㄹ’이 탈락한다.

살+니 → 사니	울는 → 우는	열닫이 → 여닫이
울짖다 → 우짖다	살+ㅂ니다 → 삽니다	
살+오 → 사오	울+시+어요 → 우시어요(우세요)	

(2) 모음 탈락

① ‘으’ 탈락

‘으’로 끝나는 어간은 예외없이(‘르’불규칙 용언은 제외) 모음으로 된 어미 ‘-어/-아 앞에서 모음 충돌을 막기 위해 ‘으’가 탈락된다.

쓰+어 → 써	끄+어 → 꺼	바쁘+아 → 바빠
아프+아 → 아파	기쁘+어 → 기뻐	흐르+어 → 흘러
빠르+아 → 빨라		

② ‘아/어’ 탈락

가+아 → 가　가+았+다 → 갔다　서+어 → 서　서+었+다 → 섰다

5.3. 자음동화(子音同化)

조음 방법에서 살펴보았듯이 자음은 대부분 저지음(Obstruent)이다. 즉, 폐쇄음, 마찰음, 파찰음은 폐에서부터 나오는 공기가 성대를 통과하여 목, 입, 코 등 발음기관을 통해 나오는 공기의 통로를 좁히거나 완전히 막아서 저지하여 나는 소리이다. 이러한 저지음은 발음이 어렵

기 때문에 저지당하지 않고 발음되는 공명음(Resonants)인 비음으로 발음하려는 특성을 갖는다. 또한, 'ㄴ'은 'ㄹ'의 앞이나 뒤에서 [ㄹ]로 발음한다.

5.3.1. 비음동화(鼻音同化, Nasalization)

(1) 받침 'ㄱ(ㄲ, ㅋ, ㄳ, ㄺ), ㄷ(ㅅ, ㅆ, ㅈ, ㅊ, ㅌ, ㅎ), ㅂ(ㅍ, ㄼ, ㄿ, ㅄ)'은 'ㄴ, ㅁ' 앞에서 'ㅇ, ㄴ, ㅁ'으로 발음한다. 비음이 아닌 폐쇄음이 비음 앞에서 비음으로 발음되기 때문에 비음동화라 한다. 그리고 비음동화의 전제가 있는데 동일한 조음 위치에서 바뀐다는 점이다. 즉, 연구개음인 'ㄱ'은 연구개음 'ㅇ'으로, 치조음 'ㄷ'은 치조음 'ㄴ'으로, 양순음 'ㅂ'은 양순음 'ㅁ'으로 발음되는데, 그 이유는 동일한 조음 위치에 있으므로 조음 방법 면에서 발음하기 어려운 폐쇄음이 발음하기 편한 공명음인 비음으로 발음만 하면 되기 때문이다.

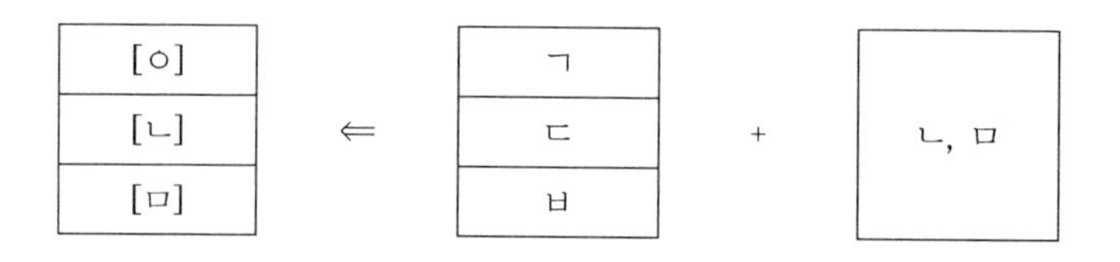

국물[궁물]　　맏며느리[만며느리]　　밥물[밤물]

(2) 받침 'ㅁ, ㅇ' 뒤에 연결되는 'ㄹ'은 비음인 'ㄴ'으로 발음한다.

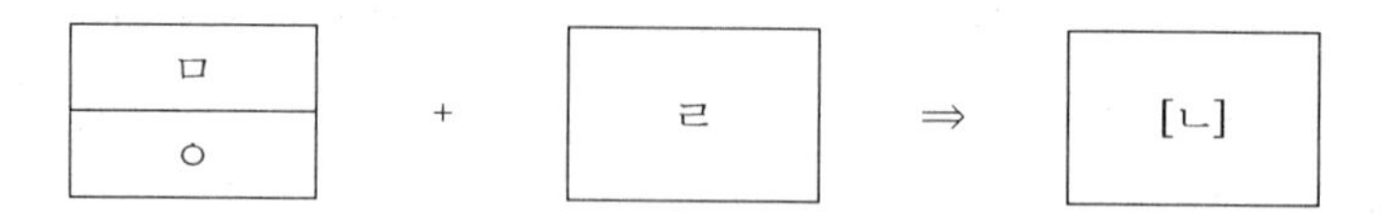

종로[종노]　　대통령[대통녕]　　강릉[강능]　　침략[침냑]　　담력[담녁]

(3) 받침 'ㄱ, ㄷ, ㅂ' 뒤에 연결되는 'ㄹ'도 ①처럼 'ㄴ'으로 먼저 발음하고, 이 비음 [ㄴ]은 ②처럼 'ㄱ, ㄷ, ㅂ'을 'ㅇ, ㄴ, ㅁ'으로 발음하게 한다.

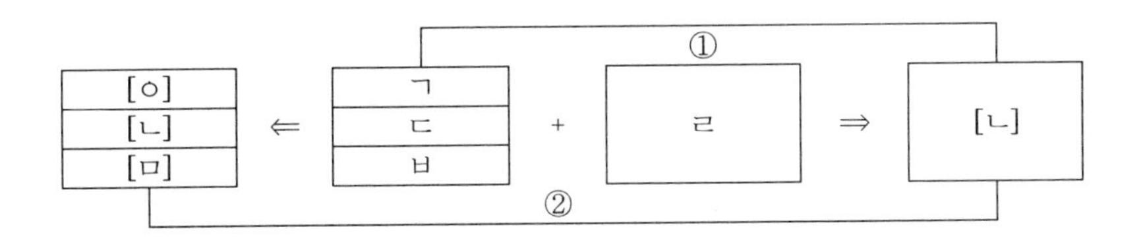

백로[백노 → 뱅노] 협력[협녁 → 혐녁] 섭리[섭니 → 섬니]

여기서 'ㄹ'이 'ㄴ'으로 발음되는 이유는 '신라 → [실라]'처럼 받침 발음이 [ㄹ]이 올 경우에만 둘째 음절 초성 발음에 [ㄹ]이 올 수 있기 때문에 '백로'는 [백노]가 우선시 된 것이다. 그러나 다르게 생각할 수 있다. '백로'에서 받침 'ㄱ'은 공명음인 'ㅐ'와 'ㄹ' 사이에 있으므로 공명음 'ㅇ'으로 먼저 바뀔 수도 있다. 즉, '백로 → [뱅로 → 뱅노]'로 발음되고, '협력'과 '섭리'도 '협력 → [혐력 → 혐녁]', '섭리 → [섬리 → 섬니]'로 발음된다고 볼 수 있다.

다음으로 음절의 끝소리규칙이 먼저 일어나고, 다음으로 비음화가 일어난다.

빗물 → [빋물 → 빈물], 앞날 → [압날 → 암날], 몇리 → [멷리 → 멷니 → 면니]

5.3.2. 유음동화(流音同化, Liquidization)

'ㄴ'은 'ㄹ'의 앞이나 뒤에서 [ㄹ]로 발음한다.

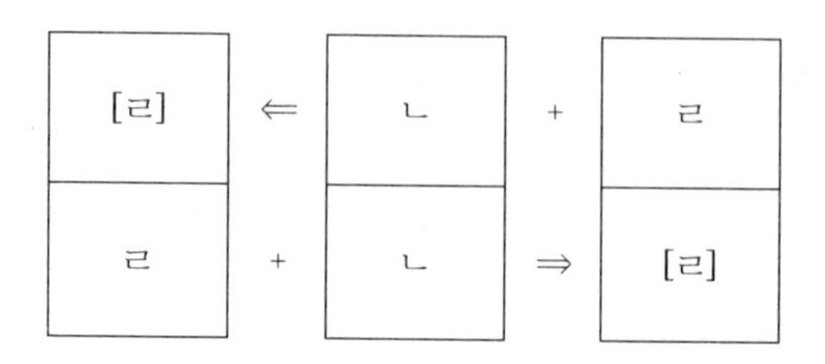

난로[날로] 신라[실라] 천리[철리] 설날 → [설랄]
칼날[칼랄] 물난리[물랄리] 할는지[할른지]

5.4. 모음동화(Vowel assimilation)

(1) 모음동화(母音同化, Vowel assimilation)

모음과 모음 간에 일어나는 동화 현상으로 'ㅏ, ㅓ, ㅗ, ㅜ'가 'ㅣ'모음의 영향으로 'ㅐ, ㅔ, ㅚ, ㅟ' 등으로 변하는 현상('ㅣ'모음 역행동화)을 말한다. 이들 발음은 대부분 표준어로 인정하지 않는다.[5] 전설모음화도 모음동화의 일종이다. 후설모음인 'ㅏ'를 'ㅐ'로, 'ㅓ'를 'ㅔ'로 발음하려는 것은 전설모음화이다. 이는 혀의 뒤보다는 앞에서 발음하는 것이 편하기 때문이다.

창피 → [챙피] 올창이 → [올챙이] 남비 → [냄비]
멋장이 → [멋쟁이] 아지랑이 → [아지랭이]
시골나기 → [시골내기] 수수꺼끼 → [수수께끼]

(2) 모음조화(母音調和, Vowel harmony)

모음조화는 모음동화의 일종으로 양성모음('ㅏ, ㅗ, ㅑ, ㅛ')은 양성

5) 냄비, 멋쟁이, 올챙이, 시골내기 등은 'ㅣ'모음 역행동화로 표준어로 인정된 것이다.

모음끼리, 음성모음('ㅓ, ㅜ, ㅡ, ㅕ, ㅠ')은 음성모음끼리 어울리는 현상으로 15세기에는 철저히 지켜졌지만, 현대 국어에서는 현실발음의 모음 강화현상으로 모음조화 현상이 많이 붕괴되었다. 용언어간에 붙는 어미와 의성어, 의태어 등은 대부분 모음조화를 지키고 있다.

① 막+아서 → 막아서 잡+아서 → 잡아서 오+아서 → 와서
먹+어서 → 먹어서 줄+어서 → 줄어서 주+어서 → 줘서
② 졸졸 : 줄줄 캄캄하다 : 컴컴하다 알록달록 : 얼룩덜룩
살랑살랑 : 설렁설렁 찰찰 : 철철 달달 : 들들

<참고> 다음은 모음조화가 붕괴된 것이다.
고마워, 괴로워, 아름다워, 깡충깡충, 오뚝이, 소꿉놀이

5.5. 구개음화(口蓋音化, Palatalization)

끝소리가 치조음인 'ㄷ, ㅌ'인 형태소가 경구개음 '이[i]'혹은 경구개 반모음인 'ㅣ[j]'로 시작되는 형식 형태소와 만나면 경구개음인 'ㅈ, ㅊ'으로 발음되는 음운현상으로 이를 경구개음화라고 하는데, 일반적으로 구개음화라고 한다. 즉, 받침 'ㄷ, ㅌ(ㄾ)'이 '이/여'와 결합되는 경우 [ㅈ, ㅊ]로 바뀌어서 뒤 음절 첫소리로 옮겨 발음한다. 구개음화는 자음과 모음 사이에 일어나는 동화현상이다.

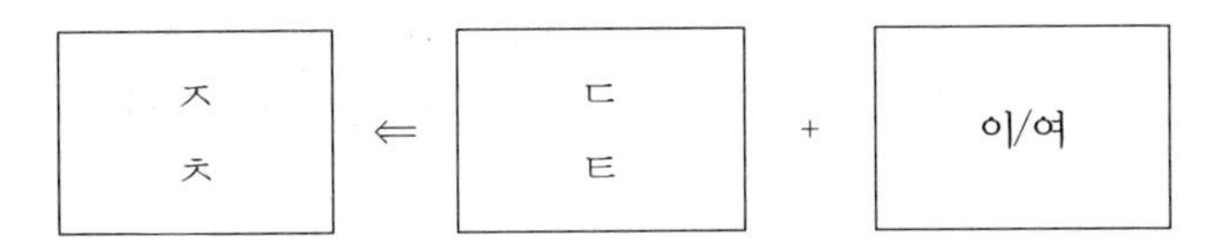

굳이[구디 → 구지]　　　해돋이[해도디 → 해도지]
같이[가티 → 가치]　　　붙이다[부티다 → 부치다]
붙여요[부텨요 → 부쳐요]

또한 받침 'ㄷ'이 히/혀'와 결합되는 경우 [ㅌ]이 [ㅊ]로 바뀌어서 뒤 음절 첫소리로 옮겨 발음한다.

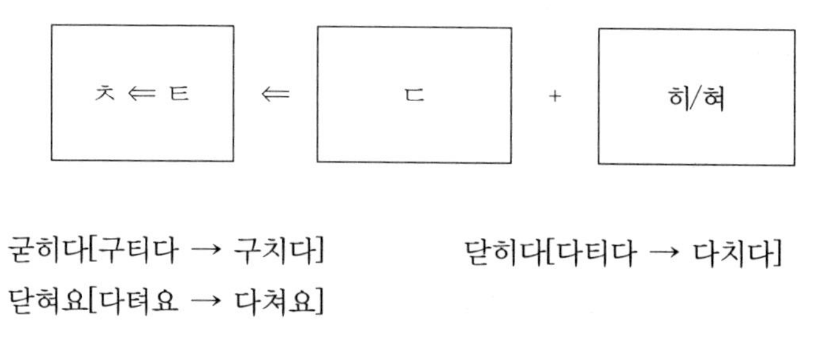

굳히다[구티다 → 구치다]　　　닫히다[다티다 → 다치다]
닫혀요[다텨요 → 다쳐요]

5.6. 불규칙 동사(不規則 動詞, Irregular verbs)

(1) 'ㄷ' 불규칙(ㄷ Irregular verbs)

어간이 'ㄷ'으로 끝나는 일부 동사는 모음으로 시작되는 어미와 만나면 'ㄷ'이 'ㄹ'로 바뀌는 현상이다.

듣다 : 듣+어>들어, 듣+으면>들으면, 듣+어서>들어서
용례) 걷다, 싣다, 묻다(질문하다), 깨닫다

<참고> 닫다, 묻다(땅에 파묻다), 믿다, 얻다 등은
모음과 만나도 'ㄷ'이 'ㄹ'로 바뀌지 않는 규칙동사이다.

닫다 : 닫+아>닫아, 닫+으면>닫으면, 닫+아서>닫아서

(2) 'ㅅ' 불규칙('ㅅ'Irregular verbs)

어간이 'ㅅ'으로 끝난 일부 동사는 모음으로 시작되는 어미와 만나면 무성음 'ㅅ'[s]은 유성음 'ㅅ'[△]으로 바뀐다. 훈민정음 창제 이후 사용되었다가 임진란 이후 그 음가가 소멸되었다.

짓다 : 짓+어 → 지ᅀᅥ → 지어, 짓+으면 → 지ᅀᅳ면 → 지으면, 짓+어서
→ 지ᅀᅥ서 → 지어서

용례) 낫다, 붓다, 잇다, 긋다 등

* 닛(續)+어/으니>니ᅀᅥ/니ᅀᅳ니 / 븟(注, 腫)+어/으니>브ᅀᅥ/브ᅀᅳ니

> <참고> 웃다, 벗다, 씻다 등은 모음과 만나도
> 'ㅅ'이 탈락되지 않는 규칙동사이다.
>
> 웃다 : 웃+어>웃어, 웃+으면>웃으면, 웃+어서>웃어서

(3) 'ㅂ' 불규칙(ㅂ irregular)

'ㅂ' 받침을 가진 동사가 모음으로 시작하는 어미를 만나면 무성음 'ㅂ'[p]이 유성음 사이에서 유성음 'ㅂ'[β]으로 바뀌어 양성모음(ㅏ, ㅗ) 다음에는 반모음 '오'[w]로, 음성모음(ㅓ, ㅜ) 다음에는 반모음 '우'[w]로 바뀐다.

곱다 : 곱+아>고+오+아>고와(곱+아>고ᄫᅡ>고와)

굽다 : 굽+어>구+우+어>구워(굽+어>구ᄫᅥ>구워)

용례) '덥다, 돕다, 춥다, 밉다, 눕다, 반갑다, 어렵다, 아름답다' 등이 있다.

* 곱(麗)+아/ᄋᆞ니>고ᄫᅡ(고와)/고ᄫᆞ니(고오니)/굽(炙)+어/으니>구ᄫᅥ(구워)/구ᄫᅳ니(구우니)

(4) 'ㄹ' 불규칙('ㄹ' Irregular verbs)

'ㄹ'불규칙은 어간만의 변화로 본다. 즉, '흐르다'를 설명할 때, '흐르-'는 자음으로 시작되는 어미 앞에서 나타나고, '흘ㄹ-'은 모음 '-어/아'로 시작되는 어미 앞에서 나타난다.

흐르+어 → 흐ㄹ+ㄹ+어 → 흘러
오르+아 → 오ㄹ+ㄹ+아 → 올라
용례) '빠르다, 누르다, 모르다, 이르다(말하다)'등을 들 수 있다.

<table>
<tr><th>종류</th><th>조건</th><th colspan="2">용례</th></tr>
<tr><td rowspan="2">'ㅅ'
불규칙</td><td rowspan="2">- 어간 말음 ㅅ + 어미(모음) → ㅅ탈락
- 밥을 짓(다) + 고 → 짓고
+ 어서 → 지어서</td><td>규칙</td><td>벗다, 씻다, 빗다, 웃다, 솟다</td></tr>
<tr><td>불규칙</td><td>짓다, 잇다, 긋다, 낫다</td></tr>
<tr><td rowspan="2">'ㄷ'
불규칙</td><td rowspan="2">- 어간 말음 ㄷ + 어미(모음) → ㄹ변화
- 음악을 듣(다) + 고 → 듣고
+ 어서 → 들어서</td><td>규칙</td><td>닫다, 믿다, 받다, 얻다, 묻다</td></tr>
<tr><td>불규칙</td><td>걷다, 깨닫다, 듣다, 묻다, 싣다</td></tr>
<tr><td rowspan="2">'ㅂ'
불규칙</td><td rowspan="2">- 어간 말음 ㅂ + 어미(모음) → 오/우
- 이웃을 돕(다) + 고 → 돕고
+ 아서 → 도와서</td><td>규칙</td><td>입다, 잡다</td></tr>
<tr><td>불규칙</td><td>굽다, 돕다, 눕다, 덥다, 춥다</td></tr>
<tr><td rowspan="2">'ㄹ'
불규칙</td><td rowspan="2">- 어간 말음 르 + 어미(모음)
→ '으'탈락, 어간에 ㄹ생김
- 물이 흐르(다) + 어서 → 흐 ㄹ+어서
→ 흐ㄹㄹ+어서 → 흘러서</td><td>규칙</td><td>치르다, 따르다, 들르다</td></tr>
<tr><td>불규칙</td><td>빠르다, 가르다, 고르다, 모르다</td></tr>
</table>

6 결론

한국어의 문자는 한글과 한자로 이루어졌다. 표기 수단은 한글이고, 이해 수단은 한자이다. 한국어는 두 문자의 상호보완으로 서로의 단점을 보완하고 있다. 바로 이 부분이 한국어의 경쟁력이다. 한글은 발음기관을 상형하여 만든 문자이므로 과학적이고 체계적이며 배우기가 쉽다. 다만 문제는 발음하기가 쉽지 않다는 점이다.

이에 본고에서는 한국어 발음 학습의 주요 문법 규칙인 음운규칙의 학습 방안을 기술하였다. 그리고 이 음운규칙의 학습 원리와 실제를 통해 왜 그렇게 발음되는지를 보이고자 음성에서부터 출발하여 음운의 특성, 조음 위치와 방법, 음절 등 음운규칙과 관련된 제반 용어에 대한 개념과 주요 특성, 그리고 그 원리와 기능에 대해 고찰하였다.

본고에서는 한국어 음운교칙을 문법 명칭에 따른 학습이 아니라 왜 그렇게 발음되는지 실제적인 학습 방법 면에 초점을 맞춰 고찰하였다. '밥물'이 '[밤물]'로, '해돋이'가 '[해도지]'로 발음되는 것은 '자음동화'와 '구개음화'라는 문법 명칭이 중요한 것이 아니라, 왜 받침 'ㅂ'이 'ㅁ'으로 발음되는지, 왜 'ㄷ'이 'ㅈ'으로 발음되는지를 설명하는 학습 방법이다.

참고문헌

姜信沆(1984), 『國語學史』, 보성문화사.
______(1990), 『訓民正音 硏究』, 성균관대출판부.
高永根(1981), 『중세국어의 시상과 서법』, 탑출판사.
______(1983), 『國語文法의 硏究』, 탑출판사.
______(1995), 『단어 문장 텍스트』, 한국문화사.
고영근·구본관(2008), 『우리말 문법론』, 집문당.
고영근·남기심(1997), 『중세어 자료 강해』, 집문당.
____________(1985), 『표준국어문법론』, 탑출판사.
金敏洙(1971), 『국어문법론』, 일조각.
______(1979), 『신국어학』, 일조각.
김완진(1971), 『국어음운체계의 연구』, 일조각.
______(1977), 『중세국어 성조 연구』, 일조각.
南廣祐(1960), 『國語學論文集』, 一潮閣.
______(2006), 『古語辭典』, 교학사.
朴德裕(1998), 『國語의 動詞相 硏究』, 한국문화사.
______(1999), 『중세국어강해』, 한국문화사.
______(2002), 『문법교육의 탐구』, 한국문화사.
______(2007), 『한국어의 相 이해』, 제이앤씨.
______(2010), 『중세국어문법의 이론과 실제』, 박문사.
______(2012), 『학교문법론의 이해』, 역락.
______(2017), 『이해하기 쉬운 문법교육론』, 역락.
박덕유·이옥화·송경옥(2013), 『한국어문법의 이론과 실제』, 박문사.
朴榮順(1986), 『韓國語統辭論』, 집문당.

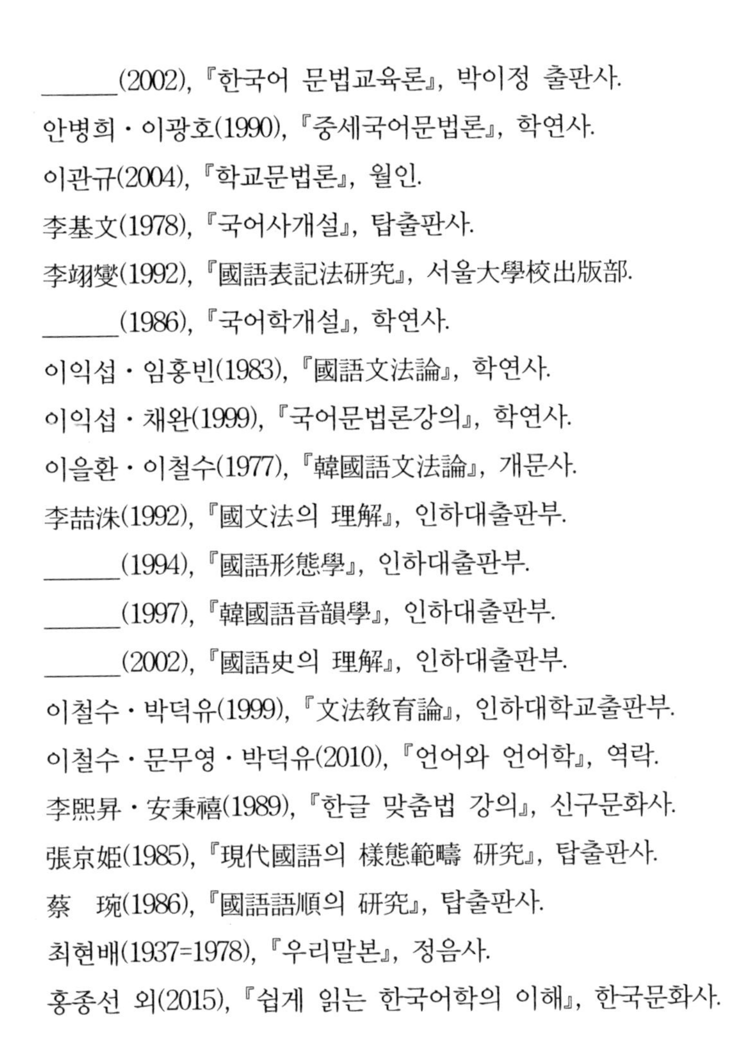
______(2002), 『한국어 문법교육론』, 박이정 출판사.
안병희 · 이광호(1990), 『중세국어문법론』, 학연사.
이관규(2004), 『학교문법론』, 월인.
李基文(1978), 『국어사개설』, 탑출판사.
李翊燮(1992), 『國語表記法研究』, 서울大學校出版部.
______(1986), 『국어학개설』, 학연사.
이익섭 · 임홍빈(1983), 『國語文法論』, 학연사.
이익섭 · 채완(1999), 『국어문법론강의』, 학연사.
이을환 · 이철수(1977), 『韓國語文法論』, 개문사.
李喆洙(1992), 『國文法의 理解』, 인하대출판부.
______(1994), 『國語形態學』, 인하대출판부.
______(1997), 『韓國語音韻學』, 인하대출판부.
______(2002), 『國語史의 理解』, 인하대출판부.
이철수 · 박덕유(1999), 『文法教育論』, 인하대학교출판부.
이철수 · 문무영 · 박덕유(2010), 『언어와 언어학』, 역락.
李熙昇 · 安秉禧(1989), 『한글 맞춤법 강의』, 신구문화사.
張京姬(1985), 『現代國語의 樣態範疇 研究』, 탑출판사.
蔡 琬(1986), 『國語語順의 研究』, 탑출판사.
최현배(1937=1978), 『우리말본』, 정음사.
홍종선 외(2015), 『쉽게 읽는 한국어학의 이해』, 한국문화사.

학습자 모어 특성에 따른
한국어 교수법

2. 확장형 읽기를 활용한 한국어 어휘 교수 방안

김은혜 | 인하대 교육대학원 강의교수

1 들어가며

한국어 학습자들은 한국어를 학습할 때 어휘 학습이 매우 중요함을 지속적으로 호소해왔다. 그러함에도 불구하고 어휘를 조직적이고 체계적으로 지도하는 것은 쉽지 않은데 어휘 학습이 학습자의 필요와 학습하는 내용에 주로 좌우되기 때문이다. 의사소통 중심의 통합형 교재를 이용하여 학습하는 학습자들의 경우 대부분의 교수요목과 교재가 주제별, 상황별 어휘 목록을 제시하고 있어 학습자의 한국어 숙달도를 고려하여 어휘의 난이도나 학습의 위계를 고려한 어휘 지도를 하기가 어렵다.

학습자의 다양한 학습 목적을 고려하고, 통합형 교재에서 어휘를 기능 활동을 위한 보조적 수단으로 다루고 있는 현실을 고려할 때 학습자를 위한 지속적이고 유의미한 어휘 학습을 위해서는 읽기를 활용하는 것이 유의미하다고 본다. 한국어 읽기 교육은 초기에는 독본 중심 교재를 상향식 읽기 모형을 적용하여 지도하였으나 의사소통중심 교수법이 성행하면서 하향식 읽기 모형에 근거하여 읽기 유창성을 증진하고자 하는 방향에서 읽기가 이루어지고 있다. 현장에서는 읽기 자료를 엮은 읽기 교재를 사용하기도 하나 통합적 접근에서 읽기를 위한 읽기 자료는 과제를 수행하기 위한 것인 경우가 다반사이다. 때로는 교사가 준비한 보충 자료를 활용하기도 하는데 문제는 학습자 수준보다 높은 어휘 및 새로운 표현이 적지 않아 학습자의 자발적인 읽기에 방해가 되는 일이 있다는 것이다. 외국인 학습자 수준에 적합한 도서를 보유한 도서관이나 도서 목록에 대한 안내가 거의 없는 현실 또한 학습자들의 읽기 능력 신장에 도움이 되지 못 하고 있다.

게다가 2014년 7월 이후의 TOPIK 시험부터는 별도의 영역으로 출제되었던 어휘와 문법 시험은 언어 기능 영역에 통합되어 출제되고 있다. 어휘가 사용되는 상황과 문맥 속에서 학습을 하는 것이 바람직하기는 하지만 여전히 어휘의 체계적인 학습이 어려운 것으로 보인다. 학습자가 접하는 다양한 환경과 학습 목적에 의해 노출된 어휘를 습득할 때 학습이 필요한 어휘를 접하는 빈도와 주기가 제 각각이어서 학습자의 실제 한국어 수준보다 훨씬 쉬운 어휘를 놓칠 수도 있는 노릇이다.

이에 한국어 학습자가 다양한 영역에서 필요한 어휘를 체계적으로 그리고 지속적으로 학습할 수 있는 방안이 필요하다. 본고는 확장형 읽기를 통해 한국어 학습자가 효율적으로 어휘를 학습하고 처리할 수 있는 능력을 배양할 수 있는 것으로 보고 이를 위한 지도 원리를 제시하는 것을 목적으로 한다.

2 읽기와 어휘 학습

읽기는 텍스트와 독자의 상호활동에서 이루어지는 이해 처리 과정으로 글에 제시되어 있는 정보와 독자 자신의 배경 지식을 결합하여 글 전체의 의미를 구성하는 의미 있는 정보를 얻고 처리하는 과정(강현화 외 2009:129)이다. 김제열(2007)에 따르면 한국어 학습자에게 읽기는 문맥 안에서 어휘나 관용구, 비유적 표현, 다양한 유형의 문장, 문맥을 통한 문법 지식 등을 통해 목표 언어의 구조와 형태에 대한 이해를 촉진시키고 어휘 학습 및 확장을 꾀하며 문화에 대한 정보의 습득과 이해를 가능하게 하는 활동이다. 또한 읽기는 텍스트와 독자의 상호활동에서 이루어지는 이해 처리 과정을 뜻한다. 글에 제시되어 있는 정보와 독자 자신의 배경지식을 결합하여 글 전체의 의미를 구성하는 정보를 얻고 처리하는 과정이다. 이러한 과정을 수행할 때 문장에 나타나 있지 않은 정보를 배경지식으로 추론해내는 이해 행위까지도 읽기에 포함된다. 읽기를 통해 학습자는 의사소통 목적을 달성하고, 유창한 독해를 연습하고, 맥락에 맞는 적절한 언어 사용을 익히고 즐거움이나 지식 및 문화 정보 습득이라는 목표를 달성할 수 있다.

이 같은 읽기의 의미 구성 과정을 온전히 수행해 내기 위해서는 적절한 어휘의 처리는 필수적이다. 어휘지식은 어휘의 형태와 의미, 용법에 관한 지식, 정확하고 적절하게 어휘를 사용하는 지식을 포함한다. 한국어능력의 중요기반이 되는 어휘력을 향상시키기 위해서는 어휘를 말하기, 듣기, 쓰기, 읽기와 같은 언어 기능영역에서 맥락이 부여된 가운데 지도하는 것이 중요하다. 특히 어휘는 언어기능 영역 중에서도 읽기 영역과 밀접한 관련을 맺고 주로 논의되어 왔다. 읽기 교재를 편찬하기 위해 교육용 어휘를 선정하는 일, 읽기에서 이해를 촉진하기 위해 어휘의 역할을 밝히는 일, 읽기를 통한 어휘 확장과 같은 논의가 그러하다.

읽기와 어휘학습에 대한 관점은 크게 어휘를 지도하는 목적 하에 읽기를 하는 경우와 읽기를 지도하는 목적 하에 어휘를 가르치는 경우로 대별된다. 전자는 읽기를 활용하여 어휘를 지도하는 것이 주목적이기 때문에 읽기 맥락 속에서 어휘가 어떤 의미를 갖고 어떻게 사용되는지 보이며 어휘 지도를 위한 수단으로 읽기를 행한다. 반면 후자는 학습자가 읽기를 수행하는 것이 주목적이며 이 읽기 과정을 온전히 행하기 위해 필요한 어휘를 부수적으로 처리하는 것이다. 본고는 전자의 관점에서 어휘 중심으로 읽기를 활용하는 입장에 있다.

2.1. 제2언어 읽기와 어휘

모국어 학습자가 읽기를 배우는 시기는 이미 구어를 통해 기본 어휘와 문법 구조를 습득한 상태로 학교 수업 이전에 이미 5,000 내지 7,000개의 단어를 배웠으며 언어 문법에 대해 직관적 감각도 지니고 있는 때이다. 반면 한국어 학습자는 모어 학습자가 모어 읽기를 배우는 데 필요한 전제 요소를 고루 갖추고 있지 않은 상태에서 텍스트를 이해하기 위해 어휘, 문법에 대한 지식뿐 아니라 배경지식으로 작용하는 사회·문화적 지식을 텍스트와 연계하여야 한다. 모어의 읽기에 대한 기존의 연구 결과들은 어휘 지식과 읽기가 매우 밀접하게 관련을 맺고 있음을 보인다.

모국어 화자가 성공적인 읽기 활동을 수행하기 위해서는 단어를 인지함과 동시에 추론 능력과 세계에 대한 지식, 주제와 관련된 배경 지식을 이용하여 의미를 형성하는 다양한 상호 작용이 필요하다(Day & Bamford, 1998:12). 제2언어 학습자도 읽기 활동을 할 때 이와 비슷한 과정을 거치게 되지만 각 단계에서 더 많은 제약과 복잡한 인지과정이 관여하게 된다. 특히 제2언어 학습자의 경우에는 단어 인지 과정에서 원활한 읽기를 가능하게 하는 충분한 양이 필요하다.

Krashen(1982:21-22)에 의하면 입력은 학습이 아닌 습득과 관련이 있으며 습득은 문맥과 비언어적 정보의 도움을 통해 학습자의 수준을 조금 넘어서는 'i+1'의 구조의 이해 속에서 이루어진다. 충분한 입력이 제공되고 학습자가 이해하여 의사소통이 성공적으로 이루어지면 'i+1'은 자동적으로 제공된다. 크라센의 입력 가설(input hypothesis)은 인지할 수 있는 입력의 양에 초점이 있다.

언어 습득이 일어나기 위해서는 Krashen의 논의처럼 이해 가능한 많은 양의 입력이 필요하지만 유창성 증진을 위해서는 학습자 수준보다 한 단계 낮은 단계의 입력이 필요하다. Samuels(1994)는 자동성 훈련(automaticity training)을 위해 자료는 'i-1'이어야 하는데 그 이유는 자동성 훈련의 목표가 광범위한 시각 어휘를 개발하는 데 있기 때문이라고 하였다. Samuels(1994)는 자동성 훈련을 위해 입력은 현재 학습자의 언어 능력인 'i'를 약간 넘어선 'i+1'이나 'i' 수준뿐 아니라 'i-1'의 자료가 이상적이라고 보았다. 입력을 돕는 원천으로 모국어 화자에게 발견되는 보모 발화(caretaker speech), 제2언어 화자를 위한 외국인과의 대화(foreigner talk), 교사 발화(teacher talk)는 일반적인 대화보다 단순한 특징을 갖는다. 읽기 텍스트의 개작이나 단순화 요인이 중요해지는 부분이라고 할 수 있다.

학습자가 읽기 문맥 속에서 어휘를 다룰 때 학습자가 지닌 배경지식과 읽기 텍스트에서 구성한 정보는 매우 중요한 역할을 한다. 텍스트의 내용이 매우 예측 가능한 경우에도 모국어 학습자와 제2언어 학습자의 읽기 과정에서 각 단어가 일일이 의미 확인 및 수용의 과정을 거친다는 연구 결과가 있다(Kintsch & Bates(1997, Nassaji(2007, 재인용)). 제2언어 학습자의 경우는 읽기 과정에서 모국어 학습자보다 상향식 정보 처리과정이 매우 중요하다는 연구결과들이 있어 상향식과 하향식 두 정보 처리과정이 상호보완적으로 발생함을 알 수 있다.

제2언어 학습자의 읽기에서 상호보완적으로 정보를 처리하는 과정에 Kintsch(1988:180)의 구성-통합 이해 모형[1)]은 시사하는 바가 크다. 구성-통합 이해 모형(construction-integration model)은 명제들로 이루어진 네트워크로 구성되어 있다. 이 네트워크 구성의 시작 단계로 독자는 텍스트를 이루는 단어와 구문들을 기본적인 자료로 삼아 텍스트를 이해하기 위한 가상 구조를 만들어 나간다. 이 가상 구조를 여러 가지 명제들로 이루어진 하나의 텍스트 기반으로 본다. 텍스트 자체와 언어적 지식 및 경험적 지식을 모두 포함하여 만들어진다.

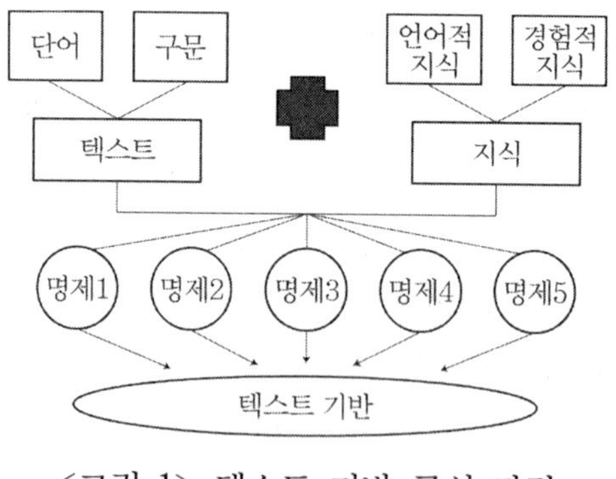

<그림 1> 텍스트 기반 구성 과정

1) <그림 1>과 <그림 2>는 박미영(2013:18-22) 참조.

텍스트 기반이 구성되고 나면 그 다음에는 텍스트 기반을 이루는 네트워크가 수정과 통합의 과정을 거쳐 상황 모델(a situational model)을 만들어 낸다. 텍스트 기반에서 관련이 없거나 일관성이 없는 정보들은 비활성화 되고 중요한 지식 요소들만이 정보로 수용되면서 텍스트 기반이 재구성된다. 재구성된 텍스트 기반은 기존의 텍스트 기반에서 직접적으로 도출되지 않은 새로운 지식이나 다른 지식 요소들과 통합을 이룰 수 있다.

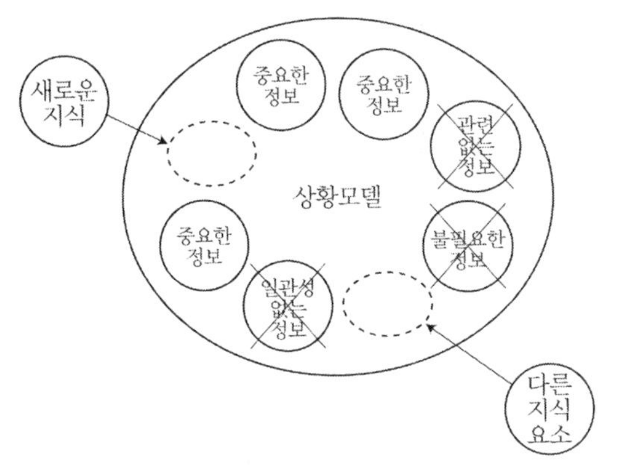

<그림 2> 상황모델 구성 과정

제2언어 읽기에 있어서도 <그림 1>과 <그림 2>처럼 텍스트의 기반을 구성하고 읽기를 수행하는 과정 속에서 관련성이 있는 정보들을 재구성하게 된다. 요컨대 읽기는 텍스트와 독자의 상호활동에서 이루어지는 이해 처리 과정이다. 글에 제시되어 있는 정보와 독자 자신의 배경지식을 결합하여 글 전체의 의미를 구성하는 정보를 얻고 처리하는 과정이다.

2.2. 확장형 읽기를 통한 어휘 학습

읽기를 교실 수업을 통해 이루어지는가를 기준으로 전통적인 교실 수업에서 행해지는 집중형 읽기(intensive reading)와 교실 안과 밖에서 다양한 활동을 통해 학습자의 자발적인 참여를 통해 이루어지는 확장형 읽기(extensive reading)[2)]로 구분할 수 있다. Day & Bamford는 확장형 읽기의 특징을 다음 <표 1>과 같이 제시하고 있다.[3)]

<표 1> 집중형 읽기와 확장형 읽기(Day & Bamford, 1998:123)

	집중형 읽기	확장형 읽기
목표	정확한 읽기	유창한 읽기
목적	번역, 문제 풀이	정보 획득, 즐거움
핵심	단어나 발음	의미
자료	어려운 교재, 교사의 선택	쉬운 교재, 학습자의 선택

2) 외국어 또는 제2언어 교육에서 확장형 읽기는 '잉여적 읽기'(abundant reading), '빠르게 읽기'(rapidly), '책 이어 읽기'(book after book), '자유 자발적 읽기'(free voluntary reading), '다각적 접근'(multiple line of approach), '보충적 읽기'(supplementary reading), '다독', '열린 읽기' 등으로 지칭되어 왔다(우형식, 김수정, 2011b:160). 우형식 · 김수정(2011b:162)

3) Day & Bamford(1998:8)에서 제시된 확장형 읽기의 접근법의 특징은 다음과 같다. ① 학습자는 가능한 한 많은 양을 읽는다. ② 다양한 범위의 주제를 다룬 다양한 읽기 자료를 구축한다. ③ 학습자 스스로 읽고 싶은 자료를 선택하고 해당 자료가 흥미를 유발하지 않을 경우 도중에 읽기를 멈출 수 있다. ④ 읽기의 목적은 주로 즐거움 획득, 정보 획득, 일반적인 이해이다. ⑤ 읽기 그 자체가 읽기의 목적으로 대부분의 경우 사후 과제가 없다. ⑥ 읽기 자료의 언어 수준이 학습자의 언어 수준을 넘어서지 않는다. ⑦ 읽기는 학습자 개인의 활동이므로 읽기 속도, 장소, 시각에 구애를 받지 않는다. ⑧ 읽기 속도는 비교적 빠른 편이다. ⑨ 교사는 학습자에게 읽기의 목적을 설명하고 학습자가 읽는 것을 관찰하며 학습자를 안내하고 도와주는 역할을 한다. ⑩ 교사는 학습자에게 독자로서의 롤모델이 되어야 한다.

	집중형 읽기	확장형 읽기
양	많지 않음	많음
속도	느림	조금 빠름
방법	사전 사용 가능 반드시 끝까지 읽음	사전 사용 불가 중간에 멈춰도 됨

<표 1>의 집중형 읽기에서는 읽기 문제를 풀기 위해 지시사항에 근거하여 읽거나 번역을 위해 단문의 텍스트를 읽기 때문에 텍스트 주제, 문장의 접속, 어휘와 문법 지식을 확장하기 위해 읽게 된다. 정확한 내용 파악에 초점이 있다고 할 수 있다. 이에 비해 확장형 읽기는 많은 양의 자료를 비교적 빠른 속도로 읽어 나가며 전체적인 의미를 이해하는 읽기로서 의미에 초점을 두고 읽기를 통해 정보를 얻거나 즐거움을 얻는 것이 주목적이다. 확장형 읽기에서 학습자는 정보를 얻거나 즐거움을 위해 스스로 읽고 싶은 것을 선택하여 가능한 많은 양의 자료를 읽는다. 빠른 속도로 자료를 이해하는 것을 목적으로 읽기 때문에 유창성이 증진되며 학습자가 선택한 읽기 자료가 수준과 흥미에 맞지 않으면 언제든지 그만둘 수 있다.

확장형 읽기는 텍스트의 의미에 초점을 맞춘 읽기로 언어 사용과 관련된 부가적인 내용을 학습과정에 거의 포함시키지 않고 학습자가 스스로 읽기 활동을 지속할 수 있도록 유도하는 것이다. 확장형 읽기의 목적이 어휘 발달을 위한 것일 때에는 텍스트에 학습자가 모르는 단어가 5% 이하여야 하며, 이해와 추측이 확실히 일어나게 하기 위해서는 모르는 단어가 2% 이하여야 하며, 학습할 새로운 어휘는 1~2%여야 한다. 학습자가 모르는 어휘가 반복되어 나타나는 같은 주제에 대한 연속적인 텍스트가 어휘학습에 유리하며 학습자는 자신의 수준보다 한 단계 높은 수준의 읽기를 수행해야 한다. 그러나 확장형 읽기의 목

적이 유창성 개발을 위한 것일 때에는 텍스트에 학습자가 모르는 어휘가 거의 없거나 아예 없어야 하며 학습자는 자신의 수준보다 한 단계 낮은 수준의 읽기를 하는 것이 좋다.

실제로 <표 2>는 학습자의 읽기 목적에 따른 읽기 유형과 읽기 자료의 어휘 수준을 대비한 것이다. 집중형 읽기는 100단어 이하로 이루어진 짧은 텍스트나 약 300~500단어 정도를 포함한 텍스트를 자세하게 공부하는 읽기 유형이다. 읽기 텍스트를 이해하는 과정에 어휘와 문법 그리고 본문의 담화에 대해 직접 학습하는 과정을 포함하고 있기 때문에 의도적으로 어휘에 초점을 맞춰 어휘 학습이 더 잘 이루어지도록 의도할 수 있다.

<표 2> 읽기 유형과 어휘(Nation(2001:150), 한재영 외(2010:268))

읽기 유형	학습 목표	학습자의 어휘 수준
집중형 읽기(정독)	언어 발달 전략 사용 지식 발달	텍스트의 95% 수준
언어 발달을 위한 확장형 읽기(다독)	우연한 어휘 학습 읽기 기술	텍스트의 95~98% 수준
유창성 발달을 위한 확장형 읽기(다독)	빨리 읽기	텍스트의 99~100% 수준

확장형 읽기는 학습자에게 많은 양의 어휘를 접할 기회를 주되 어휘를 통제하여 정기적인 주기로 고빈도 및 유용한 어휘를 노출시키기 때문에 상황과 문맥 속에서 어휘의 의미를 제대로 배울 수 있는 기회를 제공한다. 더불어 학습자는 자연스럽게 한국의 문화 요소를 학습하는 기회를 갖게 되고 확장형 읽기 자료의 유의미한 내용을 통해 정보를 얻고 재미를 느끼며 강한 학습 동기를 부여받게 된다. 확장형 읽기를 통해 교사가 계획적인 어휘 통제와 우연히 어휘를 접할 상황을 제공하

게 되면 학습자는 수업에서 다룬 명시적인 학습 원리를 자율적인 학습 태도를 길러 심화 학습으로 연계할 수 있는 이점도 얻는다. 학습자는 확장형 읽기를 통해 다양한 주제에 대한 배경 지식을 습득할 수 있을 뿐 아니라 읽기 유창성도 배양할 수 있게 된다.

한국어 교육에서 확장형 읽기에 대한 연구는 확장형 읽기의 활용 방안에 대한 연구(우형식(2008), 김경표(2009)), 확장형 읽기의 교육적 효과에 대한 실험 연구(김수정(2009),[4] 우형식・김수정(2011b)), 확장형 읽기를 위한 자료 개발 연구(김향미(2003), 우형식・김수정(2011a))로 대별해 볼 수 있다. 확장형 읽기의 교육적 효과는 대체로 이해력과 어휘력의 향상 및 읽기 유창성 증진이 주로 논의되고 있다. 특히 우형식・김수정(2011b)는 이를 증명하기 위한 가설을 세우고 16주가 소요되는 확장형 읽기 프로그램을 실시한 결과 확장형 읽기를 수행한 실험 집단에서 어휘력, 독해력, 읽기 속도에서 향상이 이루어졌음을 입증하였다. 확장형 읽기를 수행한 집단은 다양하고 흥미로운 자료를 많이 읽음으로써 시각 어휘를 자연스럽게 습득하여 어휘력이 향상됨을 보였다. 덧붙여 우형식・김수정(2011b, 우형식・김윤미(2011)은 확장형 읽기를 통해 읽기 능력과 어휘력의 향상뿐만 아니라 학습동기와 학습 태도에도 긍정적인 영향이 있었음을 입증하였다. Bell(1998) 또한 확장형 읽기의 효과로서 이해 가능한 입력을 제공해줌, 학습자의 전반적인 언어 능력을 향상시킴, 학습자의 목표어에 대한 노출량을 증가시킴, 어휘 지식을 확장시킴, 쓰기 능력을 향상시킴, 읽기에 대한 동기를 부여함, 선행 학습한 언어지식을 연결시킴, 읽기에 대한 자신감을 형성시

4) 김수정(2009)는 고급 한국어 학습자 19명을 대상으로 4주 동안 신문기사문을 활용한 확장형 읽기와 집중형 읽기를 적용한 실험 연구이다. 실험 결과 집중형 읽기보다 확장형 읽기에서 독해력과 어휘력 평가가 더 좋았음을 제시하였다.

킴, 텍스트 이상의 지식에 호기심을 갖게 함, 추론적 이해능력을 향상시킴을 언급하였다.

3 확장형 읽기에서의 어휘 활용과 지도법

본 절에서는 확장형 읽기를 촉진할 수 있는 어휘 지도 원리를 살펴보고자 한다. 확장형 읽기에서 학습자는 교실 환경이 아닌 자신의 시간과 장소에서 읽기가 행해지는 경우가 많기 때문에 대개 교사 의존적인 어휘 지도가 어렵다. 교사가 해당 어휘를 명시적으로 형태, 의미, 용법을 설명하는 경우는 학습자가 교실에서 확장형 읽기를 수행할 때만 가능하다고 하겠다. 따라서 본 절에서는 학습자가 확장형 읽기를 수행하면서 읽기 자료와 학습자의 배경지식을 활용하여 문맥 속에서 어휘를 파악할 수 있도록 돕는 어휘 지도 방법을 다루고자 한다.

3.1. 수준별 어휘 목록의 활용과 지도법

확장형 읽기는 재미있는 책들을 빠르게 읽어 내려가며 어려운 단어가 나와도 사전의 도움 없이 문맥을 통해 이해하고 다양한 소재를 다루어가며 통찰력을 키워 독해력을 향상하는 것이다.[5] 따라서 유창하고

5) Nuttall(1982:171-172)에서는 확장형 읽기를 위한 자료가 지녀야 할 속성을 네 가지로 제시한 바 있다. 이를 요약하면 다음과 같다. 첫째, 확장형 읽기 자료는 독자들의 시선을 끌 수 있는 호소성(appealing)이 있어야 한다. 인쇄가 잘 되었

자연스러운 읽기가 되도록 한 페이지에 모르는 단어가 너무 많이 나오지 않는 것이 좋다. 확장형 읽기를 효과적으로 수행하기 위해 수준별 도서를 사용하는 것이 효과적이다. 수준별 도서(graded readers)는 목표 학습자의 언어 수준에 맞게 쓰인 도서를 일컫는다.[6] 수준별 도서는 학습자의 수준을 고려해 엄격하게 통제된 구성, 어휘와 문법 및 신중하게 선택된 이미지들과 함께 난이도별로 분류되어 쓰인 읽기 교재이다. 낮은 빈도의 어휘를 없애고 자주 나오는 유용한 어휘들을 반복 사

거나 색깔 있는 삽화가 들어 있어서 독자들이 쉽게 호감을 가질 수 있어야 한다. 둘째, 교재의 읽기 수준보다 더 쉬워야 하는 용이성(easy)을 지녀야 한다. 셋째, 읽기 내용이 너무 길면 읽기도 전에 싫증이 날 수 있기 때문에 간결성(short)을 갖추어야 한다. 넷째, 내용 및 독자들의 성숙도에 따라 자료를 선택할 수 있게 하는 다양성(varied)을 지녀야 한다.

6) 우형식 · 김수정(2011a) 확장형 읽기를 위한 등급별 읽기 자료 목록, ㈜낱말 READ-LQ 도서 목록, 확장형 읽기 협회(The Extensive Reading Foundation, ERF) 목록, 미국 READ 180 읽기 프로그램의 수준별 도서 시리즈를 참고할 수 있다.
수준별 도서의 상대적 난이도(http://www.xreading.com/extensive/levels).

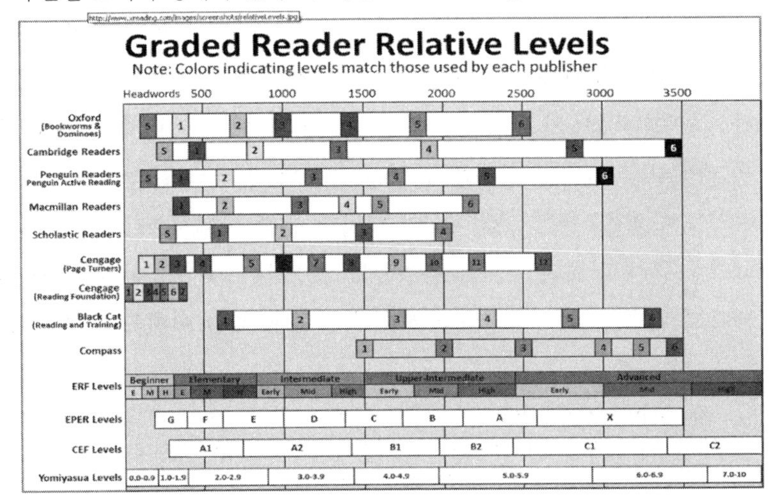

용해 학습자가 어휘를 실질적으로 사용할 수 있도록 돕고 언어적 감각을 발달시킬 수 있게 한다. 이처럼 어휘에 중점을 두고 텍스트를 좀 더 쉽게 풀어쓰게 되면 학습자들은 그만큼 텍스트에 접근하기 용이해지며 의미적 접근이 강화된 읽기를 할 수 있게 되고 나아가 읽기의 유창성이 증진된다.

Paul(2005:268)에 의하면 읽기를 하면서 배우는 어휘량은 그다지 많지 않을 것이라고 한다. 백만 어절(3000페이지 분량으로 소설책 10권 내지 15권을 읽는 분량)의 말뭉치를 분석한 결과 최다 빈도를 보이는 6000개의 어휘를 제외하고는 8번 이하의 빈도수를 보였다고 한다. 다양한 읽기 장르, 주제가 연관되지 않은 읽기 자료를 소량으로 읽게 되었을 때 동일한 단어를 마주할 빈도는 더 낮아질 것이다. Paul에 의하면 읽기 활동이 어휘 학습에 강력한 영향력을 행사하기 위해서는 다양한 장르와 주제와 관련된 읽기 자료를 학습 단계에 적합하게 제공하되 상당한 양을 투입해야 하며 학습내용을 뒷받침할 수 있는 언어활동이 필요하다고 한다.

이러한 점을 고려할 때 사용역이 넓은 고빈도 어휘 목록에 근거한 수준별 읽기 교재를 다독하는 경우는 학습자가 동일한 어휘를 유의미한 상황 맥락에서 자주 접할 수 있는 유용한 기회가 된다. Nation(2001:73)은 똑같은 이야기를 반복해서 읽는 것보다 긴 이야기를 여러 장으로 구성하여 읽게 되면 동일 어휘가 다양한 문맥 속에서 반복적으로 나타나기 때문에 어휘의 의미를 유추하고 생성하는 과정을 여러 번 거치게 되어 어휘 학습에 유용하다고 하였다.[7] 또한 해당 어휘의 문법적 용법

7) Cho & Krashen(1994)는 숙달도가 큰 차이를 보이는 4명의 성인 ESL 학습자를 대상으로 'Sweet Valley Kids' 시리즈를 두 달간 일주일에 2~5.75권씩 읽어나가는 실험을 실시한 결과 어휘력이 향상되었음을 보였다. 읽기 실험이 끝나

과 연어 관계를 자연스럽게 접하는 이점도 있다.

이와 같은 수준별 읽기 교재는 학습자 수준을 더욱 세분화하고 각 등급에 속하는 표제어의 수를 엄격하게 제한하고 있다. 아래 <표 3>에 제시된 미국 확장 읽기 협회의 영어 수준별 읽기 교재의 표제어 수는 읽기의 입문기에 오직 300개의 표제어만을 가지고 다양한 읽기를 할 수 있게 한다. 표제어 수는 상급 수준에 이르러도 3601-4500개 정도임을 알 수 있다.

<표 3> 확장 읽기 협회의 영어 수준별 읽기 교재의 등급[8)]

The Extensive Reading Foundation Graded Reader Scale

	Beginner				Elementary			Intermediate			Upper Intermediate			Advanced		
	Alphabet	Early	Mid	High	Early	Mid	High	Early	Mid	High	Early	Mid	High	Early	Mid	High
Headword[1] count	1-50	51-100	101-200	201-300	301-400	401-600	601-800	801-1000	1001-1250	1251-1500	1501-1800	1801-2100	2101-2400	2401-3000	3001-3600	3601-4500

고 실시된 어휘 평가에서 참가자 A, B, C, D는 각각 획득어휘/목표어휘에서 299/537(56%), 316/396(80%), 189/275(69%), 110/165(67%)의 학습률을 보였다. 이 실험은 성인 학습자도 자신이 관심과 재미를 느끼는 책을 읽으면 아동 학습자 이상으로 글 읽기에 집중할 수 있고 이로 인해 어휘력과 언어 능력이 향상됨을 알게 한 것이다. Sweet Valley Kids 시리즈는 1978년 미국에서 처음 출간되어 현재까지 계속 출판되는 쌍둥이 자매의 인생 경로를 그린 76권의 성장소설이다. 이러한 시리즈 형태의 도서를 읽게 되면 동일 대상이 겪는 다양한 상황의 이야기를 반복적으로 접하기 때문에 그 과정에서 동일 어휘 혹은 유사한 의미장을 형성하는 어휘를 반복해서 기억하는 과정이 효율적으로 일어나게 된다(박미영, 2013:5 참조).

8) www.erfoundation.org. 위 등급체계는 표제어 수에 의존한 것이기 때문에 일부 도서는 등급이 제시된 것보다 낮거나 높을 수 있다.

영어의 경우는 각주 5에 보이듯 매우 많은 출판사에서 오랜 전통을 자랑하며 다수의 수준별 교재가 개발되어 있으나 한국어의 경우는 관련 연구가 적고 교재 개발은 거의 불모지라 할 수 있다. 한국어 수준별 읽기 교재를 개발할 때 활용할 수 있는 어휘 목록으로 가장 주목되는 것은 국립국어원(2011)의 국제 통용 한국어 교육 표준 모형 개발 2단계에서 제시한 11,118개(초급 1,683개, 중급 3,007개, 고급이상 6,428개)의 어휘목록이다. 이는 학습용 기본 어휘, 한국어 사전, 한국어 평가, 한국어 교재에 근거하여 빈도와 어휘 사용역을 검토하여 선정된 것으로 현장에서 매우 유용하게 사용될 목록이다. 이때 어휘 빈도의 근거가 된 '강범모 · 김흥규(2009), 한국어 빈도 조사'에서 다룬 11,950개의 단어는 실질 어휘 누적 빈도는 한국어의 90%를, 문법 어휘를 포함한 누적 빈도는 94%를 차지하고 있어 학습자의 숙달도 향상에 큰 기여를 할 수 있는 목록으로 보인다.

나아가 국제 통용 한국어 교육 표준 모형의 어휘목록을 재정비한 『한국어 어휘 표현 교육 내용 개발』 1~4단계의 목록은 국립국어원 홈페이지에 <한국어 교수 학습 샘터>의 <어휘 내용 검색> 창에서 이용할 수 있어 이를 한국어 수준별 읽기 교재 제작을 위해 편리하게 활용할 수 있다. 한국어 교육 어휘 내용 개발 1~3단계에서 선정된 어휘 목록을 국내외에서 개발된 한국어 교재, 동형어 검토, 표준국어대사전에 새롭게 추가된 표제어를 검토하여 최종적으로 초급 1,835개, 중급 3,885개, 고급 4,945개로 총 10,635개의 최종 어휘목록이 선정되었다. 주제 및 발화 상황 범주 목록은 1~3단계에서 이루어진 주제 및 발화 상황 범주에 따른 어휘 목록을 보완하고 정비하여 초급 38개, 중급 36개, 고급 31개를 제시하고 있다. 주제 및 발화 상황 범주 목록은 숙달도에 종속된 단계별 목록이며 의미 범주 목록은 초급, 중급, 고급의 전

단계의 한국어 교육 어휘를 포괄할 수 있는 의미 범주 체계이다.

이렇게 훌륭한 어휘목록이 갖추어졌지만 안타깝게도 아직 이에 근거한 한국어 수준별 읽기 교재는 개발되어 있지 않은 상태이다. <표 3>에서 보듯 1~4,500개의 한정된 표제어를 선정하고 수준별로 동일 급 내에 다양한 읽기 교재를 집필해야 하는데 어떤 어휘를 어떤 기준으로 선정해서 한정할 것인가의 문제가 그리 단순하지 않기 때문이다. 실제로 동일 등급에 속한 어휘만으로 텍스트를 구성하는 것은 현실적으로 매우 어렵기 때문에 어휘 등급 비율 구성에는 어느 정도의 융통성이 요구된다. 대신 각 등급에 따른 지침을 마련하고 학습자 수준에 따라 어휘 등급의 비율을 적합하게 구성하기 위해 노력해야 할 필요가 있다.

가령 초급의 경우는 초급용 어휘의 비율이 대다수를 차지하고 중급・고급용 어휘와 그 밖의 어휘는 출현하지 않는 것이 가장 이상적이지만 혹 출현할 수밖에 없다면 극히 적게 할 필요가 있다. 특히 초급용 어휘 중에서도 고빈도 어휘이면서 사용역이 넓은 어휘를 중심으로 어휘를 활용하되 가급적 빈도가 낮거나 중요도가 적은 초급 어휘의 사용이 많지 않도록 유의해야 한다는 지침을 마련할 수 있다. 혹은 확장형 읽기 교재에 등장하는 표제어를 이해어휘와 사용어휘의 관점에서 구분하여 사용어휘를 교수학습 목표 어휘로 제시하여 교수하고 상황맥락에 반드시 필요하여 읽기 내용에 들어갈 수밖에 없는 어휘는 이해어휘로 제시하여 교수학습 어휘에서 제외하는 방법도 있다. 대신 삽화나 주석을 제공하는 방법을 취해 학습자 스스로 이해어휘를 배울 수 있도록 유도해야 할 것이다.

결국 수준별 어휘 목록에 근거한 읽기 교재는 읽기 텍스트를 어떠한 방식으로 단순화하는가와 직결되어 있다. Dolch(1951)은 단순화된 텍스트를 생산하는 세 가지 방법을 제시하였는데 첫째, 읽기 자료의 일부를 취하여 목록과 함께 어휘를 검사하고 어려운 단어를 쉬운 단어로 대치한다. 둘째, 어휘목록에 계속 주목하면서 더 쉬운 언어로 자료를 다시 쓴다. 이 방법은 수준별 읽기 텍스트의 대부분이 사용하고 있는 방법인데, 텍스트를 이상하고 부자연스럽게 할 수도 있는 단점이 있다. 셋째, 학습자들의 언어 사용에 대한 표준적인 단계를 확인하고 글쓴이 자신의 직관으로 자료를 바로 쓴 뒤 나중에 어휘목록을 가지고 확인하면서 약간의 변형을 가하는 방법이다. 이는 흥미롭고 읽을 만한 자료를 만드는 데 가장 효과적인 것으로 텍스트 수정 시 어휘목록보다는 학습자에 더 초점을 두는 것이 나음을 보여주는 것이다.

필자는 Dolch(1951)의 둘째와 셋째 방법을 적용하여 초급 학습자를 위한 2편의 수준별 읽기 교재를 제작하였는데[9] 교재에서 활용한 구체적인 어휘목록을 제시하고 어휘학습에 대한 시사점을 논의해보기로 한다. 우선 필자가 쓴 ≪나만의 방에 가요.≫는 한국에는 여러 가지 용도로 사용되는 '방'이 많은데 어느 날 집에 혼자 남은 해나는 자신만이 갈 수 있는 방을 만들고자 자신의 방에 '해나의 방'이라는 팻말을 붙인다는 내용이다. ≪나만의 방에 가요.≫의 전문과 어휘목록을 제시하면 다음과 같다.

9) 필자는 시리즈 형식의 수준별 읽기 교재를 위한 교수요목을 개발 중에 있으며 위 두 편의 교재는 그 중 일부이다. 동일한 주제를 담은 읽기 교재의 심화 과정을 보여주는 사례를 들지 못 해 아쉽지만 본고에서는 어휘목록에 근거하여 수준별 교재를 제작한 사례로서의 의의를 둔다. 다음 절에서는 김다혜 양의 도움으로 그린 삽화가 들어 있는 전문(시안)을 제시하였다.

수준별 읽기 교재 1- 초급

≪나만의 방에 가요.≫

엄마와 아줌마들은 찜질방에 가요.
오빠들은 피시방에 가요.
언니들은 노래방에 가요.
삼촌은 만화방에 가요.
아빠는 빨래방에 가요.
동생들은 놀이방에 가요.
나는 나만의 방에 가요.

≪어휘 목록≫

나	초급	노래방	초급
동생	초급	놀이방	초급(놀이+방)
삼촌	초급	만화방	초급(만화+방)
아빠	초급	방	초급
아줌마	초급	빨래방	초급(빨래+방)
언니	초급	찜질방	고급(찜질(중급)+방(초급)
엄마	초급	피시(PC)방	미등재
오빠	초급	가다	초급

≪문법≫

-은/-는, -에, -만, -의, -들

[장소]에 가다

실질적인 의미를 담는 내용어는 모두 16개이고 이중 한국어 교육 어휘 내용 개발의 최종 초급 어휘목록에 해당하는 단어는 14개이다. '놀이방', '만화방', '빨래방'은 미등재된 단어이지만 '놀이', '만화', '빨래'가 모두 초급에 등재되어 있다. '피시방'은 미등재된 단어이고 '찜질방'은 고급 어휘로 수록되어 있다. 그러나 '찜질하다'는 중급에 '방'은 초급에 등재되어 있기 때문에 사실상 고급 어휘라기보다는 중급 어휘로 볼 수 있다. 또한 한국 문화에 익숙한 외국인들은 초급이라도 '찜질방'을 경험하여 알고 있을 가능성이 높다. 'PC(personal computer)방'의 경우도 미등재어이지만 영어를 알고 있는 학습자의 경우는 그 의미를 유추할 수 있는 경우이다.

마찬가지로 ≪아, 시원하다!≫는 여름날 준수가 아버지와 함께 외할아버지 댁에 놀러가서 '시원하다'를 사용하는 상황을 경험하는 이야기인데 전문과 어휘 목록을 제시하면 다음과 같다. ≪아, 시원하다!≫에 제시된 어휘는 감탄사 '아'를 제외하고 모두 8개이며 전문에 '아, 시원하다'가 6번이나 반복되어 매우 간결한 형식으로 쓰였다.

수준별 읽기 교재 2- 초급

≪아, 시원하다!≫

할아버지, 안녕하세요?
아, 시원하다.
아, 간지러워.
아, 시원하다.
아파요.
아, 시원하다.
아, 시원하다.
아, 시원하다.
빗소리 한번 시원하다.

≪어휘 목록≫

간지럽다	중급	아프다	초급
뜨겁다	초급	안녕하다	초급(안녕히)
빗소리	초급(비+소리)	한번	초급
시원하다	초급	할아버지	초급

≪아, 시원하다!≫는 하나의 내용어로 제시된 문장들이 반복되지만 실제로 단어가 사용되는 상황과 의미가 다양하기 때문에 교재를 읽으면서 학습자는 흥미와 재미를 느끼게 되고 단어의 용법을 정확하게 기억할 수 있게 된다. 읽기를 막 시작하는 초기에는 모르는 단어의 밀도가 높을 수 있기 때문에 학습자들은 새 어휘를 직접적으로 공부할 필요가 있으며, 혹은 특정 수준의 책을 읽기 시작할 때에는 적어도 사전을 이용할 필요가 있다. 학습자는 읽기 초반부에 마주한 어휘를 높은 수준에서도 지속적으로 접하게 되면서 수준별 읽기 교재의 수준에 상응하는 어휘의 폭과 깊이를 체득하며 자신의 방식으로 읽기를 수행할 수 있게 된다.

텍스트를 단순화하지 않고 독자의 이해를 돕기 위한 여러 방법을 읽기에 적용하기도 하는데 대표적인 것이 텍스트를 상세화하는 것이다. 어려운 문장 구조나 어휘를 제거하지 않고 바꿔 쓰기, 동의어 추가하기를 비롯한 다양한 방식으로 잉여성을 추가하여 텍스트에 대한 학습자의 이해를 도울 수 있다. 또한 텍스트를 읽기 쉽게 만들기 위해 도표, 그림, 차트, 표, 텍스트 요약, 어휘 해설, 도입 질문과 표제 등을 활용할 수도 있다. 필자가 초급학습자를 위해 어휘 목록에 근거하여 수준별 읽기 교재를 창작한 것과 달리 다음 사례는 원작[10]에 수정을 가한 경우이다. 박미영(2013:76-78)은 조남호(2003)의 한국어 학습용 어휘의 A, B, C 등급목록을 활용하고 이에 속하지 않는 어휘는 D 등급으로 구분하였다. 중급 학습자를 위한 개작을 할 때 첫째, D 등급 어휘 수를 줄이고 B 등급 어휘 수를 늘리고 둘째, 복문을 여러 문장으로 나누어 문장을 간결하게 만들고 셋째, 앞에서 사용한 A 또는 B 등급 어휘를

10) 이문열(2006), 『우리들의 일그러진 영웅』, p.23.

재사용하는 원리를 적용하였다. 다음은 박미영(2013:77)에 제시된 원문과 개작문이다.

원문	수정문 -개작
전학 첫날 어머님의 손에 이끌려 들어선 Y국민학교는 여러 가지로 실망스럽기 그지없었다. 나는 여태 붉은 벽돌로 지은 웅장한 3층 본관을 중심으로 줄줄이 늘어선 새 교사만 보아 왔다. 그런데 낡은 시멘트 건물 한 채와 검은 타르를 칠한 판자 가교사 몇 채로 이루어진 그 학교를 보자 어찌나 초라해 보이는지 갑자기 영락한 소공자의 비애 같은 턱없는 감상에 젖어들기까지 했다.	전학 첫날, 어머니의 손에 이끌려 들어선 Y 초등학교는 정말 여러 가지로 실망스러웠다. 내가 서울에서 다니던 학교에는 붉은 벽돌로 지은 크고 멋진 3층 건물이 있었다. 그리고 그 외에도 새 건물이 많이 있었다. 하지만 전학 간 학교에는 낡은 시멘트 건물 하나와 나무로 지은 임시 건물이 몇 채 있을 뿐이었다. 처음 학교를 본 순간, 얼마나 초라해 보였는지 내 자신이 불쌍하게까지 느껴졌다.

비록 개작문이 원문이 주는 의미와 정서적인 면이 그대로 보존되었다고 보기는 어렵지만 전체적으로 원문이 지닌 중심적인 의미를 전달하였고 학습자의 수준을 고려하여 이해 가능한 내용으로 재창작된 글이라는 점에서 의의가 있다.

혹은 텍스트 내용을 수정하지 않고 학습자에게 이해가능하지 않을 것으로 추정되는 어휘를 상세화하여 설명하는 방식을 사용하기도 한다. 다음은 안기정(2010:106-109)에 제시된 중급 학습자를 위한 텍스트에서 해당 사례가 될 문장만 옮겨온 것이다.

원문	수정문 –상세화
… 또 어떤 사람들은 "늦어서 미안해. 정말 미안해."를 연발하거나 "오늘 늦은 대신에 한 턱 낼게."하고 말하기도 한다. 이와 달리 자신이 늦은 이유를 구차하게 설명하는 사람들도 있다. …	…또 어떤 사람들은 "늦어서 미안해. 정말 미안해."(라는 말을 **여러 번 반복해서**) 연발하거나 "오늘 늦은 대신에 한 턱 낼게."하고 말하기도 한다. 이와 달리 자신이 늦은 이유(에 대해서 **말할 필요가 없는 것까지 떳떳하지 못하고**) 구차하게 설명하는 사람들도 있다.…

지금까지 수준별 어휘 목록을 활용해 학습자를 위한 수준별 교재가 집필될 수 있음을 살펴보았다. 이제 학습자가 교재를 활용하여 주도적으로 어휘를 학습할 수 있는 몇 가지 연습 활동을 제시하고자 한다. Evelyn & Cheryl(1995: 372-391)는 어휘 학습은 5단계의 과정을 거치는데 첫 번째 새 단어와 접하기, 두 번째 단어의 형식을 이해하기, 세 번째 단어의 의미 이해하기, 네 번째 기억 속에서 단어의 형식과 의미를 통합하기, 다섯 번째 단어를 사용하기 단계로 구성된다. 이 중 처음 세 단계는 의미화 과정이며 네 번째, 다섯 번째 단계는 내면화 과정으로 보았다. 이 다섯 단계는 Paribakht and Wesche(1996)의 어휘 연습 단계와 상통하는 바가 있다. 학습자가 읽기 텍스트를 통해 어휘를 연습할 수 있는 과정을 <표 4>와 같이 제시하였다.[11]

11) <표 4>는 한재영 외(2010:270-273)과 Nation(2001:159)에서 소개한 Paribakht and Wesche(1996)의 읽기 텍스트와 함께 제공되는 어휘 연습에 대한 내용을 표로 나타내 본 것이다.

<표 4> 읽기 텍스트와 함께 제공되는 어휘 연습의 단계

	단계	입력 단계에 따른 어휘 연습
1	입력에 대한 인지 또는 주목 단계	텍스트의 첫 부분에 주의를 끌기 위해 단어들을 나열해 놓기, 텍스트 안에서 시각적으로 두드러지게 표시하기, 어휘 항목에 대한 주석 등 (⇒ 해당 단어를 다시 접하게 되었을 때 학습자의 의식 상승을 두드러지게 함)
2	입력에 대한 이해 단계	단어들을 제1언어 혹은 제2언어 동의어에 연결하기, 정의, 그림
3	조작 단계	단어의 형태론적 분석
4	해석 단계	문맥으로부터 추측하기, 연어 구성, 동의어 연결 짓기, 관련 없는 단어 골라내기
5	산출 단계	텍스트 다음에 주어지는 단어 설명에 알맞은 형태를 텍스트 안에서 골라내기 목표 어휘의 사용을 필요로 하는 질문에 대답하기

<표 4>에 따르면 학습자는 읽기를 수행할 때 입력에 대한 주목 단계⇒ 입력에 대한 이해 단계 ⇒ 조작 단계 ⇒ 해석 단계 ⇒ 산출 단계를 거친다고 한다. 이들 단계를 고려하여 다음과 같은 세 가지 연습을 할 수 있다. 첫째, 텍스트 안의 단어들을 해당하는 정의와 연결 짓는 연습이다. 텍스트 다음에 텍스트에 주어진 단어에 해당하는 정의를 주고 학습자로 하여금 주어진 정의에 알맞은 단어를 텍스트 내에서 찾도록 한다. 이 연습은 단어의 형태와 의미를 연결하는 활동으로 단어에 주목하고 단어를 기억하도록 하는 목적이 있다. 다양한 숙달도 단계에 있는 학습자들에게 쉽게 적용할 수 있기 때문에 개별적인 어휘 학습으로 안내될 수 있다.

주어진 정의에 해당하는 단어 찾기

… 또 어떤 사람들은 “늦어서 미안해. 정말 미안해.”를 연발하거나 “오늘 늦은 대신에 한 턱 낼게.”하고 말하기도 한다. 이와 달리 자신이 늦은 이유를 구차하게 설명하는 사람들도 있다. …

1. ____________: 잇따라 일어나다. → 여러 번 반복해서 말하다.
2. ____________: 말이나 행동이 떳떳하지 못하다.

둘째, 연어 연결 짓기 활동이다. 두 개의 단어 목록에서 하나씩 뽑아내어 연어 구성을 만들어 내는 활동으로 학습자는 자신의 모국어 지식, 실세계 지식, 이전의 목표어 사용에서 얻은 지식을 끌어내어 연습을 수행할 수 있다. 각 목록 안에서 단어들이 갖는 의미의 유사성에 따라 난이도가 달라진다. 아래 사례는 텍스트에 연어 구성이 모두 제시되어 있는 경우로 난이도가 낮지만 여전히 학습자가 단어에 주목하여 연어 의미를 곱씹을 수 있으며 텍스트에 나타나지 않은 '마음 맞다', '화내다'와 같은 연어 구성을 찾아내고 그 의미를 알아볼 수도 있다.

연어 연결 짓기

… 지난주에 친구가 약속을 어기는 바람에 꼬박 3시간이나 바람을 맞았다. 그런데 오늘도 30분이나 늦게 나타났다. 친구는 “늦어서 미안해. 오늘 늦은 대신에 한 턱 낼게.”하고 말했다. 조금 화가 났지만 둘이 먹다 하나가 죽어도 모른다는 맛있는 음식을 사준다고 하여 마음이 풀렸다.

약속	•	•	풀리다
바람	•	•	맞다
한 턱	•	•	어기다
화	•	•	내다
마음	•	•	나다

셋째, 텍스트를 읽은 뒤에 목표 어휘를 사용하여 질문에 대답하도록 하는 산출 활동을 할 수 있다. 이 연습은 어휘의 의미와 형태 연결을 강화하는 활동인데 질문에 대한 대답이 텍스트의 일부를 반복하기를 요구하는 산출적 복구인 경우와 질문에 대한 대답이 텍스트로부터 정보를 사용하도록 요구하는 산출적이고 생성적인 사용인 경우로 대별된다.

질문에 대답하기

【질문】 '시원하다'란 표현을 어떠한 상황에 적용할 수 있는가?

≪아, 시원하다!≫를 읽은 학습자들이 위 질문에 대답하면서 해당 단어를 사용하는지, 학습자의 대답 속에 제공된 맥락이 텍스트의 맥락과 얼마나 같고 다른지, 또 얼마나 그 단어를 생성적으로 사용하는지, 학습자가 자신의 기억 속에서 회상된 단어를 사용하는지와 같은 다양한 면모를 살펴볼 수 있다.

3.2. 주제 및 상황별 어휘의 활용과 지도법

확장형 읽기는 다양한 장르의 글을 폭넓게 읽는 방법이기 때문에 동일 주제나 상황을 다룬 글을 여러 번 접하게 된다. 이때 반복되는 어휘들은 동일한 주제나 상황을 다룬 다음 읽기에서 출현할 확률이 높다. 그러므로 앞 절에서 논의한 학습자 수준에 따른 어휘목록을 주제와 상황별로 정리하여 활용하는 것은 유익하다.

국립국어원 홈페이지의 【어휘교수학습샘터】 –'한국어교육 어휘 검색 시스템'에서 제공되고 있는 ≪한국어 교육 어휘 내용 개발 1, 2, 3, 4단계≫의 최종 목록은 한국어 어휘를 보다 효율적으로 활용하도록 하기 위한 것으로 어휘목록, 관련어 정보, 구 구성 정보 영역 전체를 통합하여 어휘를 검색하는 통합 검색을 비롯해 숙달도별로 유의어, 반의어, 상위어, 하위어, 참조어의 단어 쌍을 확인할 수 있는 의미 관계별 검색 기능을 갖추고 있다. 특히 범주별 검색 기능은 단어별, 의미 관계별, 의미 범주별, 주제 및 기능별, 활용 목록 범주에 속한 어휘들을 검색할 수 있다(<그림 3> 참조).

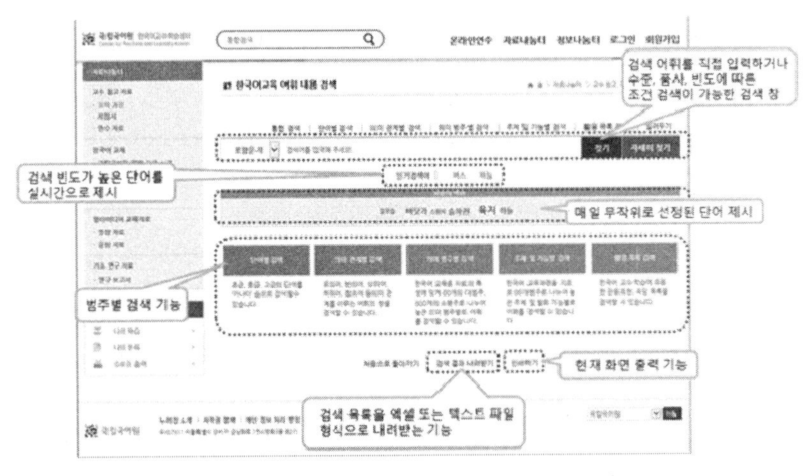

<그림 3> 한국어교육 어휘 검색 시스템

이처럼 의미범주를 고려한 어휘목록을 활용하게 되면 동일한 주제나 상황에서 반복되는 동일 의미장에 속한 어휘들을 추출하기 용이하기 때문에 확장형 읽기의 내용을 구성할 때 큰 도움을 얻을 수 있다. 상하의어의 적절한 활용은 내용의 일반화와 특수화에 관여할 수 있어 읽기 자료의 난이도에 기여할 수 있다. 대체로 하의어의 사용은 더욱

세밀하고 정교한 의미를 학습하도록 이끌 수 있다. 교재의 한 부분에 동일 어휘장에 속한 단어의 상하관계를 보여주는 계층구조나 관련 단어들의 관계를 한 눈에 알 수 있게 하는 그림이나 표를 제시하는 것도 어휘 학습에 도움이 된다.

읽기 교재 ≪나만의 방에 가요.≫는 문형 '[장소명사]에 가요.'의 반복 출현으로 비교적 단순한 구성으로 쓰인 것이다. 글에 제시된 장소명사들은 동일한 구조를 지니고 있다. 학습자는 '노래방'의 경우 단어의 구조를 '노래+방'으로 분석하여 의미를 추론한 뒤 이와 같은 구조로 분석될 수 있는 '놀이방, 만화방, 빨래방, 찜질방, 피시방'의 의미를 유추할 수 있다. 학습자는 교재를 읽어나가며 단어 구성 요소 분석하기를 통해 '사람이 살거나 일을 하기 위하여 벽 따위로 막아 만든 칸'으로서의 '방'의 확장된 의미 '편의시설 혹은 영업하는 장소, 가게'를 파악하게 된다.

단어 구성 요소 분석하기

단어 결합	의미 방: 편의시설/영업하는 장소	학습자 배경지식 삽화를 통해 추론한 지식
노래+방	노래를 부를 수 있는 시설을 갖춘 영업장소	방음이 된 방에서 가사가 화면에 나타나는 음악 반주기에 맞추어 노래를 부르도록 장치를 해 놓은 곳. 탬버린 사용 가능. 음료 주문 가능. 가족, 친구, 동료들이 함께 노래하고 춤을 출 수 있음
놀이+방	어린이 놀이 시설을 갖춘 영업장소	놀이 시설과 카페의 기능을 함께 갖춘 곳. 어린이가 즐겁게 노는 동안에 부모는 차를 즐길 수 있음.
만화+방	만화책을 빌려주거나 그 자리에서 읽을 수 있도록 꾸며 놓은 영업장소	소파나 안락한 의자, 테이블을 갖춘 카페 같은 분리된 공간에서 간단한 식사와 음료, 간식을 먹으며 만화책을 빌려 읽을 수 있음.
빨래+방	빨랫감을 세탁할 수 있는 설비를 갖춘 영업장소	자동 세탁기에 빨랫감을 넣고 동전을 넣어 작동할 수 있도록 설비를 갖춘 곳. 세탁기가 없는 경우 혹은 이불과 같이 큰 세탁물을 세탁해야 하거나 너무나 많은 세탁물이 있을 때 사용함
찜질+방	황토, 맥반석 따위를 바른 방에서 높은 온도의 공기로 땀을 내도록 한 영업장소	약 40~80℃의 더운 공기를 유지하며 휴게 시설과 사우나를 갖추고 있음. 보통 24시간 영업을 함. 핑크색이나 황토색 반팔 티셔츠와 반바지를 제공함. 양머리 수건을 머리에 쓰고 있는 사람들이 있음. 식혜와 삶은 달걀을 먹음.
피시+방	인터넷을 이용할 수 있도록 성능 좋은 컴퓨터를 구비한 영업장소	인터넷 검색과 게임 등 컴퓨터를 이용하면서 음료와 간단한 음식을 시켜먹을 수 있는 장소

학습자가 단어의 구성 요소를 분석하여 '방'의 의미를 추론할 때 교재의 삽화를 통해 각 장소가 어떤 곳인지 추가적인 정보를 얻게 된다.

읽기 교재 ≪나만의 방에 가요.≫의 전문을 삽화와 함께 제시한 예시 자료는 다음과 같다.[12] 교재의 삽화와 학습자 경험 및 배경지식을 통해 한국의 다양한 '방'에 대한 개념을 한국의 문화적 맥락 속에 이해하게 된다. 교재의 마지막 장면인 해나가 자신만의 방을 만드는 장면은 '방'이 지닌 또 다른 의미 '격리된 공간'을 알 수 있게 한다. 이처럼 간단한 통사적 구성을 지닌 7개의 문장으로 어휘를 효과적으로 학습하고 한국 문화에 대한 지식을 습득하게 되는 것은 어휘의 수준을 통제하고 적절한 삽화를 활용한 수준별 교재의 장점이라 하겠다.

나만의 방에 가요.

엄마와 아줌마들은 찜질방에 가요.

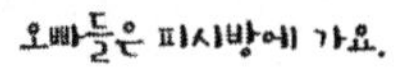

언니들은 노래방에 가요.

12) 수준별 교재에서는 어휘의 통제가 엄격하게 이루어지다 보니 상대적으로 삽화가 많은 역할을 하지만 아직 이 부분은 완성되지 못 했다. 우선 인터넷 사진과 김다혜 양의 그림을 넣어 삽화가 들어 있는 전문(시안)을 예시로 제시하였으며 이후에 보완할 예정이다.

삼촌은 만화방에 가요.

아빠는 빨래방에 가요.

동생들은 놀이방에 가요.

나는 나만의 방에 가요.

더불어 이 교재에는 '아빠, 엄마, 동생, 언니, 오빠'를 비롯해 '삼촌'과 같은 친족어장에 나오는 어휘들이 등장한다. 한국어의 친족어장은 타 언어보다 세부적인 면이 있는데 시리즈 형식의 읽기 교재에서 주인공과 주인공의 주변인물들이 다양한 상황 속에 반복적으로 출현하기 때문에 학습자가 어휘를 암기하려고 노력하지 않아도 등장인물들의 관계를 파악해 가며 친족어휘를 자연스럽게 알게 된다. 교재의 중심인물인 해나는 여자 아이이기 때문에 해나보다 나이가 많은 여자 형제를 '언니'로, 나이가 많은 남자 형제를 '오빠'로 부르게 되지만 다른 교재에서는 또 다른 중심인물인 남자 아이를 기준으로 '누나'와 '형'이 등장하기 때문에 친족어휘를 학습할 때 성별과 연령을 고려하게 된다.

읽기 교재 ≪아, 시원하다!≫는 단어 '시원하다'의 다양한 의미를 상황 속에서 파악할 수 있도록 하고 있다. 이 교재는 가려운 등 때문에 불편하던 할아버지가 효자손으로 등을 긁어주는 손자 덕에 후련해지는 것이나 가족들이 서로 때를 밀어주며 시원함을 느끼는 사례, 뜨거운 목욕탕에 몸을 담그고 있을 때 긴장이 풀어지고 피로도 가시는 듯한 경험이나 뜨거운 국밥을 먹을 때 속이 따뜻하게 풀리는 경험을 통해 시원함을 경험하는 사례, 더운 여름 대청마루에 앉아 수박을 먹고 부채질 할 때에는 알맞게 서늘함을 느끼는 시원한 사례, 마지막으로

더위를 싹 가시게 하는 소나기를 통해 막힌 데가 없이 활짝 트이듯 마음이 후련해지는 시원한 빗소리를 경험하는 사례를 담고 있다.

동일한 단어의 다양한 의미 이해하기

▣ 시원하다
① 덥거나 춥지 않고 알맞게 서늘하다.
② 음식이 차고 산뜻하다.
음식이 뜨거워서 속을 후련하게 하다.
③ 막힌 데가 없이 활짝 트이어 마음이 후련하다.
④ 답답한 마음이 풀리어 흐뭇하고 가뿐하다.
⑤ 지저분하던 것이 깨끗하고 말끔하다.

삽화가 들어있는 읽기 교재 ≪아, 시원하다!≫의 전문은 다음과 같다.

아, 시원하다!

할아버지, 안녕하세요?

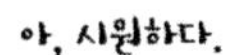

아, 간지러워.

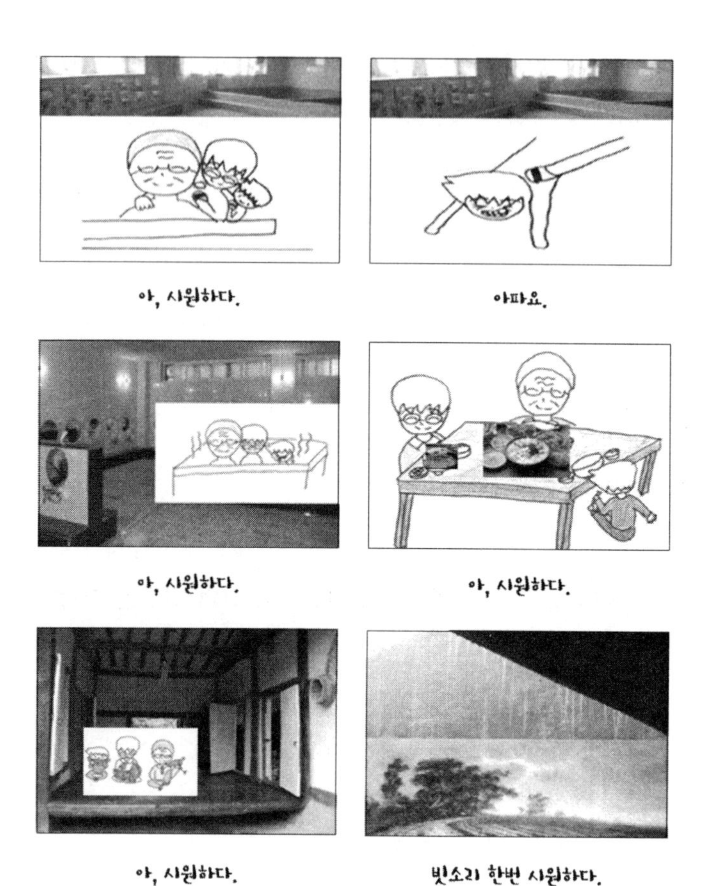

교재의 내용은 단순하게 기술되어 있지만 학습자는 그림을 통해 상황을 추론할 수 있게 되고 구체적인 상황 속에서 '시원하다'는 단어의 용법을 배울 수 있게 된다. 더불어 그 속에 녹아 있는 한국인의 문화적인 특성도 알게 된다.

3.3. 유의미한 저빈도 어휘의 활용과 지도법

확장형 읽기는 학습자가 읽기를 수행하면서 되도록 간섭이나 방해 없이 즐겁게 읽는 것을 전제로 하기 때문에 일반적으로 사전을 찾지 않고 읽는다. 모르는 어휘는 문맥이나 그림을 통해 추론하고 넘어간다. 수준별 어휘 목록을 활용하여 어휘를 엄격하게 통제한 읽기 교재를 확장형 읽기에 활용하는 경우는 모르는 단어가 많지 않지만 어휘 통제가 전혀 이루어지지 않은 읽기 자료를 많이 읽어야 할 때에는 전체적인 내용 맥락을 파악하는 데 큰 지장을 주지 않는다면 모르는 단어에 별다른 주의를 기울이지 않고 대충 넘어가는 일이 많게 된다.

더욱이 앞서 논의한 대로 수준별 읽기 교재의 경우에도 모든 어휘를 통제하여 사용할 수 없고 주제와 내용에 따라 어쩔 수 없이 학습자 수준보다 높거나 거의 사용하지 않는 단어를 써야 할 때가 있다. 이처럼 읽기를 수행하기 위해서는 알아야 할 필요가 있지만 학습자가 다시 그 어휘를 접할 확률이 낮은 저빈도 어휘의 경우에는 읽기 텍스트에 해당 어휘에 주석을 제공하거나 어휘 학습 전략을 지도하는 기회로 이용하는 것이 좋다.

유의미한 저빈도 어휘와 모르는 낯선 어휘를 읽기 과정에 최소한의 간섭을 주고 처리하는 방법은 어휘 주석을 활용하는 것이다. 어휘 주석은 어휘에 대한 이해를 돕기 위해 본문의 여백이나 하단에 정의나 동의어, 예시, 쉬운 어휘 등을 사용하여 어휘의 의미를 보다 자세하게 설명해 주는 것을 뜻한다. 어휘 주석은 읽기 교재 편찬자에게는 텍스트의 단순화나 개작 없이 어려운 텍스트를 본래 모습 그대로 사용할 수 있게 해준다. 학습자의 경우에도 제대로 추측하지 못할 수도 있는 어휘들에 대해 정확한 의미를 제공받게 되어 유익하며, 어휘 주석이

해당 어휘 가까이 주어지면 읽기 과정에 최소한의 방해만 받을 수 있다.[13] 어휘 해설은 단어에 주의를 끌어와 어휘 학습을 격려하게 되며 학습자가 텍스트 읽으면서 주석의 의미가 텍스트에서 일치하는 가 확인하기 위해 적어도 세 번은 반복하게 되기 때문에 반복 학습의 기회도 부여한다.

앞서 제시하였던 수정문 상세화의 사례를 예로 제시하면, 상세화된 내용을 주석으로 처리하는 것이 한 방법이 될 수 있다. '연발하다'와 '구차하다'는 ≪한국어 교육 어휘 내용 개발≫의 최종 목록에 수록되지 않은 단어이다. 사전적 의미만 제시할 수도 있고 아래와 같이 사전적 의미와 문맥에 적용할 수 있는 의미를 동시에 제시할 수도 있다. 주요 용례를 제시할 수도 있으나 학습자의 시선을 너무 빼앗지 않고 읽기에 주목할 수 있게 하려면 간단한 내용이 나을 수 있다.

원문	주석
… 또 어떤 사람들은 "늦어서 미안해. 정말 미안해."를 [1]연발하거나 "오늘 늦은 대신에 한 턱 낼게."하고 말하기도 한다. 이와 달리 자신이 늦은 이유를 [2]구차하게 설명하는 사람들도 있다. …	1. 잇따라 일어나다. → 여러 번 반복해서 말하다. 2. 말이나 행동이 당당하지 못하다. → 말할 필요가 없는 것까지 당당하지 못하게 말하다.

13) 텍스트 안에서 해당 단어 바로 다음에 어휘 주석을 제공하게 되면 주석인지 텍스트인지 혼동할 수 있다. 일반적으로 주석은 해당 단어가 나타나는 줄의 끝에, 해당 단어가 포함된 본문의 아래쪽에, 혹은 텍스트 전체의 마지막에 제공된다.

읽기 교재 ≪아, 시원하다!≫에는 '효자손, 때밀이 수건, 국밥, 부채'가 본문에 어휘로 제시되어 있지 않으나 그림 속에 등장하여 한국문화를 알 수 있게 한다. 이들 어휘를 교재 뒤에 부록 형식으로 그림과 함께 제공하는 것도 이해어휘 확장에 도움이 된다.

부록 - 문화 속의 한국 어휘

효자손 / 때밀이 수건 / 국밥 / 부채

Nation(2001:232)는 읽기 문맥의 추론을 통해 우연적으로 어휘를 습득하는 것이 어휘 학습의 기본이 되며 이것은 모국어 학습을 비롯하여 제2언어 학습자들에게도 가장 중요한 어휘 학습 방법이라고 했다. 목표언어의 고급 수준의 숙달도에 도달하려면 수업시간에 이루어지는 의도적 교수만으로는 어휘량이 부족하다. 그러므로 다독을 통해 구어에서 만날 수 없는 어휘에 접해보며 지속적으로 단어를 학습해 가는 일은 중요하다. 문맥을 통해 어휘를 학습하게 되면 해당 어휘를 잘 기억할 수 있게 되고 모르는 어휘를 추론하기 위해 문맥에서 이용할 수 있는 여러 단서를 활용하게 된다.[14]

문맥을 활용한 어휘추론 전략은 크게 텍스트 전체 문맥과 학습자 배경지식을 활용한 어휘추론과 목표 어휘가 속한 문장 내에서의 언어적 단서들을 활용한 추론 전략으로 대별된다. 배경지식을 통해 텍스트의 내용을 이해하는 하향식 정보 처리 과정은 텍스트 주제, 문화, 세상 지식에 더 많은 영향을 받을 수 있는 면이 있고 텍스트 내용을 바탕으로 모르는 단어에 주목하여 이를 발판으로 배경지식과 연계하는 상향식 정보 처리 과정은 단어를 처리함에 있어 어휘가 속한 문장의 문법 구조, 목표어의 구성 요소 분석, 목표어의 품사, 글에 제시된 예시나 정의와 같은 언어 지식에 기반을 두고 이끌어질 수 있다.

Alan & David(2005)에 의하면 문맥에서 제시하는 단서를 이용해서 단어의 의미를 추론하는 방법은 텍스트의 95% 정도의 내용을 알고 있어야 추측하기에 성공할 수 있다고 한다. 설사 95%의 지식을 갖추었어도 문맥이 아주 제한된 것이라면 정확한 의미를 추측하는 일은 거의 불가능할 수도 있다. 이처럼 어휘의 의미를 정확하게 파악할 수 있는 정보를 문맥에서 제공하지 않는 일도 있고 문맥에 국한한 일부의 정보만을 어휘 의미로 학습하게 될 수도 있다.

비록 문맥을 이용한 어휘 지도 방법이 텍스트 수준이나 학습자 수준

14) Nation(2008:74-75)에서도 텍스트에서 모르는 의미를 깨닫기 위해 일곱 가지 정보 탐색 가능성을 열어 두고 있다. 모르는 단어가 있는 문장 혹은 절에 있는 단서, 문장, 혹은 절을 직접적으로 둘러싸고 있는 곳에 존재하는 단서, 텍스트의 앞 전체 내용과 동떨어져 만들어진 정보, 텍스트 자체에 대한 지식, 텍스트 외부에서 얻어지는 배경 정보, 독자의 세상사에 대한 지식 혹은 상식, 모르는 단어의 형태가 이에 해당한다.

(주로 상급자 수준에 적합)에 달려 있고 시간과 노력이 많이 들기는 하지만 문법제약, 연상, 연어, 품사 등의 정보를 이용하는 능력, 모르는 단어의 의미 파악에 단서가 되는 단어를 찾는 능력, 중요 단어를 결정하고 의미를 형성해가는 추론 능력을 키워갈 수 있는 점에서 여전히 지도될 가치가 있다.

<표 5> 문맥 추론 전략의 절차[15)]

학자	문맥 추론 전략의 단계 혹은 절차
Kruse(1979)	일반적 전략(general skills): 문장 내 문법 기능 인식 / 그림, 그래프, 차트 사용 ⇩ 단어의 형성(word building): 접미사 / 접두사 / 어근 ⇩ 정의단서(definition clues): 괄호와 각주 / 유의어와 반의어 ⇩ 추론단서(inference clues): 예시 / 요약 / 경험
Jenkins, Matlock & Slocum(1989: 221)	① Substitute a word or expression for the unknown word. 모르는 단어를 (아는) 단어 혹은 표현으로 대체하라. ② Check the context for clues that support your idea. 자신의 생각을 뒷받침하는 단서를 문맥 속에서 점검하라. ③ Ask if substitution fits all context clues. 대체한 단어가 모든 문맥 단서에 적합한지를 살펴보라. ④ Need a new idea? 새로운 대안이 필요한가? ⑤ Revise your idea to fit the context. 문맥에 적합하도록 자신의 생각을 수정하라. SCANR는 ①→②→③의 단계를 거친 후 추측이 적절하지 않다면 ④→⑤의 단계를 거쳐 다시 ①로 돌아가게 된다.

15) 장지영(2009:13-21), 김은혜(2017:121-125) 참조.

학자	문맥 추론 전략의 단계 혹은 절차
Hunt & Beglar(2005)	① 목표 어휘의 품사 생각해 보기 ② 목표 어휘가 속한 인접 문맥에서 추론 단서 찾아내기 ③ 학습자들의 문맥에 대한 이해를 도와 추론 전략을 교수 ④ 추론한 단어의 품사 확인하고 원래의 문맥에 대응시켜 보기 ⑤ 사전이나 교사를 통해 추론한 단어 확인하기 ⑥ 추론이 틀렸을 경우 문맥적 단서를 다시 생각해 보기
Nation & Coady(1988: 104-150	① 모르는 단어가 있는 행을 결정하라. ② 직접적으로 관련이 있는 문맥을 살펴보고 필요하다면 그 단어를 단순화하라. ③ 더 넓은 범위에서 문맥을 살피라. 모르는 단어가 포함된 절과 그 절을 둘러싼 절, 문장과의 관계를 검토해보라. ④ 모르는 단어의 의미를 추측하라. ⑤ 추측한 단어를 확인하라. 사전을 이용해 단어 확인 시, 문맥에서 그 의미를 다시 적용해 보라.

결국 <표 5>는 다음과 같은 단계로 요약될 수 있다. 문맥 속에서 어휘나 표현을 추론하는 첫 번째 단계는 우선 모르는 단어 혹은 낯선 단어를 찾는 것에서 시작한다. 다음 단계는 언어적 정보 활용하는 단계이다. 이 단계는 품사, 유의어, 반의어, 상하의어, 연어 구성, 단어 구성 요소 분석, 주변 절 혹은 문장과의 관계에 대한 단서를 찾는 언어 지식과 관련한 부분과 반복 표현, 대구, 대용어, 접속어 정의, 예시, 비교, 대조와 같은 글의 논리적 구성 관계의 단서를 찾는 담화 결속 및 구성에 대한 부분이 섞여 있다. 세 번째 단계는 배경지식을 활용하는 단계이다. 화제, 제목, 삽화, 문화적 정보, 백과사전적 정보를 활용하여 해당 단어에 대한 단서를 찾는다. 네 번째 단계는 앞 선 단계의 모든 정보를 종합하여 모르는 어휘의 의미를 추정하는 단계이다. 마지막 단계는 추정한 단어의 의미를 점검 및 확인하는 단계이다. 어휘의 의미를 추정한 근거 찾기, 추론한 어휘를 이용하여 문장 만들기, 사전 이용하기, 교

사나 원어민에게 질문하기를 할 수 있다. 위 단계는 읽기 과정에서 상향식으로 혹은 하향식으로 수행되며 보통 상호작용식으로 이루어진다.

문맥 속에서 모르는 단어 의미를 추측하는 전략은 수천 개의 다른 단어에 적용이 되기 때문에 학습자는 모든 중요한 단서를 적절한 방식으로 자유롭게 이용할 수 있게 되기까지 훈련하여 이러한 단서들에 민감해질 수 있어야 한다. 이를 훈련할 수 있는 문맥을 활용한 어휘 학습법으로 빈칸 채우기 활동이 있다. 빈칸 채우기 활동은 문맥 속에서 단어가 갖는 정서적 함축과 글의 구조를 이해할 수 있는 기회를 주며 단어 지식을 총체적으로 다루는 유용한 연습 활동이다. 학습자는 읽기 활동을 하며 모르는 어휘나 낯선 어휘를 만났을 때 해당하는 어휘를 마친 빈칸인 양 두고 위에 언급한 모든 단서를 활용하여 의미를 추측하는 연습을 할 수 있다.

4 나가며

지금까지 한국어 어휘 학습을 촉진하기 위한 한 방안으로 수준별 읽기 교재를 비롯한 확장형 읽기를 통해 수준별 어휘 목록, 주제별 어휘, 상황별 어휘 그리고 유의미한 저빈도 어휘의 활용과 지도 및 학습방안에 대해 살펴보았다. 수준별 교재를 활용한 확장형 읽기는 학습자에게 많은 양의 어휘를 접하게 하되 어휘를 통제하여 동일한 어휘를 다양한 맥락 속에서 정기적인 주기로 마주칠 수 있게 하기 때문에 학습자가 체계적으로 어휘를 학습할 수 있음을 논의하였다. 또한 지속적인 읽기 활동을 통해 한국어 학습자들은 한국의 문화 요소를 자연스럽게 터득하게 되고 읽기에 대한 흥미로 인해 어휘 학습과 한국어 학습에 대한 긍정적인 태도를 형성하게 된다.

수준별 어휘 목록을 활용해 집필된 교재를 읽을 때는 학습자가 대부분의 단어를 알고 있는 상태에서 유창한 읽기를 하고 있기 때문에 학습자에게 주의가 필요한 단어에 주목하고 그 단어와 관련한 부가적 정보의 확충이 필요한 어휘 연습으로 정의 찾기, 연어 찾기와 같은 활동을 제시하였으며 나아가 읽은 내용을 전체적으로 요약하고 내면화 할 수 있는 질문에 답하기 활동으로 어휘를 활용하는 연습이 적합함을 논의하였다.

주제별 어휘와 상황별 어휘의 경우는 어휘장 및 의미장을 활용하여 관련 어휘들을 체계 속에서 제시하여 학습자가 어휘들의 관련성을 탐구할 수 있는 기회를 제공하는 것이 바람직하다. 또한 동일한 단어 구성 요소를 포함하는 단어 무리의 경우는 동일 요소가 어떠한 의미를 가지고 단어 형성에 참여하였는지 관찰하고 단어의 의미를 파악하는 어휘 학습이 적합하였다. 이때 관련 그림이나 자료를 통해 어휘가 사용되는 상황을 알 수 있게 하는 것이 유용하다.

유의미한 저빈도 어휘는 학습자가 빠른 시일 내에 다시 접하기 어려운 어휘이기 때문에 학습 중요도는 낮지만 읽기 문맥에서 중요한 자리를 차지하는 경우에는 문맥을 활용하여 어휘 의미를 추론하는 연습을 할 필요가 있다. 이때 학습자는 단어와 문장, 텍스트 내에 있는 언어적 단서와 백과사전적 정보를 비롯한 다양한 세상사적 지식을 활용하여 어휘 의미를 추론해 낸다.

본고는 ≪한국어 교육 어휘 내용 개발≫의 최종 목록에 근거한 한국어 수준별 읽기 교재가 없는 현 상황에서 부족한 사례를 제시하며 논의한 한계가 있다. 그러나 본 논의를 출발점으로 다양한 한국어 읽기 교재의 개발이 이루어지고 이를 활용한 어휘 학습이 속히 이루어지기를 기대해 본다.

참고문헌

강현화 외(2009), 『한국어이해교육론』, 형설출판사.

김광해(1995), 『어휘연구의 실제와 응용』, 집문당.

______(2008), 『어휘 현상과 교육』, 박이정.

김수정(2009), "한국어 교육에서 확장형 읽기 활동을 통한 독해력과 어휘력 증진 효과: 신문기사문을 중심으로", 『외국어로서의 한국어교육』34, 연세대언어연구교육원 한국어학당, pp.129-156.

______(2013), "공동체 활동 중심의 한국어 확장형 읽기 교수·학습 설계 및 적용 연구", 부산외국어대학교 박사논문.

김은혜(2017), 『외국어로서의 한국어 어휘 교육론』, 역락.

박미영(2013), "확장형 읽기를 위한 한국어 학습자용 수준별 도서 개발 기준 연구", 경희대학교 교육대학원 석사논문.

안기정(2010), 텍스트 상세화가 한국어 읽기 이해와 우연적 어휘 학습에 미치는 영향, 이화여자대학교 석사논문.

우형식(2008), "한국어교육에서 열린 읽기 활동의 도입을 위한 기초 연구", 『우리말연구』22, 우리말학회, pp.185-209.

우형식·김수정(2011a), "확장형 읽기 활동을 위한 한국어 읽기 자료의 선정과 등급 구분", 『이중언어학』45, 이중언어학회, pp.133-165.

____________(2011b), "확장형 읽기 활동을 적용한 한국어 읽기 교육의 효과 연구", 『외국어로서의한국어교육』36, 연세대언어연구교육원 한국어학당, pp.159-187.

우형식·김윤미(2011), 한국어 열린 읽기 프로그램의 적용과 평가, 한

어문교육 25, pp.425-450.

장지영(2009), “문맥을 통한 어휘추론 전략의 교수가 우연적 한국어 어휘학습과 읽기 이해에 미치는 영향”, 이화여자대학교 교육대학원 석사논문.

정길정 · 연준흠(2000), 『외국어 읽기 지도의 이론과 실제』, 한국문화사.

한재영 외(2010), 한국어 어휘 교육, 태학사.

Alan Hunt & David Beglar(2005), Current Research and Practice in Teaching Vocabulary, *Methodology in Language teaching*, Cambridge University Press.

Bell, T.(1998), Extensive Reading; Why? and How?, *The internet TESL Journal* Ⅳ-12, http://iteslj.org.

Carver, R. P.(1994), Percentage of unknown vocabulary words in text as a function of the relative difficulty of the text: implication for instruction, *Journal of Reading Behavior* 26, 413-437.

Day, R. R., & Bamford, J.(1998), *Extensive Reading in the Second Language Classroom*. New York: Cambridge University Press.

Krashen, Stephen(1982), Principle and Practice in Second Language Acquisition, Feb 5 2013, <www.sdkrashen.com>

Nassaji, Hossein(2007), “Schema Theory and Knowledge-Bases Processes in Second Language Reading Compre-hension: A Need for Alternative Perspectives”, *Language Learning*, vol. 57, pp. 79-113

Nation, I. S. P.(2001), *Learning Vocabulary in Another Language*,

Cambridge University Press.

______________(2005), Best Practice in Vocabulary Teaching, *Methodology in Language teaching*, Cambridge University Press.

______________(2008), *Teaching Vocabulary: Strategies and techniques*, Heinle Cengage Learning.

Nuttall, C.(1982), *Teaching reading skills in a foreign language*, London: Heinemann Educational Books.

Paribakht and Wesche(1996), Enhancing vocabulary acquisition through reading: a hierarchy of text related exercise types, *The Canadian Modern Language Review* 52, 155-178.

Samuels, S. J.(1994), Toward a theory of automatic information processing in reading revisited, In R. B. Rudell, M.R. Rudell, & H. Singer (Eds), *Theoretical models and processes of reading* (4th ed.), Newark, DE: International Reading Association, pp.816~837.

제 2 장

학습자 모어 특성에 따른 한국어 조사의 교수·학습 방안

1. 인도네시아인 한국어 학습자의 조사 사용 양상과 교수 · 학습 방안
2. 터키인 한국어 학습자의 조사 사용 양상과 교수 · 학습 방안

1. 인도네시아인 한국어 학습자의 조사 사용 양상과 교수 · 학습 방안

우스미 | 인도네시아대학교 한국어과 교수

1 서론

2002년부터 인도네시아에 한류 열풍(korean wave)이 불기 시작하면서 한국과의 정치, 경제, 문화의 교류가 빈번하게 이루어져 한국어와 한국문화에 대한 인도네시아 사람들의 관심이 더욱 많아졌다. 그 결과 한국어를 배우려고 하는 인도네시아 사람들도 많이 늘어나고 있어 현재 인도네시아 6개 대학에 한국어학과가 개설되어 있다.[1] 뿐만 아니라

1) 현재 인도네시아의 대학에 한국어학과가 개설된 대학은 4개 대학이다. 학위과정 운영대학은 인도네시아대학교(1986년부터 한국어를 선택과목으로 개설하였고, 2006년 한국어학과를 4년제 학위과정으로 인문대학에 개설), 가자마다대학교(1995년 9월 한국어를 교양 선택과목으로 개설하였으며, 2003년에 한국어학과를 3년제 Diploma 과정으로 운영하다가 2008년에 한국어과 4년제 학위과정 개설), 나시오날대학교(1987년 6월부터 한국학센터를 설립하여 1995년에 한국어과를 3년제 Diploma 과정으로 운영)와 서부자바 주도 반둥에 본부를 두고 있는 국립 인도네시아교원대(2015학년도 9월에 한국어교육학과를 4년제 학위과정으로

한국어 강좌(프로그램)를 운영하는 언어학원도 늘어나고 있다. 그러나 이렇게 증가하는 경향에도 불구하고 인도네시아인 학습자들을 위한 한국어 학습 욕구를 아직까지 충족시키지 못하고 있는 실정이다. 이는 여러 가지 이유를 들 수 있는데, 한국어를 가르칠 전문 인력이나 인도네시아인 학습자를 위한 한국어교육 방안에 대한 연구가 부족하고, 인도네시아에서 한국어 교재, 사전 등과 같은 학습 매체를 구하기가 쉽지 않기 때문이다.

언어를 학습하는 1차적인 목적은 원활한 의사소통을 위한 것으로 말하기, 듣기, 읽기, 쓰기 등의 통합적 교육을 지향하고 있다. 그러나 한국어 능력을 향상시키는 데에는 문법적인 지식이 매우 중요하다.[2] 특히 외국어로서의 한국어를 배우고자 하는 대부분의 인도네시아인 학습자들은 문법요소가 많은 한국어를 학습하기가 사실상 매우 어렵기 때문에 효율적인 문법교육이 절실히 요구된다. 이에 본 연구에서는 인도네시아인 학습자의 쓰기 자료를 통하여 한국어 조사의 오류를 유형별로 나누어 분석함으로써 그 원인을 고찰하고, 이를 토대로 효율적인 교육 방안을 제안하고자 한다.[3] 인도네시아인 학습자들은 발음, 문법, 어휘 등 다양한 분야에서 오류를 범하는데 본고에서는 문법요소 중 조

개설)등이 있다. 그리고 선택과목으로 운영하는 비학위과정 운영대학은 하사누딘대학교, 람풍 망쿠랏대학교와 디포느고로대학교가 있다(참고, http://idn.mofa.go.kr/').

2) 언어 교수법의 역사적 발전 과정을 살펴보면, 처음에는 문법의 역할을 강조했다가 언어에 대한 지식 축적보다는 언어의 활용으로 이동하면서 문법의 중요성이 약화되었다(Hedge, 2002; Harmer, 2007). 하지만 언어의 사용에서 표현의 정확성의 문제가 제기되자 다시 문법교육을 강화하는 방향으로 나아가고 있다(Ellis, 2002).

3) 이를 위해 인도네시아인 학습자의 한국어 문법에 대한 인식 분석과 한국어와 인도네시아어의 기본문형 대조분석을 통해 조사 사용의 오류 원인을 규명하는 데 도움을 주고자 한다.

사 오류 실태를 분석할 것이다. 그 이유는 인도네시아인 학습자들의 한국어 문법에 대한 태도와 인식 조사에서 한국어 조사 사용이 가장 어렵다는 결과가 나왔기 때문이다.[4]

2000년부터 지금까지 한국어와 인도네시아어를 대조 분석한 연구를 음운적, 형태적, 통사적 측면으로 나누어 볼 수 있다. 먼저 음운과 관련된 연구로는 Adinda(2001), Meutia(2013), Dessiar(2013) 등이 있다. Adinda(2001)는 한국어와 인도네시아어의 자음과 모음 체계를 대조하여 한국어 발음 듣기 지도를 제안하고 있다. Meutia(2013)는 음운론적이며 음성학적으로 한국어와 인도네시아어 단모음을 대조하여 /ㅓ/와 /ㅗ/의 학습을 고찰하였다. Dessiar(2013)는 인도네시아 내 각 종족어와 한국어의 파열음에 대해 대조함으로써 그들에게 한국어의 평음 발음이 달리 이루어져야 함을 연구하였다. 형태적 대조 연구는 Nazarudin(2010), Pramania(2014), Sachiya(2015) 등을 들 수 있다. Nazarudin(2010)은 한국어와 인도네시아어의 수량사 및 분류사의 특징을 대조하여 일반분류사인 '개'와 'buah'의 의미 자질을 중심으로 두 언어 간의 공통점과 차이점을 밝혔다. Pramania(2014)는 한국어와 인도네시아어의 파생어를 대상으로 대조 분석을 통하여 그 공통점과 차이점을 밝혔다. 그리고 Sachiya(2015)는 한국어의 부름말과 인도네시아어의 부름말을 대조하여 양국의 부름말의 특징을 고찰하였다. 통사적 연구는 주로 부정법, 피동법, 사동법 등에 걸쳐 연구되었다. Hutagalung(2008)은 한국어의 피동법과 인도네시아어의 피동법을 대조하여 두 언어 간의 특징을 기술하였고, Burhan(2010)은 한국어와 인도네시아어의 사동법과 그 특성을 형태, 통사, 의미적으로 대조하였으며 이를 바탕으로 교

4) 인도네시아인 학습자의 한국어 문법에 대한 인식을 알아보기 위해 설문 조사를 실시하였는데 그 결과를 2장에서 제시할 것이다.

육 방안을 제시하였다. 황후영(2010)은 인도네시아인 한국어 학습자를 대상으로 부정표현 사용 양상을 연구하였으며, Hutagalung(2013)은 유형론적 관점에서 한국어와 인도네시아어 능격성 대조 연구를 고찰하였다. 김나리(2015)는 한국어의 시제를 보다 쉽고 명확하게 이해할 수 있도록 한국어와 인도네시아어의 시간 표현을 대조 분석하고 한국어 교육에 적용할 만한 특성에 대해 연구하였다.

한국어와 인도네시아어의 대조 연구는 문법 분야를 위주로 연구되었다. Burhan(2010) 외에 대부분의 연구가 대조 분석 후에 단지 공통점이나 차이점을 밝혀내었을 뿐, 한국어교육에 반영할 수 있는 장점이나 시사점을 도출시키지 않은 부분은 아쉬운 점이라 할 수 있다. 그리고 인도네시아인 한국어 학습자에 대한 오류 연구나 교육 방안 연구도 아직 찾아보기 어렵다. 본 연구에서는 인도네시아에 거주하는 한국어 학습자를 대상으로 조사 사용 오류를 분석했다는 점과 이를 위한 교육 방안을 제안했다는 점에서 그 의의가 있다.

2 한국어 문법에 대한 인식

인도네시아인 한국어 학습자들의 한국어 문법에 대한 태도와 인식을 알아보기 위해 2014년 국립대학인 인도네시아대학교에서 설문 조사를 실시하였다. 인도네시아대학교에서 한국어를 배우는 학부생 1학년생 53명, 2학년 47명, 3학년 28명을 대상으로 설문 조사를 실시하여, 총 128개의 설문지를 수거하여 분석한 결과는 <표 1>과 같다.[5]

<표 1> 설문 조사 결과(%)

설문 조사	아주 어렵다	어렵다	약간 어렵다	쉽다	아주 쉽다
1. 한국어 문법의 난이도에 대해 어떻게 생각합니까?	7.81	57.81	32.81	1.56	0.00

	아주 중요하다	중요하다	유용하지만 중요하지 않다	중요하지 않다
2. 한국어를 배움에 있어 문법 수업은 얼마나 중요합니까?	79.69	20.31	0.00	0.00
3. 한국어로 표현하는 데에 정확한 문법이 얼마나 중요합니까?	17.19	63.28	19.53	0.00
4. 목표 문법 이해를 향상시키기 위해 교사가 통제된 문법 학습을 제공하는 것이 얼마나 중요합니까?	64.06	35.94	0.00	0.00

	동의하다	동의하지 않는다	모른다
5. 한국어 문법을 학습할 때 주로 교사의 설명부터 시작하는 것보다는 다양한 문법 이해 활동이 필요하다는 것에 동의합니까?	60.94	27.34	11.72

		아주 어렵다	어렵다	약간 어렵다	쉽다	아주 쉽다
6. 해당 문법 항목들의 난이도에 대해서는 어떻게 생각합니까?	(1) 조사	13.28	46.09	34.38	6.25	0.00
	(2) 어순	13.28	41.41	38.28	6.25	0.78
	(3) 종결어미	0.78	20.31	55.47	21.88	1.56
	(4) 시제	3.13	33.59	49.22	13.28	0.78
	(5) 연결어미	9.38	37.50	40.63	11.72	0.78

이상의 설문 조사 결과를 살펴보면 한국어 문법을 어떻게 생각하느냐는 질문에 7.81%가 '아주 어렵다', 57.81%가 '어렵다', 32.81%가 '약간 어렵다'로 응답하여 대부분의 인도네시아인 학습자들이 한국어 문

5) 인도네시아대학교는 1986년부터 선택과목으로 한국어 기초 수업을 개설했는데 2006년 8월 16일에 인도네시아 최초로 한국어학과를 4년제 학위과정으로 인문대학에 개설하였다. 2014년 학생 수는 190명이며(1학년 62명; 2학년 47명; 3학년 39명; 4학년 42명) 이중 128명이 설문 조사에 응답하였다.

법을 어려워하는 것으로 나타났다. 한국어를 배우기에 문법 수업은 얼마나 중요하냐는 질문에는 79.69%가 '아주 중요하다', 20.31%가 '중요하다'로 응답하여, 한국어를 배우는 데에 문법 교수가 중요하다고 생각하는 것으로 나타났다. 한국어로 표현하는 데에 정확한 문법이 얼마나 중요하냐는 질문에는 17.19%가 '아주 중요하다, 63.28%가 '중요하다'로 응답하였다.

또한 목표 문법 이해를 향상시키기 위해 교사가 통제된 문법 학습을 제공하는 것이 얼마나 중요한지에 대해 학습자들의 64.06%가 '아주 중요하다', 35.94%가 '중요하다'로 응답하여 이를 향상시키기 위해서는 교사가 통제된 문법 학습을 제공하는 것이 필요하다고 했다. '한국어 문법을 배울 때는 주로 교사의 설명부터 시작하는 것보다는 다양한 문법 이해 활동이 필요하다'에 학생들의 78.72%가 동의하는 것으로 나타났다. 다음으로 해당 문법 항목들의 난이도에 대해 어떻게 생각하느냐는 질문에 '아주 어렵다', '어렵다'에 응답한 비율은 '조사 59.37%, 어순 54.69%, 연결어미 46.88%, 시제 36.72%, 종결어미 21.09%' 순으로 문법요소 중 조사가 가장 어려운 것으로 나타났다.

설문 조사 결과를 종합해 보면 대부분의 인도네시아인 학습자들은 한국어 문법교육이 필요하고, 한국어를 표현하는 데 있어 정확한 문법에 대한 이해가 중요하며, 목표 문법 이해를 향상시키기 위해서는 교사의 통제된 학습 제공이 필요하다는 것이다. 뿐만 아니라 문법 학습 시 다양한 문법 이해 활동도 요구하는 것으로 나타났다. 이런 결과를 종합해보면 원활한 의사소통 능력을 향상시키기 위해서 인도네시아인 학습자들에게 한국어 문법 과목은 반드시 필요하다는 것을 알 수 있다.

3 조사 사용 오류 원인 고찰

3.1. 오류 분석의 필요성과 대상

외국어나 제2언어의 학습에 영향을 미치는 중요한 요인 중의 하나는 학습자의 모국어이다. Fries(1945), Lado(1957), Fisiak(1981), Brown(2007) 등은 모국어와 목표어 간의 공통점과 차이점을 통해 학습자들의 학습 장애를 해결할 수 있으며, 두 언어에 나타나는 차이를 대조함으로써 학습자들이 어떠한 오류를 야기시킬 것인가를 예측할 수 있다고 했다.[6] 또한, Corder(1981)은 오류 분석의 중요성을 세 가지 면에서 제시하였다. 첫째, 교사가 체계적으로 오류를 분석하면 학습자가 언어 학습의 목표를 향해서 얼마나 발전해 왔는가, 결과적으로 무엇을 더 학습해야 할 것인가를 제시해 준다. 둘째, 오류는 언어가 어떻게 학습되며, 언어 학습 시 학습자가 어떤 전략을 사용하고 있는가를 이해하는 지표(barometer)가 될 수 있다. 셋째, 오류를 범하는 것은 학습자가 배우기 위해 사용하는 전략으로 학습하는 목표어의 본질에 대한 가설을 시험하는 것이기 때문에 오류는 학습자에게 필수적인 것이다.

대조 분석과 모어 간섭으로 인해 인도네시아인 학습자들은 한국어

6) Brown(2007:249)은 외국어를 배울 때 학습자들은 자신의 모국어의 형태와 의미 또는 그들의 분포를 목표어로 해석하는 경향이 있으며, 외국어 학습에서 무엇이 학습하기 쉽고 어려운가를 결정짓는 핵심은 모국어와 목표어의 비교에 있다고 했다. 또한, 모국어와 비슷한 요소들은 학습자에게 쉽고 모국어와 다른 요소들은 어려울 것이므로 학습자의 모국어는 외국어 학습 과정에 많은 영향을 미친다고 했다.

를 학습할 때 어려움을 겪을 것을 예측할 수 있으며 범할 오류도 예측할 수 있다. 이것은 인도네시아인 학습자들의 설문 조사 결과와 일치한다. 따라서 한국어를 학습하는 인도네시아인 학습자에게 이런 차이점을 주지시켜야 하고, 학습자가 쉽게 배울 수 있도록 교수법에 반영해야 한다.

본고는 조사 사용의 오류를 알아보기 위해 인도네시아대학교 한국어학과에 재학 중인 2학년 한국어 학습자 47명을 대상으로 실시하였다. 그 이유는 한국어를 어느 정도 구사할 수 있고, 자신의 의견을 쓰기로 표현할 수 있는 대상으로 가장 적합했기 때문이다. 오류 분석 자료는 인도네시아대학교의 쓰기 수업에서 2014년 4월부터 10월에 실시한 작문 자료를 중심으로 하였다. 한국어 학습자들의 조사 사용의 오류 유형은 이정희(2002)에서 제시한 오류 분류표를 참고하였다.[7] 오류 분류는 결과 판정에 따른 분류 중 현상에 따른 오류 분석인 대치, 첨가, 누락 오류의 유형에 따르고, 오류를 분류한 결과물은 실제 한국어교육에서 쓸 수 있는 유용한 자료를 제공함과 동시에 오류 빈도가 높은 조사를 중심으로 교육 방안을 제안할 것이다.

7) 이정희(2002:187)에서는 오류 접근법을 종합하여 다음과 같이 한국어 오류 분류표를 제시하였다.

대분류	중분류	소분류
원인에 따른 분류	모국어 영향에 의한 오류	부정적 전이
	목표어 영향에 의한 오류	과잉적용, 불완전 적용
	교육과정에 의한 오류	교육 자료에 의한 오류, 교수 방법에 의한 오류
결과의 판정에 따른 분류	범주별 오류	발음, 문법, 어휘, 기타 (맞춤법, 어순 등) 오류
	현상에 따른 오류	대치, 누락, 첨가 오류
	정도에 따른 오류	전체적 오류, 부분적 오류

3.2. 오류 분석의 결과 및 논의

인도네시아인 학습자들은 자신의 모국어와 다른 한국어 문법 항목에 대해 매우 어렵게 생각하고 있다. 특히 한국어 조사는 인도네시아어에 존재하지 않기 때문에 한국어 학습자들이 자주 오류를 범하는 문법 항목이다. 조사는 주로 체언 뒤에 붙어서 다양한 문법적 관계를 나타내거나 특별한 뜻을 더해 주는 관계사로, 한국어의 조사는 격조사, 접속조사, 보조사 등으로 구분한다(박덕유, 2013:63, 허용 외, 2005:213-214). 본고에서는 조사의 오류 현상을 누락, 대치, 첨가 등으로 구분하여 오류 빈도를 추출해 분석함으로써 그 원인을 고찰하고자 한다. 학습자의 조사 사용 오류 분석 결과를 살펴보면 다른 오류 유형보다는 조사 대치 오류가 가장 많이 나타났다. 총 162회의 오류 횟수에서 대치 오류는 78.40%, 누락 오류는 20.37%, 첨가 오류는 1.23%이다. 이에 대한 오류 조사 분석을 유형별로 정리하여 보이면 <표 2>와 같다.

<표 2> 유형별 고빈도 오류 조사 분석

항목		사용 수	오류 유형	오류 빈도		전체 오류 빈도율	
				오류 수	오류 빈도	오류 수	오류 빈도
주격조사	이/가	354	누락	14	21.2%	66	18,6%
			대치	51	77.3%		
			첨가	1	1.5%		
목적격조사	을/를	333	누락	12	28.6%	42	12.6%
			대치	30	71.4%		
			첨가	0	0.0%		
부사격조사	에	215	누락	4	20.0%	20	9.3%
			대치	15	75.0%		
			첨가	1	5.0%		
부사격조사	에서	90	누락	0	0.0%	1	1.1%
			대치	1	1.0%		
			첨가	0	0.0%		

항목		사용 수	오류 유형	오류 빈도		전체 오류 빈도율	
				오류 수	오류 빈도	오류 수	오류 빈도
부사격 조사	(으)로	22	누락	1	25.0%	4	18.2%
			대치	3	75.0%		
			첨가	0	0.0%		
보조사	은/는	198	누락	2	6.9%	29	14.6%
			대치	27	93.1%		
			첨가	0	0.0%		
합계		1,212		162		162	13.37%

<표 2>를 보면 전체 조사의 사용 횟수 중에 '-이/가', '-을/를', '-에', '-에서', '-(으)로', '-은/는'의 사용 횟수는 1,212회로 이중 오류를 범한 오류 수는 162회(13.37%)이다. 오류 분석한 결과를 정리하면 아래와 같다.

첫째, 주격조사 '-이/가'의 경우 누락 오류가 14회(21.2%), 대치 오류가 51회(77.3%), 첨가 오류가 1회(1.5%) 순으로 나타났다. 주격조사 '-이/가'와 목적조사 '-을/를'을 구별하지 못해 '-이/가'를 쓸 자리에 '-을/를'을 쓴 대치 오류가 총 대치 오류(77.3%)에서 약 66.67% 이상 될 만큼 상당히 많이 나타났다. 이는 학습자들이 '되다', '생기다' 또는 '형용사' 등과 같은 서술어 앞에 목적어가 올 것으로 생각하기 때문이다. 둘째, 목적격조사 '-을/를'의 경우 누락 오류가 12회(28.6%), 대치 오류가 30회(71.4%), 첨가 오류가 0회(0.0%)로 나타났다. 목적격조사에서도 대치 오류가 가장 많이 보였는데, 대부분의 목적격조사 '-을/를'과 주격조사 '-이/가'를 구별하지 못해 오류가 많이 발생하였다. 셋째, 부사격조사 '-에'의 경우 누락 오류가 4회(20.0%), 대치 오류가 15회(75.0%), 첨가 오류가 1회(5.0%)로 나타났다. 부사격조사에서도 대치 오류가 가장 많이 나타났다. 이는 '-에서'와 '-에'의 혼동해서 비롯된 것이다. 그 이유는 한국어 후치사 '-에서'와 '-에'가 인도네시아어로는 모두 전치

사 'di'라는 단어 하나로 표현되기 때문이다. 넷째, 보조사 '-은/는'의 경우 누락 오류가 2회(6.9%), 대치 오류가 27회(93.1%), 첨가 오류가 0회(0.0%)로 나타났다. 보조사에서도 많이 나타난 오류는 대치 오류인데 이는 학습자들이 '주제'와 '대조'의 의미를 더 해주는 '-은/는'을 주격조사로 혼동하고, 그 보조사를 사용하는 맥락을 아직 정확하게 인식하지 못해서 생긴 것이다.

이상의 논의에서 인도네시아인의 한국어 조사 사용 오류에서 가장 문제가 되는 것은 주격조사와 목적격조사의 대치와 누락 오류가 거의 대부분을 차지한다는 점이다. 따라서 한국어와 인도네시아어의 기본문형[8] 구조를 대조함으로써 그 원인을 고찰할 수 있을 것이다.[9]

한국어	인도네시아어
① 민수가 영화를 본다.	Minsu menonton film.
	/민수 므논톤 필름/

문장 ①은 목적어를 가진 한국어와 인도네시아어의 기본문형이다. 이런 문형의 경우에 한국어는 통사적 측면에서 SOV(주어+목적어+서술어)의 특징을 갖는다. 반면, 인도네시아어는 통사적 측면에서 SVO(주어+서술어+목적어) 어순의 특징을 갖는다. 이를 수형도로 나타내면 <그림 1>과 같다.

8) 이익섭(2004:7)은 문장성분 중 어떤 것으로 이루어지느냐에 따라 각 문장의 구성 유형이 달라질 수 있는데 이때의 유형을 문형(文型, sentence pattern)이라 하고, 문형 중 한 언어의 기본을 이루는 것을 따로 기본문형(基本文型)이라 하였다.
9) 그 이유는 두 언어 간의 차이점을 밝혀 인도네시아인 학습자들이 한국어를 배울 때 어려운 점이나 오류를 예측할 수 있기 때문이다.

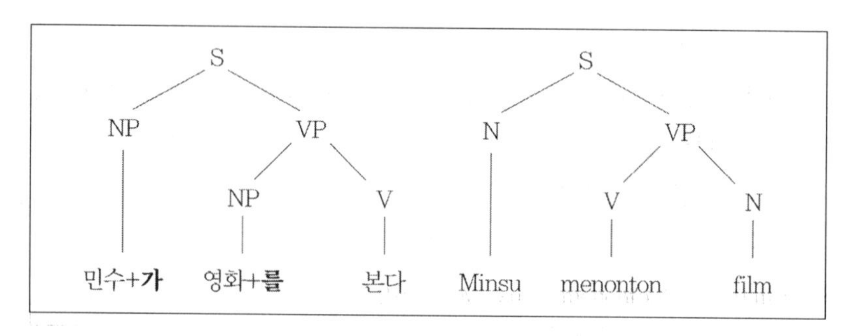

<그림 1> 목적어를 가진 한국어와 인도네시아어의 문형 수형도

<그림 1>의 수형도를 살펴보면 한국어의 문형을 구성하는 경우에는 'S→NP+VP' 또는 'VP→NP+V' 와 같은 기호로 표시할 수 있다. 주어인 '민수' 뒤에 주격조사인 '-가'를 덧붙어야 하며 목적어인 '영화' 뒤에 목적격조사인 '-를'을 덧붙여야 한다. 반면, 인도네시아어에는 주격조사와 목적격조사가 없다. 따라서 인도네시아어의 문형을 구성하는 경우에는 'S→N+VP' 또는 'VP→V+N'와 같은 기호로 표시할 수 있다.

다음으로 부사격 조사 '-에'와 '-에서'의 누락이나 대치 오류를 볼 수 있는데, 이는 한국어와 인도네시아어의 문형 구조가 다르기 때문이다.

한국어	인도네시아어
② 가방이 책상 위에 있다.	Tas ada di atas meja.
	/따스 아다 디 아따스 메자/

문장 ②는 후치사(postposition)를 가진 한국어와 전치사(preposition)를 가진 인도네시아어의 기본문형이다. 수형도로 나타내면 <그림 2>와 같다.

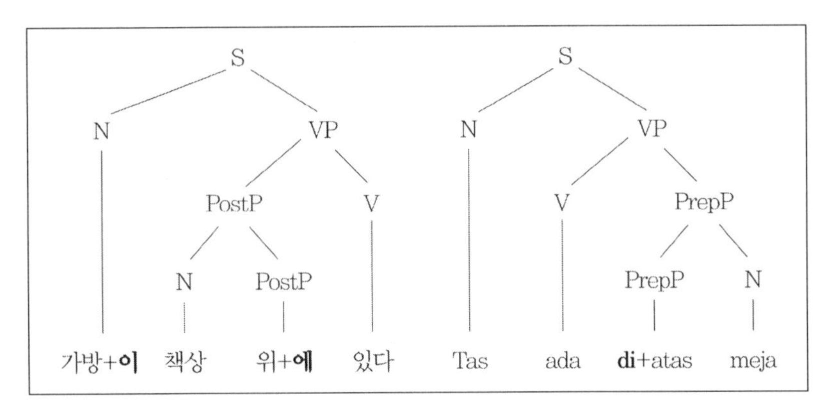

<그림 2> 후치사의 한국어와 전치사의 인도네시아어의 수형도-1

<그림 2>에서 한국어의 후치사는 명사 뒤에 있고, 인도네시아의 전치사는 명사 앞에 있다. 이런 문형은 한국어와 인도네시아어의 어순이 많이 다르다는 것을 보여준다. 한국어의 문형을 구성하는 경우에는 ㉠ 'S → NP+VP', ㉡ 'VP → PostpP[10] + V', ㉢ 'PostpP → N+PostpP' 등과 같은 기호로 표시할 수 있다. 반면에 인도네시아어의 문형을 구성하는 경우에는 ㉠ 'S→N+VP', ㉡ 'VP → V+PrepP[11]', ㉢ 'PrepP → PrepP+N' 등과 같은 기호로 표시할 수 있다.

③ 철수가 학교 앞에서 민수를 기다렸다. (한국어)
Chulsu menunggu Minsu di depan sekolah. (인도네시아어)
/철수 므눙구 민수 디 드빤 스꼴라/

문장 ③도 후치사를 가진 한국어와 전치사를 가진 인도네시아어의 기본문형이다. 수형도로 나타내면 <그림 3>과 같다.

10) PostpP → Postposition Phrase.
11) PrepP → Preposition Phrase.

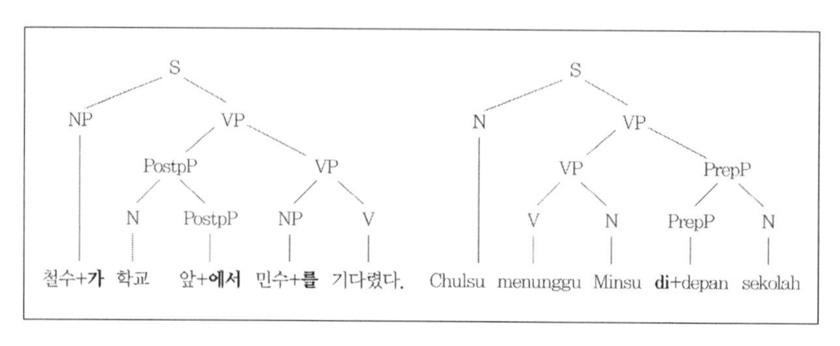

<그림 3> 후치사의 한국어와 전치사의 인도네시아어의 수형도-2

<그림 3>의 수형도를 살펴보면 한국어의 문형을 구성하는 경우에는 ㉠ 'S → NP+VP', ㉡ 'VP → PostpP+VP', ㉢ 'VP → NP +V', ㉣ 'PostpP → N+PostpP' 등과 같은 기호로 표시할 수 있다. 한편, 인도네시아어의 문형을 구성하는 경우에는 ㉠ 'S → N+VP', ㉡ 'VP → VP+PrepP', ㉢ 'VP → V+N', ㉣ 'PrepP → PrepP+N' 등과 같은 기호로 표시할 수 있다.

3.3. 인도네시아인 학습자의 조사 사용 오류 원인

조사 사용 판정에 따른 오류 발생 비율은 <표 3>과 같다.

<표 3> 결과의 판정에 따른 오류 발생 비율

오류의 유형	오류 발생 횟수	비율(%)
대치 오류	127	78.40
누락 오류	33	20.37
첨가 오류	2	1.23
총합	162	100

위의 <표 3>에서 볼 수 있듯이, 총 162회의 조사 오류 중에 다른 오류 유형보다는 대치 오류(127회, 78.40%)가 가장 많이 나타났으며, 그 다음은 누락 오류(33회, 20.37%)인데, 이러한 오류를 범한 원인이 무엇인지를 분석할 필요가 있다.

1) 대치 오류의 원인 분석

조사의 대치 오류는 조사의 용법이 정확하지 않고 조사를 잘못 쓰게 된 것이다. 이를 표로 정리하면 다음과 같다.

<표 4> 학습자의 조사 대치 오류 빈도 및 오류율

종류	대치 오류 빈도	오류율(%)
주격조사	51	40
목적격조사	30	24
부사격조사	19	15
보조사	27	21
총합	127	100

④ ㄱ. 졸업한 후에 제가(√ 저는) 메이컵 아르티스가 되고 싶다.
ㄴ. 어스 씨는 한국어를(√ 한국어가) 좋다.
ㄷ. 앞으로 회사에서(√ 회사를) 그만두고 사업을 하겠다고 한다.

예문 ④는 대치 오류 현상이다. (④ㄱ)은 보조사 '-은/는'을 써야 할 자리에 대치 조사 '-이/가'를, (④ㄴ)은 주격조사 '-이/가'을 써야 할 자리에 목적격 조사 '-을/를'을, (④ㄷ)은 목적격조사 '-을/를'을 써야 할 자리에 부사격 조사 '-에서'를 쓴 오류이다. 특히 (④ㄴ)에서 서술어 '좋다'는 인도네시아어에서는 'menyukai'로 목적어를 필요로 하는 동사이므로 목적격조사를 붙인 것이다. 그러나 한국어에서 '좋다'는 형용사이므로 목적어가 아닌 주어와 함께 사용되어야 한다. 그리고 (④ㄷ)의 경우, 학습자의 모국어로 표현하면 'berhenti dari perusahaan'가 되는데 'berhenti'는 '그만두다'라는 뜻이고, 'dari perusahaan'은 '회사에서'라는 뜻으로 학습자가 모국어의 표현을 생각하여 목적격조사 '-를'이 아닌 부사격조사 '-에서'를 사용한 것이다.

(1) 주격조사의 대치 오류 원인

주격조사 '-이/가'의 대치 오류는 51개(40%)로 격조사의 대치 오류 중 가장 높은 수치를 차지하고 있다.

<표 5> 주격조사 '-이/가'의 대치 오류 실태

구분	-을/를	-은/는	-의	합계
오류 빈도	34	16	1	51
오류율(%)	66.67	31.37	1.96	100

<표 5>를 살펴보면 주격조사 '-이/가'의 대치는 크게 '-을/를'의 대치와 '-은/는'의 대치로 나눌 수 있다. 이 중에 '-을/를'의 대치 오류는 34개(66.67%)에 이르며 주격조사의 대치 오류 중에서 가장 높은 수치를 차지하고 있다. 이를 통하여 학습자들이 '-이/가'와 '-을/를'을 구별하여 사용함에 있어서 많은 혼란을 겪고 있음을 알 수 있다.

⑤ ㄱ. 노력하는 것*을(√ 것이) 더 중요하다.
ㄴ. 그 회사의 보수*를(√ 보수가) 괜찮은 편이다.

⑤의 예문은 '-이/가'를 '-을/를'로 잘못 대치한 오류이다. 이는 학습자가 어휘의 품사에 대해 잘 인식하지 못해서 범한 오류로 판단된다.

⑤의 서술어 '중요하다' '괜찮다'는 형용사이므로 서술어 앞에 주격조사 '-이/가'를 사용해야 하는데 어휘의 품사를 잘 인식하지 못해 '-을/를'을 사용한 것이다.

⑥ ㄱ. 수업*을(√ 수업이) 끝난 후에 보자.
ㄴ. 통역사*를(√ 통역사가) 되고 싶다.
ㄷ. 안 좋은 일*을(√ 일이) 생겨서 바로 집에 갔다.

⑥은 자동사와 타동사를 구분하지 못해서 범한 오류이다. '-을/를'은 타동사의 목적어 뒤에 결합하여 쓰이는 것이므로 자동사 '끝나다', '되다' 와 '생기다' 앞에는 주격조사 '-이/가'를 사용해야 한다. 인도네시아인 학습자들은 모국어의 영향을 받아 자동사와 타동사를 하나의 개념으로 생각하기 때문에 조사의 선택에 있어서 많은 오류를 범하고 있다.

⑦ ㄱ. 통역사*는(√ 통역사가) 되는 것이 쉽지 않다.
ㄴ. 디나*의(√ 디나가) 일하는 곳은 보수가 좋고 사람들이 착하다.

⑦은 내포문이다. 내포문에서는 모문(母文, matrix sentence)의 주어에 '-은/는'을 사용하고 내포문(內包文, embedded clause)의 주어에 '-이/가'를 사용한다. 따라서 '통역사'가 내포문의 주어이므로 '-가'를 사용하고 '사람'이 내포문의 주어이므로 '-이'를 사용하는 것이 정확하다. (⑦ㄴ)은 주격조사 '-이/가'를 써야 할 자리에 관형격조사 '-의'를 써서 오류를 범했다.

(2) 목적격조사의 대치 오류 원인

목적격조사 '-을/를'의 대치 오류는 30개(24%)로 상대적으로 높은 오류를 보인다. 표로 정리하면 다음과 같다.

<표 6> 목적격조사 '-을/를'의 대치 오류 실태

구분	-이/가	-은/는	-에	-(으)로	합계
오류 빈도	14	12	2	2	30
오류율(%)	46.66	40.00	6.67	6.67	100

목적격조사 '-을/를'의 대치 오류는 '-이/가'(14개, 46.67%)가 가장 많이 나타났으며, '-은/는(12개, 40.00%), 부사격조사 '-에', '-(으)로'(4개, 13.33%)로 나타났다.

⑧ ㄱ. 바다*가(√ 바다를) 생각한다고 했다.
ㄴ. 1년 전에 인형*이(√ 인형을) 잃어버렸다.
ㄷ. 휴대폰*이(√ 휴대폰을) 청바지 주머니에 넣었다.

⑧은 '-을/를'을 '-이/가'로 잘못 대치한 오류이다. 이러한 오류는 어휘의 품사에 대해 잘 인식하지 못해서 범한 오류이다. 서술어 '생각하다', '잃어버리다', '놓다'는 타동사이므로 앞의 목적어 뒤에 목적격조사 '-을/를'을 사용해야 한다.

⑨ ㄱ. (부모님은) 저에게 화*는(√ 화를) 내지 않았다.
ㄴ. 우리 가족은 점심을 먹으러 갔는데 가방*은(√ 가방을) 차에 두고 갔다.
ㄷ. 버스 안이 깜깜해서 짐*은(√ 짐을) 제대로 챙기지 못했다고 했다.

⑨는 '-을/를'을 '-은/는'으로 대치한 오류이다. (⑨ㄱ)과 (⑨ㄴ)은 문장 맥락을 보면 '부모님' 또는 '우리 가족'이 주제어인데 '화'와 '가방'을

주제어로 잘못 인식한 것이다. 즉, 어휘의 품사에 대한 인식 부족과 목적어를 주제어로 잘못 인식한 점, 그리고 모문과 내포문에 대한 이해 부족에서 비롯된 것이다.

⑩ ㄱ. 집에 일찍 들어와서 방*에(√ 방을) 청소했다.
ㄴ. 학교*에서(√ 학교를) 졸업한 후에 통역사나 번역사가 되고 싶다.
ㄷ. 오토바이*로(√ 오토바이를) 타고 학교에 갔다.

(⑩ㄱ, ㄴ)은 목적격조사 '-을/를'을 '-에'로 잘못 대치한 오류이다. '방'과 '학교'를 '장소명사'로 생각하고 그 명사 뒤에 습관적으로 '-에'를 사용한 것이다. (⑩ㄷ)은 목적격조사 '-을/를'을 써야할 자리에 부사격조사 '-(으)로'를 사용한 오류로, 이는 교통수단 뒤에 사용할 것이라는 인식에 의해서다. '-(으)로'는 어떤 일의 수단이나 도구를 나타내는 격조사이지만 '오토바이' 뒤에 서술어인 '타다'가 타동사이므로 목적격조사 '-을/를'을 사용해야 한다.

(3) 부사격조사의 대치 오류 원인

부사격조사의 대치 오류는 총 19개(15%)로 나타났다. 각각의 오류 빈도를 표로 정리하면 다음과 같다.

<표 7> 부사격조사 종류별 대치 오류 빈도 및 오류율

구분	오류빈도	오류율(%)
-에	15	78.95
-에서	2	5.26
-(으)로	3	15.79
합계	19	100

위 표를 살펴보면 부사격조사 중 '-에'의 대치 오류는 15개(78.95%)로 가장 많이 나타났다. '-에서'의 대치 오류는 1개(5.26%), '-(으)로'로의 대치 오류는 3개(15.79%)로 나타났다.

⑪ ㄱ. 통역사가 되면 좋은 회사*에서(√ 회사에) 다니고 싶다.
ㄴ. 대사관*에(√ 대사관에서) 일하고 싶다.
ㄷ. 집*이(√ 집에) 있는 돈도 잃어버렸다.

(⑪ㄱ)은 조사 '-에'를 써야 할 자리에 '-에서'를 잘못 사용한 경우이고, (⑪ㄴ)은 '-에서'를 쓸 자리에 '-에'를 사용한 오류이다. 오류를 범한 이유는 학습자가 '-에'와 '-에서'의 용법을 정확히 이해하지 못하기 때문이다. '-에'는 '있다, 계시다' 등과 같은 존재 장소, '가다, 오다' 등과 같은 장소로의 이동, '아침, 저녁' 등 시간 명사 표시' 등을 표시하는 조사이고, '-에서'는 동작 및 행위가 일어나는 곳이나 출발점 등을 표시하는 조사이다(김진호, 2010:140). 그러나 이 두 개의 부사격조사는 인도네시아어로 모두 'di'로 해석된다. 따라서 학습자들이 모국어 영향을 받아 이를 구별하지 못한 경우이다. (⑪ㄷ)의 경우에는 서술어가 존재 동사 '있다'를 갖는 문장의 맥락에서 공간적 위치의 뜻을 가진 '집' 뒤에 '-에'를 사용해야 한다. 이와 같은 오류를 범한 이유는 '집'이 '장소'의 뜻을 가진 명사임을 인식하지 못한 점과 '-에'가 처소 부사격조사임을 알지 못했기 때문이다.

(4) 보조사의 대치 오류 원인

보조사의 대치 오류는 총 27개(21%)의 오류로 나타났다. 표로 정리하면 다음과 같다.

<표 8> 보조사 '-은/는'의 대치 오류 실태

구분	-이/가	-을/를	합계
오류 빈도	19	6	27
오류율(%)	70.37	29.63	100

위 표에서 '-은/는'을 '-이/가'로 대치한 오류는 19개(70.37%)로 나타났으며, '-을/를'로 대치한 오류는 6개(29.63%)로 나타났다. 이를 통하여 학습자들이 '-은/는'과 '-이/가' 또는 '-은/는'과 '-을/를'을 구별하여 사용함에 있어서 혼란을 겪고 있음을 알 수 있다. 다만, '-은/는'과 '-을/를'의 구별보다는 '-은/는'과 '-이/가'의 구별을 더 어려워한다.

⑫ ㄱ. 저한테 제일 중요한 것*을(√ 것은) 어떤 일을 할 때 행복할 수 있는 거예요.
ㄴ. 좋은 기회를 잃어버린 것*을(√ 것은) 정말 안타까운 일이에요.

⑫ 예문은 보조사 '-은/는'을 써야 할 자리에서 목적격조사 '-을/를'을 잘못 대치하여 범한 오류이다. '…중요한 것' 또는 '…잃어버린 것'은 문장의 주체를 나타내는 것으로 주제격 표시인 보조사 '-은/는'을 사용해야 한다. 보조사 '-은/는'은 명사 뒤에 붙어 문장의 맨 앞에 위치할 경우 그 명사구가 문장의 주제임을 나타낸다. 다른 조사와 어미 뒤에 붙어 쓰일 때 앞에 오는 조사의 의미를 대조나 강조의 뜻으로 한정시킨다.

⑬ ㄱ. 줄파*가(√ 줄파는) 부자가 될 수 있으면 좋겠다고 했다.
ㄴ. 익산*이(√ 익산은) 하고 싶은 일이 있어서 자기 사업을 한다고 했다.

⑬ 예문은 보조사 '-은/는'을 써야할 자리에서 '-이/가'를 잘못 대치해서 범한 오류이다. 문맥상 주격조사보다는 주제격 보조사 '-은/는'을 사용하는 것이 타당하다. 이와 같은 오류를 범한 이유는 격조사와 보조사에 대응하는 모국어 조사가 없기 때문에 이를 구별하여 사용하는데 큰 어려움을 겪고 있다.

2) 누락 오류의 원인 분석

조사의 누락 오류는 조사와 결합되어야 할 환경에서 조사를 쓰지 않고 회피한 것이다. 학습자 조사의 누락 오류를 표로 정리하면 다음과 같다.

<표 9> 학습자의 조사의 누락 오류 빈도 및 오류율

종류	누락 오류 빈도	오류율(%)
주격조사	14	43
목적격조사	12	36
부사격조사	5	15
보조사	2	6
총합	33	100

<표 9>를 보면 주격조사의 누락 오류는 14개(43%)로 가장 높게 나타났다. 그 다음은 목적격조사의 누락 오류는 12개(36%)로, 부사격조사와 보조사의 누락 오류는 각각 5개(15%), 2개(6%)로 나타났다.

⑭ ㄱ. 통역사(√ 통역사가) 되기 위해 한국어를 더 열심히 배우겠다.
ㄱ'. 좋은 결과*(√ 결과가) 있으면 좋겠다.
ㄴ. 가르치기(√ 가르치기를) 너무 좋아해서 선생님이 되고 싶다.
ㄴ'. 번역*(√ 번역을) 잘 못하면 안 된다.

(⑭ㄱ, ㄱ')은 주격조사를 생략한 오류이고, (⑭ㄴ, ㄴ')은 목적격조사를 생략한 오류이다. 이러한 누락 오류를 나타내는 원인은 두 가지로 나눌 수 있다. 첫 번째 원인은 모국어 간섭이라고 할 수 있다. 한국어와 인도네시아어의 기본문형 대조분석 결과(그림 1의 기본문형 수형도)에서 볼 수 있듯이, 인도네시아어는 주격조사, 목적격조사에 해당하는 문법 항목이 없다. 따라서 인도네시아어를 모국어로 하는 인도네시아인 학습자들은 한국어 조사의 사용이 익숙하지 않아 의도적으로 조사의 사용을 회피하고 있다. 두 번째 원인은 구어체의 언어습관을 들 수 있다. 구어체에서 조사가 생략된 문장을 허용하므로 학습자들은 이를 실제 작문에서도 생략해 오류를 범하는 것이다.

⑮ ㄱ. 저는 여행*(√ 여행에) 관심이 많다.
ㄴ. 사회(√ 사회에) 도움이 되는 일을 하면 좋겠다고 했다.
ㄷ. 저*(√ 저는) 졸업한 다음에 좋은 곳에서 일하고 싶다.

(⑮ㄱ,ㄴ)은 부사격조사의 '-에'가 생략된 오류이다. 이러한 '-에'의 누락 오류를 일으키는 원인은 인도네시아인 학습자가 그 표현에의 명사인 '여행' 또는 '사회' 앞에 목표나 목적 대상에 나타나는 부사격조사 '-에'와 결합되어야 할 자리를 인식하지 못해서 생략된 오류로 판단된다. (⑮ㄷ)은 보조사를 생략한 오류이다. 이러한 오류의 원인은 인도네시아어에 조사가 없는 모국어 영향과 한국어에 대한 인식 부족이라고 할 수 있다.

3) 조사 첨가의 오류 원인 분석

학습자의 조사 사용 오류분석 결과를 살펴보면 오류 조사 유형 중에 조사 첨가 오류가 가장 낮다. 162회의 오류 수에서 조사 첨가 오류는 1.23%이다.

⑯ ㄱ. 물통이를(√ 물통을) 기차나 교실에서 자주 잃어버렸다.
   ㄴ. 차왕역에서 우리는 가방 안에를(√ 가방 안을) 빨리 열어 봤다.

⑯은 조사 첨가 오류 현상이다. (⑯ㄱ)은 주격조사 '-이' 뒤에 목적격조사 '-를'을 첨가한 오류이다. 그리고 (⑯ㄴ)은 '가방 안을' 대신에 '가방 안에를' 사용하였다. 이는 학습자의 모국어로 표현하면 'buka dalam tas'로 'buka'는 '열다'라는 뜻이고 'dalam tas'는 '가방 안에'라는 뜻이므로 학습자가 모국어의 표현을 생각하여 목적격조사 '-를'을 첨가한 오류 현상이다.

4 한국어 조사 교육 방안

4.1. 교육 대상 및 환경

본고의 교육 대상인 인도네시아인 학습자를 위한 교육 방안을 마련하기 위해서는 인도네시아에서의 학습 환경을 먼저 이해할 필요가 있다. 현재 인도네시아의 대학에 한국어학과나 강좌가 개설된 대학은 6개 대학에 이르고 있는데, 인도네시아대학교(University of Indonesia)는 최초로 한국어학과를 4년제 학위과정으로 인문대학교에 개설한 국립대학이다. 특히 인도네시아대학교 한국학과 학생들은 1학기부터 6학기까지 문법, 말하기, 쓰기, 듣기, 읽기 5과목으로 나누어 한국어 수업을 진행하는데, 한 학기에 매주 8시간씩 총 16주 간 수업을 진행한다. 한국어교육의 목표는 표현과 이해의 의사소통 능력을 향상시키는 것이다. 따라서 인도네시아대학교에서 한국어 표현 영역인 말하기와 쓰기, 이해 영역인 듣기와 읽기 능력을 향상시키는 수업으로 나뉜다. 또한 정확성과 용이성을 위해 한국어 문법 수업도 진행된다. 한국어 문법 수업의 교수 방법은 주로 PPP 모형이고, 학습자의 모국어인 인도네시아어로 수업이 진행된다. 앞에서 살펴본 바와 같이 조사 사용 오류를 보면 인도네시아인 학습자들에게 한국어의 다양한 조사를 이해하고 학습시킨다는 것이 쉽지 않다. 이에 한국어 문법 수업에서 초급 단계의 학습자들에게 한국어 조사에 대한 교육 방안을 제안할 필요가 있다.

4.2. 한국어 조사 교육 방안

한국어를 배우는 인도네시아인 학습자가 모국어에 없는 조사를 정확히 구별하여 사용한다는 것은 쉬운 일이 아니다. 따라서 인도네시아인 학습자들은 조사를 사용하는 데 오류를 범할 수밖에 없다. 따라서 조사를 정확히 구분하여 사용하고, 또한 조사 사용 오류를 줄이기 위해서는 학습자의 노력도 중요하지만 학습자를 지도하는 교사의 역할도 매우 중요한 것이 사실이다. 교사는 학습자가 가진 모국어와 목표어의 차이점을 알아야 하고, 학습자가 범한 오류를 잘 파악하기 위해서는 이에 적절한 교수법을 설계하여 최대한 오류를 범하지 않는 교육 방안을 마련해야 한다. 앞에서 살펴본 바와 같이 조사의 오류는 대치 오류가 가장 많이 나타났으며 누락 오류가 뒤를 이었다. 인도네시아 학습자들은 모국어에 조사의 문법 범주가 없으므로 주격조사 '-이/가', 목격조사 '-을/를', 보조사 '-은/는' 등의 사용을 매우 혼동하는 것으로 보인다. 이에 조사의 누락과 대치 오류를 줄이고 효과적으로 교육하기 위해서는 그 조사의 용법을 정확히 제시하고, 조사의 사용을 구별할 수 있도록 교육하는 것이 필요하다. 이에 인도네시아인 학습자를 위한 조사의 교육 방안을 제안하면 다음과 같다.

첫째, 교사들은 초급 단계에서 조사를 제시할 때 반드시 <주격조사> → <목적격조사> → <보조사>의 순서로 제시해야 한다. 앞에서 고찰했듯이 주격조사 '-이/가'의 대치는 크게 '-을/를'의 대치와 '-은/는' 대치로 나눌 수 있다. 이는 인도네시아 학습자들이 모국어에 대응되는 조사가 없어서 이들을 구별하여 사용하는 데 어려움을 겪는 문제도 있지만, 문장 속에서 명사가 주어인지 목적어인지 또는 주제어인지를 인식하지 못해서 조사 사용 오류를 범하게 된다. 또한, 이와 관련하여 주격조사 '-이/가'가 아닌 보조사 '-은/는'을 먼저 교수하는 교사가 있는데, 초급 학습자들은 보조사를 주격조사로 잘못 인식할 수 있다.[12] 따라서 인도네시아인 학습자에게는 <주격조사> → <목적격조사> → <보조사>의 순서로 학습해야 한다. 일반적으로 문장은 주어와 서술어가 기본 문형이므로 문장의 주체 '무엇이, 누가'에 해당되는 주어의 주격조사를 설명해야 하고, 다음으로 주어와 타동사로 표현되는 서술어

12) 인도네시아인 학습자의 작문을 오류 분석할 때 주격조사를 쓰지 않고 주어 자리에 주로 보조사를 쓴 학습자를 발견했다. 또한 다음 단계에서 보조사를 주격조사로 잘못 인식한 것도 발견되었다. 특히 인도네시아어-한국어의 번역 수업에 이런 오류가 자주 발견되었다.

ㄱ. (×) <u>그 사람은</u> 먹고 싶은 것은 불고기입니다 → (√) <u>그 사람이</u> 먹고 싶은 것은 불고기입니다.

ㄴ. (×) <u>누나는</u> 만날 <u>사람이</u> 민수예요. → (√) <u>누나가</u> 만날 <u>사람은</u> 민수예요.

의 행위의 대상이 되는 목적어의 목적격조사를 학습하는 것이 좋다. 그리고 조사를 가르칠 때 조사만 독립시켜 가르칠 것이 아니라 문장 구조 및 서술어와의 호응관계 속에서 반복적으로 가르쳐야 한다. 이에 초급 단계 문법 수업에서 체계적으로 설계된 교육 계획안[13]을 제시하면 다음과 같다.

<표 10> 주격조사, 목적격조사, 보조사의 교육 계획안

<table>
<tr><th>학습 목표 1</th><th>(1) 주격조사 '-이/가'
(2) 형용사, 자동사의 개념</th></tr>
<tr><th>단계</th><th>교수 학습 내용</th></tr>
<tr><td>제시</td><td>다음과 같은 문항을 제시하면서 설명한다.
▸ S+이/가 + P(형용사)
▸ S+이/가 + P(자동사)

(1) 문법 구조에서 '주어'의 개념(즉 주어는 무엇이냐)을 먼저 설명하고 학습자의 모국어와 달리 한국어 문법에는 주격조사가 있다는 것을 제시하여 학습시킨다.
(2) 형용사, 자동사와 같은 어휘의 개념(품사의 개념)을 이해시킨다.
(3) 주격조사 '-이/가'의 문법 특성을 제시한다.

명사와 결합하여 선행명사가 문장의 주어임을 나타내며, 선행명사가 자음으로 끝나는 경우에는 '-이', 모음으로 끝나는 경우에는 '-가'와 결합된다.

<table><tr><th>자음 + 이</th><th>모음 + 가</th></tr><tr><td>책상이 작다.
돈이 생긴다.</td><td>우유가 맛있다.
비가 온다.</td></tr></table></td></tr>
<tr><td>연습</td><td>필요한 어휘를 제공하고 다음과 같은 문장 구조 속에 제시하여 반복 연습시킨다.
○ 형용사문 → 주어+이/가 서술어[형용사]
○ 자동사문 → 주어+이/가 서술어[자동사]</td></tr>
<tr><td>마무리</td><td>평가: 문제 풀이를 통해서 학습자의 이해를 확인한다.</td></tr>
</table>

13) 본고에서는 구체적인 교육 방안을 제시하기보다는 체계적이고 대략적인 방안을 제안하고자 한다.

학습 목표 2	(1) 목적격조사 '-을/를' (2) 타동사의 개념
단계	교수 학습 내용
제시	(1) 수형도로 인도네시아어 목적어의 위치와 한국어 목적어의 위치를 대조적으로 제시하여 이해시킨다. 인도네시아어 S — Minsu P — beli O — buku 한국어 S+이/가 — 민수+가 O+을/를 — 책+을 P — 산다 (1) 문법 구조에서 '목적어'의 개념(즉 목적어는 무엇이냐)을 먼저 설명한다.또한 자동사와 비교해서 타동사의 개념을 이해시킨다. (2) 목적격조사 '-을/를'의 문법 특성을 제시한다. 명사와 결합하여 선행명사가 문장의 목적어임을 나타내며, 선행명사가 자음으로 끝나는 경우에는 '-을', 모음으로 끝나는 경우에는 '-를'과 결합된다.
연습	필요한 어휘를 제공하고 다음과 같은 문장 구조 속에 제시하여 반복 연습시킨다. ○ 주어+**이/가** 목적어+을/를 서술어[타동사]
마무리	평가: 문제 풀이를 통해서 학습자의 이해를 확인한다.

학습 목표 3	보조사 '-은/는' (1) '대조 의미'를 나타내는 '-은/는' (2) '주제 의미'를 나타내는 '-은/는'
단계	교수 학습 내용
제시	(1) 보조사 '-은/는'의 문법 특성을 제시한다. 명사와 결합하여 선행명사가 문장의 목적어임을 나타내며, 선행명사가 자음으로 끝나는 경우에는 '-은', 모음으로 끝나는 경우에는 '-는'과 결합된다. (2) 다음과 같은 문항을 제시하면서 '대조'를 나타내는 '-은/는'의 기능을 설명한다. ▸ S+**은/는** P고 S+**은/는** P (예. 나는 밥을 먹고 민수는 빵을 먹는다.) (3) 다음과 같은 문항을 제시하면서 문장에 '주제'를 나타내는 '-은/는'의 기능을 설명한다. ▸ 주제+**은/는** S+**이/가** P (예. 철수는 키가 크다. 이것은 구두가 아니다.)
연습	통제된 연습을 통하여 '대조 의미'를 나타내는 문장 또는 '주제 의미'를 나타내는 문장을 작성하여 연습시킨다.
마무리	평가: 문제 풀이를 통해서 학습자의 이해를 확인한다.

둘째, 의미와 쓰임새가 비슷한 조사들을 비교해 학습시켜야 한다. 조사의 대치 오류를 많이 범하는 이유 중의 하나는 인도네시아인 학습자들이 기능과 의미가 유사한 조사들의 차이점을 잘 인식하지 못하는 점이다. 오류 분석 결과를 통해 주격조사 '-이/가', 보조사 '-은/는'과 같은 유사한 조사가 상호 대치 오류를 많이 범하고 있는 것을 볼 수 있다. 교사들은 이러한 조사들의 의미와 쓰임의 환경을 서로 비교하여 학습자들이 그 조사들을 구별해 사용할 수 있도록 가르쳐야 한다. 의미와 쓰임의 환경을 제시하는 동시에 예문을 통해서 설명하는 것도 바람직하다.

셋째, 주격조사 '-이/가'의 기능적 특성과 보조사 '-은/는'의 의미적 특성의 차이에 초점을 두고 학습시켜야 한다. 인도네시아인 학습자는 자신의 모국어에 '화제'의 의미를 문법적으로 표시하지 않아서 초급 단계를 배우는 학습자들은 보조사 '-은/는'이 나타내는 '화제'의 의미를 인식하기 쉽지 않아 주격조사 '-이/가'의 쓰임과 구별하기가 어렵다. 이는 보조사 '-은/는'이 주어 자리에 많이 쓰이기 때문이다. 따라서 인도네시아인 학습자들에게 주격조사 '-이/가'의 기능적 특성과 보조사 '-은/는'의 의미적 특성의 차이에 초점을 두어 교육시키면 효과적인 교육 방법이 될 수 있을 것이다.

넷째, 서술어가 타동사인지 자동사인지, 그리고 형용사인지에 따라 '-이/가'와 '-을/를'의 사용이 결정되기 때문에 어휘 품사에 대한 중요성을 주지시켜야 한다. 이는 일부 단어에서 한국어와 인도네시아어의 품사가 다르기 때문이다. 즉 한국어의 어휘에서는 형용사를 포함하는 단어가 있으나, 그 단어는 인도네시아어에서 타동사가 포함되어 있으므로 한국어의 형용사인 경우에 '-이/가'를 사용하지만 인도네시아 학습자들은 모국어의 영향으로 '-을/를'을 사용하게 된다. 따라서 이와 같은 단어들을 따로 정리하여 인도네시아 학습자들에게 집중적으로 학습시켜야 한다.

5 결론

지금까지 인도네시아인 한국어 학습자의 한국어 문법에 대한 인식 조사, 오류 사용 분석, 그리고 조사 오류의 원인을 고찰하였다. 우선,

조사 오류 분석의 주요 결과를 보면 조사 사용 횟수는 1,212회로 이중 오류를 범한 오류 수는 162회(13.37%)에 해당한다. 조사의 오류 유형을 보면 조사 누락 오류는 20.37%이고, 조사 대치 오류는 78.40%, 조사 첨가 오류는 1.23%로 조사 대치 오류가 가장 많이 나타났다. 이러한 오류의 원인은 크게 세 가지로 나눌 수 있다. 첫째, 학습자의 모국어의 간섭 때문이다. 즉 인도네시아인 학습자들은 모국어에 대응되는 조사가 없어서 한국 조사를 구별하여 사용하는 데 큰 어려움을 갖는다. 둘째, 한국어 문법 요소인 조사 특성과 기능 때문이다. 즉 한국어 조사의 종류는 상대적으로 많고 다양하기 때문에 인도네시아인 학습자들은 조사를 구별하여 사용하는 데 많은 혼란을 겪고 있다. 셋째, 누락 오류 원인은 구어체의 언어습관 때문이다. 즉 조사가 생략된 문장이 구어체에 허용되므로 학습자들은 이것이 습관이 되어 실제 작문에서도 생략시켜 오류를 범하게 되는 것이다.

이에 인도네시아인 한국어 학습자를 위한 조사 교육 방안을 정리하면 다음과 같다. 첫째, 교사들은 초급 단계에서 반드시 <주격조사> → <목적격조사> → <보조사>의 순서로 제시해야 한다. 둘째, 의미와 쓰임이 비슷한 조사들을 비교해 학습시켜야 한다. 셋째, 주격조사 '-이/가'의 기능적 특성과 보조사 '-은/는'의 의미적 특성의 차이에 초점을 두고 학습시켜야 한다. 마지막으로 서술어가 타동사인지 자동사인지, 그리고 형용사인지에 따라 '-이/가'와 '-을/를'의 사용이 결정되기 때문에 어휘 품사에 대한 중요성을 주지시켜야 한다.

참고문헌

강현화(2006), “한국어 교수학습 방법의 새로운 방향”, 『국어교육연구』, 18, pp.31-59.

권재일(2012), 『한국어 문법론』, 태학사.

김나리(2015), “한국어 교육을 위한 한국어와 인도네시아어의 시간 표현 비교 연구”, 한국외국어대학교 석사학위논문.

김진호(2010), 『외국어로서의 한국어학개론』, 박이정.

박덕유(2013), 『한국어 문법의 이론과 실제』, 박문사.

______(2017), 『이해하기 쉬운 문법교육론』, 역락.

박종호(2009), “한국어 학습자의 조사 오류 연구”, 『새국어교육』, 82, pp.127-143.

임동훈(2004), “한국어 조사의 하위 부류와 결합 유형”, 『국어학』, 43, pp.120-154.

이익섭(2004), 『한국어 문법론』, 서울대학교 출판부.

이정희(2002), “한국어 오류 판정과 분류 방법에 관한 연구”, 『한국어 교육』, 13-1, pp.175-197.

허용・김선정(2013), 『대조 언』, 소통.

황후영(2010), “인도네시아인 한국어 학습자의 부정 표현 사용 양상 연구”, 이화여자대학교 석서학위 논문.

Adinda, R.(2001), “인도네시아인을 위한 한국어교육 연구: 한국어 발음듣기 지도를 중심으로”, 서울대학교 석사학위논문.

Burhan, D.(2010), “한국어와 인도네시아어의 사동법 대조 연구”, 이화여자대학교 석사학위논문.

Dessiar, A. R.(2013), “인도네시아인 한국어 학습자의 한국어 파열음

VOT에 대한 연구: 인도네시아 내 민족 간 언어 차이를 고려하여", 경북대학교 석사학위논문.

Hutagalung, F.(2008), "한국어와 인도네시아어 피동법 비교 연구", 경희대학교 석사학위논문.

____________(2013), "한국어와 인도네시아어 능격성 대조 연구: 유형론적 관점을 중심으로", 경희대학교 박사학위논문.

Meutia, F.(2013), "한국어교육을 위한 인도네시아어와 한국어 단모음에 대조와 /ㅓ/, /ㅗ/ 습득 연구", 경희대학교 석사학위논문.

Nazarudin(2010), "한국어와 인도네시아어의 수 분류사 비교 연구: '개'와 'buah'를 중심으로", 인하대학교 석사학위논문.

Pramania, A. P.(2014), "한국어와 인도네시아어의 파생어 대조 연구", 이화여자대학교 석사학위논문.

Sachiya, F.(2015), "한국어와 인도네시아어의 부름말 비교 연구", 경상대학교 석사학위논문.

Alwi, et al.(2003), *Tata Bahasa Baku:BahasaIndonesia,* Jakarta: Balai Pustaka.

Brown, H. D.(2007), *Principles of Language and Teaching*(5th edition), New York: Longman.

Corder, S. P.(1981), *Error Analysis and Inter Language,* Oxford: Oxford University Press.

Ellis, R.(1994), *The Study of Second Language Acquisition,* Oxford: Oxford UniversityPress

______(2002), *Grammar Teaching-Practice or Consiousness-Raising?* in J. Richards & W. Renandya (eds.) *Methodology in*

language teaching: An anthology of current practice, pp.167-171, Cambridge: Cambridge University Press.

Djoko, K. et al.(2010), *Tata Bahasa Acuan: Bahasa Indonesia untuk Penutur Asing,* Jakarta: Wedatama Widya Sastra.

Fisiak, J.(1981), *Contrastive Analysis and the Language Teacher,* Oxford: Pergamon.

Fries, C. C.(1945), *Teaching and Learning English as a Second Language,* Ann Arbor: University of Michigan Press.

Harmer, Jeremy(2007), *The Practice of English Language Teaching* (4th ed.), Edinburgh: Longman.

Hedge, T.(2002), *Teaching and Learning in Language Class-oom,* Oxford: Oxford University Press.

Kridalaksana, H.(2008), *Kamus Linguistik* (4th ed.), Jakarta: Gramedia Pustaka Utama.

Lado, R.(1957), *Linguistik Across Cultures,* Ann Arbor: University of Michigan Press.

Sneddon, J.(2003), *The Indonesian Language: Its history and role in modern society,* Sydney: UNSW Pressbook.

2. 터키인 한국어 학습자의 조사 사용 양상과 교수 · 학습 방안

임지영 | 인하대 언어교육원 강사

1 서론

터키어와 한국어는 모두 알타이 제어에 속하는 언어들로서 SOV의 어순을 가지며 조사와 어미를 통해 문장이 실현된다. 이렇듯 두 언어가 통사적, 형태적으로 매우 유사한 성격을 지닌 것은 주지의 사실이다. 이에 대한 연구는 아직 적은 편이지만, 격조사에 대한 연구로 코올뤼라지예(2013)는 한국어와 터키어를 주격, 목적격, 관형격, 부사격, 호격, 서술격 조사로 분류하여 비교 · 대조한 바 있으며, 조은숙 · Ozlem GÖKÇE(2015:128)은 터키어의 9개 격조사 분류 체계에 한국어의 격조사 형태를 대응시켜 비교한 바 있다.[1] 또한 괵셀 투르쾨쥬(2004:58-70)

1) 터키어의 격조사에는 주격, 목적격, 부사격(방향), 부사격(장소), 부사격(탈격), 부사격(도구), 경향성, 관형격, 부사격(방향)이 있다. 이와 같은 터키어의 격 분류 체계에 따라 한국어의 격조사 형태를 대응시키면 다음과 같다.

은 터키인 학습자의 쓰기 자료에 나타난 격조사 오류를 분석하기도 하였다. 위 선행 연구를 보면 터키어와 한국어의 격조사가 매우 유사하기도 하지만 차이점도 상당한 것을 알 수 있다. 특히 이 중, 한국어의 목적격 조사 '을/를'은 터키어의 목적격 조사인 '-ı/i/u/ü'와 일대일 대응을 이루어 터키인 학습자들이 쉽게 학습할 수 있는 영역이기는 하나, 터키어에는 특수격을 지배하는 동사군이 있어 고급학습자라 할지라도 아래와 같은 오류 발생을 자주 보인다.

(1) (한) 나는 바다를 보고 있다.
(터)*나는 바다에 보고 있다(Ben denize bakıyorum).

터키어의 '보다'라는 동사는 한국어처럼 목적격 조사와 결합하지 않고 방향의 부사격 조사와 결합한다. 이렇다 보니, 터키인 학습자들이 모국어 간섭에 의해 한국어의 부사격조사 '-에'와 결합하는 오류를 자주 범하게 되는 것이다.

또한 한국어 조사 '을/를'은 기본적인 목적격 형성 외에도 그 용법이 다양하지만 실제 한국어 교육 현장에서, 가장 기본적인 '을/를'의 직접 목적격 용법만을 초급 단계에서 가르칠 뿐, 이후 그 외의 다양한 용법

격의 종류	형태	한국어의 대응
1. yalın(주격/보격)	무표지	-이/-가, 께서, 에서
2. belirme(목적격)	-ı	-을/-를
3. yonelme(부사격: 방향)	-a	-에, -(으)로, -한테 등
4. bulunma(부사격: 장소)	-da	-에서, -에
5. ayrılma(부사격: 탈격)	-dan	-에게서, -(으)로부터, -에서
6. vasıta(부사격: 도구)	-la	-와/-과, 하고, -랑
7. eşitlik(경향성)	-ce,-ca	없음
8. tamlayan(관형격)	-nin	-의
9. yon gosterme(부사격:방향)	-ra, arı	-(으)로

을 명시적인 문법의 한 교수요목으로서 가르치지 않는다. 따라서 학습자들이 아래와 같은 '을/를'의 다양한 용법을 학습할 기회는 거의 부재하다.

(2) 이 시계는 동생을 주어라.(행동의 간접적인 목적물이나 대상)
이웃들이 말하기를 '그 집에 사람이 살지 않는다.'라고 했다.('말하기를', '이르기를' 등의 꼴로 인용)
이 푸른 천을 치마로 만들자.(어떤 재료나 수단이 되는 사물)

이에 본고는 『표준국어대사전』(1999), 『외국인을 위한 한국어문법2』(2005)에 나오는 조사 '을/를'의 다양한 용법들을 살펴보고, 그에 따라 한국어, 터키어의 의미 대응 관계를 대조 분석할 것이다. 또한 특수한 격과 결합하는 터키어 동사들을 선별하여 한국어와 대조 분석할 것이다. 이후 실제 터키인 학습자의 오류 양상을 살펴보기 위해 터키인 학습자들을 대상으로 객관식과 단답형 주관식 형태로 설문 조사를 실시하고 분석하고자 한다. 마지막으로 앞서 다루었던 대조 분석과 오류 분석을 통해 터키인 학습자를 위한 '을/를'의 교수 학습 방안을 제언할 것이다.

2 한국어와 터키어 조사 '을/를'의 대조 분석

2.1. 한국어 조사 '을/를'의 용법에 따른 의미 대응 관계 분석

『표준국어대사전』은 '을/를'을 11개의 격조사 용법과 강조의 기능을 하는 보조사의 용법으로 분류하였으며, 『외국인을 위한 한국어 문법2』는 『표준국어대사전』의 몇 가지 격조사의 용법을 압축하고[2] '말하기를', '이르기를' 등의 인용 기능을 더하여 총 7개의 용법으로 분류하였다. 이에 본고는 두 개의 용법 설명서를 참고하여 조사 '을/를'의 용법 일부를 수정하고 추가한 뒤[3] 최종적으로 다음과 같이 12개의 용법으로 분류하였다.

2) 『외국인을 위한 한국어 문법2』에서 압축한 용법들은 다음과 같다.

표준국어대사전	외국인을 위한 한국어 문법2
'가다', '걷다', '뛰다' 따위의 이동을 표시하는 동사와 어울려서 동작이 이루어지는 장소를 나타낸다.	장소를 나타내는 명사에 붙어 '가다, 오다, 다니다, 떠나다' 등의 이동하는 출발지나 도착지 또는 경유지나 움직임이 진행되는 장소를 나타낸다.
'가다', '오다'. '떠나다' 따위의 동사들과 어울려 일정한 목적을 가지고 이동하고자 하는 곳을 나타낸다.	
행동의 출발점을 나타낸다.	

3) 『표준국어대사전』은 '을/를'의 기능 중 하나를 '자정을 기준으로 시간을 정하다'의 예문을 들며 어떤 행동이 비롯되는 곳 또는 그 일을 나타내는 용법으로 기술하였는데, 『외국인을 위한 한국어 문법2』에서는 '을/를 -로/으로' 구성으로, 어떤 행위의 기준이 되는 대상을 나타내는 용법으로 기술하였다. 이는 후자의 기술이 더 구체적이고 적절하다고 판단하여 본고에서는 이를 차용하기로 하였다. 또한 『외국인을 위한 한국어 문법2』에 있는 '말하기를', '이르기를' 등의 꼴로 다른 사람의 말이나 생각을 인용할 때 쓰는 용법이 『표준국어대사전』에는 빠져 있는 바, 본고에서는 이를 용법의 종류에 추가하였다.

① 동작이 미친 직접적 대상
　예) 어제 책을 읽었다.
② 행동의 간접적인 목적물이나 대상
　예) 이 편지 형을 보일까요?
③ 어떤 재료나 수단이 되는 사물
　예) 휘파람을 신호로 해서 그를 불렀다.
④ '가다', '걷다', '뛰다' 등의 이동 표시 동사 + 동작이 이루어지는 장소
　예) 어제는 하루 종일 백화점을 돌아다녔다.
⑤ '가다', '오다', '다니다' 등의 동사 + 목적을 가지고 이동하고자 하는 곳
　예) 어머니는 오늘 시장을 가실 것이다.
⑥ '가다', '오다', '다니다' 등의 동사 + 행동의 목적이 되는 일
　예) 등산을 가려면 등산화가 필요하다.
⑦ 행동의 출발점
　예) 조금 전에 비행기가 인천 공항을 떠났다.
⑧ '을/를 - 로/으로', 어떤 행위의 기준이 되는 대상
　예) 자정을 기준으로 시간을 정했다.
⑨ 동작 대상의 수량이나 동작의 순서
　예) 그는 매일 우유 세 잔을 마신다.
⑩ 동족 목적어가 행위의 목적어가 됨
　예) 제 친구는 춤을 잘 춥니다.
⑪ 일부 부사 및 부사형 어미 '-아, -게, -지, -고'와 결합하여 강조
　예) 이 차는 빨리를 못 간다. 아이들은 조용히 있지를 못한다.
⑫ '말하기를', '이르기를' 등의 인용
　예) 선생님께서 말씀하시기를, "이번 시험이 어렵다."라고 하셨다.

이러한 한국어 조사 '을/를'의 용법 중, 첫째로 터키어의 목적격 조사로 일대일 의미 대응이 가능한 것, 둘째로 터키어의 목적격 조사와는 대응이 불가하나 한국어의 부사격 조사와 일대일 대응이 가능한 것,

셋째로 한국어와 문법적 유사성 없이 터키어의 다른 조사나 표현과 의미 대응이 가능한 것, 넷째로 터키어에 부재한 용법으로 나누어 대조 분석할 것이다.

2.1.1. 터키어의 목적격 조사와 일대일 의미 대응

이는 격조사 '을/를'의 전형적인 용법으로 터키어 목적격 조사인 'ı/i/u/ü'와 정확히 대응하는 양상을 보인다.[4)]

(3) (한) 언니는 지금 책을 읽고 있다.
(터) 언니는 지금 책을 읽고 있다(Ablam şimdi kitabı okuyor).

2.1.2. 터키어의 부사격 조사와 일대일 의미 대응

1) 행동의 간접적인 목적물이나 대상

한국어는 간접 목적어 '에게' 대신 '을'을 사용하기도 한다. 한정한(2014:296)은 '에게'와 '을'의 차이를 간접 목적어가 간접적 영향권에서 벗어나 '완전한 수혜자'로 바뀐 수여 행동의 종결로 보기도 한다. 하지만 터키어의 경우, '에게'의 의미인 방향의 부사격 조사, 'a/e/ya/ye'만을 사용한다.

(4) (한) 이 시계는 동생<u>을/에게</u> 주어라.
(터) 이 시계는 동생<u>에게</u> 주어라(Bu saatı kardeşin<u>e</u> ver).

4) 한국어의 경우, 구어에서 목적어를 간혹 생략하는 경우가 있는데, '을/를'이 생략되는 경우보다 나타난 경우가 더 그 대상에 대해 지정하여 강조하는 의미가 부가된다. 하지만 특별한 경우가 아닌 이상 문어에서는 목적어를 생략하지 않는다. 이와 달리, 터키어는 구어와 문어에서 보통 일반 목적격 조사를 생략하며 특정한 목적어를 한정하여 말하고자 할 때만 목적격 조사를 체언 뒤에 결합시킨다.

2) '가다', '걷다', '뛰다' 등의 이동 표시 동사 + 동작이 이루어지는 장소

한국어는 이동을 표시하는 동사와 함께 동작이 이루어지는 장소에 격조사 '을/를'과 장소의 부사격 조사인 '에서'를 모두 사용할 수 있다. 한정한(2014:296-297)은 '를'은 전체 관여로, '에서'는 부분 관여로 그 의미 차이를 두고 있으며 이를 종결성 유무의 파생으로 보고 있다.[5] 하지만 터키어에서는 장소의 부사격 조사인 'da/de/ta/te'만을 사용한다.

(5) (한) 약 한 시간 동안 산길<u>을/에서</u> 걸었다.
(터) 약 한 시간 동안 산길<u>에서</u> 걸었다(Yaklaşık bir saat kadar dağ youlun<u>da</u> yürüdü).

3) '가다', '오다', '다니다' 따위의 동사 + 일정 목적을 가지고 이동하고자 하는 곳

한국어는 일정한 목적을 가지고 이동하고자 하는 곳을 나타낼 때, '에', '을/를'을 모두 사용하나 터키어는 방향의 부사격 조사 '에'만을 사용한다.

(6) (한) 제 친구는 직장<u>을/에</u> 다닌다.
(터) 제 친구는 직장<u>에</u> 다닌다(Arkadaşım iş yerine gidip geliyor).

4) 행동의 출발점

한국어는 행동의 출발점을 나타내는 격조사의 경우 '을/를'과 '에서'를 모두 사용할 수 있으나 터키어는 탈격의 부사격 조사 'dan/den/tan/ten'을 주로 사용한다. 하지만 (7b)와 같이 '떠나다'의 의미인 'terk etmek'

5) "내가 어제 지나가던 복도-에서/-*를 그를 만났다."에서처럼 종결성이 부재한 상태에서는 '를'이 결합할 수 없다.

을 사용할 때에는 격조사인 '을/를'과 결합해서 사용하기도 한다.

(7) a. (한) 서울을/에서 출발한 기차
(터) 서울에서 출발한 기차(Seul'den kalkan tren)
b. (한) 그녀는 아침 일찍 서울을/에서 떠났다.
(터) 그녀는 아침 일찍 서울에서 갔다./서울을 떠났다.
(O, sabah erkenden Seul'den gitti./Seul'u terk etti.)

2.1.3. 터키어의 다른 표현과 의미 대응

1) 어떤 재료나 수단이 되는 사물

한국어는 목적격 조사를 사용하나, 터키어는 목적격 조사 대신 '와/과', '을/를 가지고' 등의 의미인 도구의 부사격 조사 'la/le'를 사용한다.

(8) (한) 이 푸른 천을 치마로 만들자.
(터)*이 푸른 천과 치마 만들자(Bu mavi kumaşla etek dikelim).

2) '가다', '오다', '다니다' 등의 동사 + 행동의 목적이 되는 일

한국어는 '가다', '오다' 따위와 함께 그 행동의 목적이 되는 일에 목적격 조사를 사용하지만, 터키어는 목적격 조사를 사용하지 않고 '에 가다'의 문형이나 '-(으)러 가다, -기 위해' 등의 문형으로 그 의미를 대신한다.

(9) (한) 그들은 작년에 여행을 갔다.
(터)*그들은 작년에 여행에 갔다. / 여행하기 위해 갔다.
(Geçen sene seyahate gittiler. / seyahat etmek için gittiler.)

3) '을/를 - 로/으로' 구성으로 어떤 행위의 기준이 되는 대상

한국어 '을/를 -(으)로'의 형태는 어떤 행위의 기준이 되는 대상임을 표현하지만 터키어는 이와 같은 형태로 표현되는 문장(10a)가 있는가 하면, 문장의 의미에 따라 (10b)와 같이 다른 문법 형태로 표현되는 문장도 있다.

(10) a. (한) 이곳을 기점으로 하자.
(터) 이곳을 기점으로 하자(Burayı kriter olarak alalım).
b. (한) 자정을 기준으로 시간을 정했다.
(터)*자정에 의해 시간을 정했다(Gece yarısına göre saati ayarladı).

4) '말하기를', '이르기를' 등의 인용

한국어는 '말하기를', '이르기를'과 함께 인용절 안은문장을 갖추나, 터키어는 그렇지 않다.

(11) (한) 동네 사람들이 말하기를, "그 집에 사람이 살지 않는다."라고 했다.
(터) 동네 사람들이 말하기를, "그 집에 사람이 살지 않는다."
(Mahalleliler dedi ki, "o evde kimse yaşamıyor.")

2.1.4. 터키어에 부재한 용법

1) 동작 대상의 수량이나 동작의 순서

한국어는 수량이나 동작의 순서를 나타낼 때 그 뒤에 '을/를'과 결합한다. 한정한(2014:279)는 수량화 자체가 조사 '을/를'과 직접 관련이 없고 수량사의 핵명사와의 동질성이 더 중요하다고 주장하였는데 필자도 이에 동의한다. 즉 (12) 수량사의 핵명사는 '커피'가 되며, 이에 대해 터키어는 수량이나 순서 뒤에 별다른 조사를 첨가하지 않는 무표지 형태이다.

(12) (한) 커피 두 잔을 마셨다.
(터) 커피 두 잔∅ 마셨다(İki bardak kahve∅ içti).

2) 동족 목적어가 행위의 목적어가 됨

한국어는 동족 목적어가 행위의 목적이 됨을 나타내지만 터키어는 동족 목적어 형태가 존재하지 않는다.

(13) (한) 아기가 잠을 자고 있다.
(터) 아기가 자고 있다(Bebek uyuyor).

3) 일부 부사 및 부사형 어미 '-아, -게, -지, -고'와 결합하여 강조

조사 '을/를'은 (14a)처럼 일부 어미 뒤에, (14b)와 같이 부사 뒤에 붙어 강조하는 보조사의 역할도 한다. 하지만 터키어는 이들을 강조할 특별한 문법 형태나 장치가 없다.

(14) a. (한) 아이들은 가만히 앉아 있지를 못하는 것 같다.
(터) 아이들은 가만히 앉아 있지∅ 못하는 것 같다(Çocuklar sessizce oturamıyor∅ gibiler).
b. (한) 이 차는 빨리를 못 간다.
(터) 이 차는 빨리∅ 못 간다(Bu araba hızlı∅ gidemiyor).

2.2. 터키어의 특수격 지배 동사에 따른 의미 대응 관계 분석

한국어는 목적격 조사인 '을/를'과 결합하지만 터키어는 목적격 조사 이외의 조사와 결합해야 하는 동사가 있다. 괵셀 튀르쾨쥬는(2004:60)

는 터키어 '보다, 시작하다, 무서워하다' 등은 목적격을 지배하는 한국어와 달리 여격이나 탈격을 지배한다고 하였다. 김성주(2002:40-41) 역시 이점을 지적하며, 각 언어마다 동사의 격지배가 다르므로 해당 언어의 특수격 지배 동사의 목록을 만들어 가르치는 것이 유익하다고 한 바 있다. 한 예로, 터키어와 함께 알타이제어에 속하는 몽골어 또한 목적격 조사 '을/를'과 결합하지 않는 특수격 지배 동사들이 존재한다. 이에 벌러르(2015)는 위 동사들의 목록을 정리하고, 교수 방안을 제시한 바 있다. 이러한 특수격의 지배를 받는 터키어 동사들은 다음과 같다.

2.2.1. 방향의 부사격 조사(a/e/ya/ye)와 결합하는 동사

에/에게(a/e/ya/ye) + 보다, 가다, 믿다, 닮다, 타다, 돕다, 입학하다, 공격하다, 시작하다

'가다', '입학하다', '타다'를 제외한 위의 동사들은 반드시 한국어에서 목적격 조사와 함께 결합해야 하는 동사들이며 고빈도 사용 동사들이다. 그러므로 모국어 간섭 현상이 그만큼 습관적으로 일어날 것으로 예상된다.

(14) a. (한) 나는 선생님을 도왔다.
(터)*나는 선생님에게 도왔다(Oğretmenime yardım ettim).
b. (한) 우리 형제들은 어머니를 닮았다.
(터)*우리 형제들은 어머니에게 닮았다(Kardeşimiz anneme benziyor).

2.2.2. 탈격의 부사격 조사(dan/den/tan/ten)와 결합하는 동사

에서, 에게서[6] (-dan/den/tan/ten) + 좋아하다, 싫어하다, 무서워하다

한국어의 '좋아하다'는 터키어로 'hoşlanmak', 'sevemek', 'beğenmek', 의 단어로 대응된다. 이때 'hoşlanmak'만 탈격의 부사격 조사와 결합하고, 이외의 것은 목적격 조사와 결합된다. 이러한 영향으로 학습자들이 한국어의 조사 결합에 혼란을 느낄 수가 있다.

(15) a. (한) 나는 고양이를 싫어한다.
(터)*나는 고양이에서 싫어한다(Ben kediden nefret ediyorum).
b. (한) 그는 개를 무서워한다.
(터)*그는 개에서 무서워한다(O köpekten korkuyor).

2.2.3. 도구의 부사격 조사와 결합하는 동사

와/과(-la/le) + 만나다

터키어는 '와/과'만이 '만나다'와 결합이 가능하다, 한국어는 '을/를'과 '와/과'가 모두 가능하다. 이에 학습자들이 목적격 조사도 충분히 활용하도록 지도가 필요하다.

(17) (한) 주말에 친구를/와 만났다.
(터) 주말에 친구와 만났다(Hafta sonu arkadaşımla buluştum).

6) 코올뤼라지예(2013:37-38)은 터키어 탈격의 부사격 조사(dan/den/tan/ten)을 한국어의 '-에게서, -에서'로 대응시킨 바 있다. 본고에서도 이를 따른다.
(터) Ablam köpekten korkar.
(한)*언니는 개에서 무서워한다.

3 조사 '을/를'의 사용 양상 분석

3.1. 실험 참여자 선정 및 실험 도구

실험은 2016년 5월 터키 현지에서, 에르지예스대학교 한국어학과 재학생을 대상으로 하였다. 실험 참가자들은 모두 20대로, 남자 19명, 여자 91명이다. 학습기간별 참가자 인원은 2학년 38명, 3학년 34명, 4학년 43명으로 모두 115명이다. 본 설문지는 조사 '을/를'의 다양한 용법에 어느 정도 노출된 학습자에게 적당하므로 1학년 재학생은 본 시험에서 제외하였다.

설문지는 맞는 조사 고르기 10문항, 터키어를 한국어로 번역하기 10문항, 틀린 곳 고치기 10문항, 총 30문항으로 객관식과 주관식으로 진행되었다. 본 설문조사는 조사 '을/를'의 사용 양상만을 알아보기 위한 실험으로, 실험 참가자들이 모르는 어휘는 사전을 찾아 볼 수 있게 하였으며 번역 문항이나 틀린 곳을 고치는 문항에서 조사 '을/를' 이외의 문법 사항이나 표현·어휘의 오류는 오류로 계수하지 않았다.

3.2. 한국어 조사 '을/를' 용법의 사용 양상 분석

설문을 통해 한국어 조사 '을/를'의 12가지 다양한 용법에 대하여 학습자들이 잘 인지하고 있는지 그 사용 양상을 살펴보고자 한다. 앞서 살펴보았듯이 몇몇 한국어 조사 '을/를'의 용법은 기타 격조사 사용이 가능한데, 학습자들은 해당 문항에 복수 응답하였는지, 복수 응답을 하지 못했다면 어느 쪽을 더 많이 사용하였는지, 그것은 모국어 간섭과 어떠한 영향이 있는지 등을 알아볼 것이다.

3.2.1. 터키어의 목적격 조사와 일대일 의미 대응

1) 동작이 미친 직접적 대상

<표 1> 한국어 조사 '을/를' 용법의 사용 양상 1

문제 유형	문제			
번역하기	Annem bana ayakkabı aldı. → 어머니가 나에게 신발을 사 주셨습니다.			
학습기간	을/를	생략	기타	무응답
4학년	39명(90.69%)	0명(0%)	4명(9.3%)	0명(0%)
3학년	32명(94.11%)	0명(0%)	2명(5.88%)	0명(0%)
2학년	28명(73.68%)	1명(2.63%)	6명(15.78%)	3명(7.89%)
총	99명(86.08%)	1명(0.86%)	12명(10.43%)	3명(2.6%)

목적격 조사 '을/를'의 가장 기본적인 기능인 직접적인 대상을 나타내는 문항에 대해 학습자들이 응답을 잘 하였다. 이 용법이 가장 쉽기도 하거니와 목적격 '을/를'이 터키어의 목적격 '-ı/i/u/ü'과 일대일로 대응되기 때문이다.

3.2.2. 터키어의 부사격 조사와 일대일 의미 대응

1) 행동의 간접적인 목적물이나 대상

<표 2> 한국어 조사 '을/를' 용법의 사용 양상 2-1

문제 유형	문제				
고르기	이 가방은 동생(을, 에게) 주어라.				
학습기간	을/를, 에게/한테 (복수 응답)	을/를	에게/한테	기타	무응답
4학년	0명(0%)	0명(0%)	41명(95.34%)	2명(4.65%)	0명(0%)
3학년	0명(0%)	2명(5.88%)	30명(88.23%)	2명(5.88%)	0명(0%)
2학년	0명(0%)	1명(2.63%)	29명(76.31%)	6명(15.78%)	2명(5.26%)
총	0명(0%)	3명(2.6%)	100명(86.95%)	10명(8.69%)	2명(1.73%)

본 문항에 대해 응답자들이 '을/를'을 정답으로 거의 선택하지 못했으며, 방향의 부사격 조사 '에게/한테(a/e/ya/ye)'을 선택하였다. 그러므로 '을/를'의 간접 목적격 기능에 대한 학습은 반드시 명시적으로 필요하다.

2) '가다', '걷다', '뛰다' 등의 이동 표시 동사+ 동작이 이루어지는 장소

<표 3> 한국어 조사 '을/를' 용법의 사용 양상 2-2

문제 유형	문제				
고르기	한 시간 동안 공원(을, 에서) 걸었다.				
학습기간	을/를, 에서 (복수 응답)	을/를	에서	기타	무응답
4학년	1명(2.32%)	11명(25.5%)	17명(39.53%)	13명(30.23%)	1명(2.32%)
3학년	1명(2.94%)	1명(2.94%)	23명(67.64%)	8명(23.52%)	1명(2.94%)
2학년	0명(0%)	0명(0%)	18명(47.36%)	19명(50%)	1명(2.63%)
총	2명(1.73%)	12명(10.43%)	58명(50.43%)	40명(34.78%)	3명(2.6%)

전체 응답자 절반 이상이 '에서'를 정답으로 선택하였다. 하지만 학습기간이 길어질수록 '을/를'에 대한 응답률이 높아지는데, 이는 학습

기간이 길어지는 만큼 위 기능의 '을/를'에 많이 노출되기 때문이다. 그러나 복수 사용 응답률은 학습기간에 따라 큰 변화가 없다. 이를 통해 복수 사용에 대한 학습자의 확신이 부족한 것을 알 수 있다. 기타 응답으로 40명 중 33명(28.69%)이 조사 '에'를 선택하는 대치 오류를 보였다. 이는 '장소+에 가다'의 문형에 대한 인식이 지배적이기 때문인 것으로 보인다. 이에 '장소+에 가다'와 '장소+에서/를 가다, 걷다, 뛰다(이동 동사)'의 문형과 의미 차이를 학습 초기부터 명확히 구분할 수 있도록 이에 따른 학습이 필요하다.

3) '가다', '오다', '다니다' 등의 동사 + 일정 목적을 가지고 이동하고자 하는 곳

<표 4> 한국어 조사 '을/를' 용법의 사용 양상 2-3

문제 유형	문제				
고르기	저는 요즘 취직해서 회사(를, 에) 다녀요.				
학습기간	을/를, 에 (복수 응답)	을/를	에	기타	무응답
4학년	3명(6.97%)	18명(41.86%)	15명(34.88%)	7명(16.27%)	0명(0%)
3학년	4명(11.76%)	10명(29.41%)	16명(47.05%)	4명(11.76%)	0명(0%)
2학년	0명(0%)	5명(13.15%)	22명(57.89%)	10명(26.31%)	1명(2.63%)
총	7명(6.08%)	33명(28.69%)	53명(46.08%)	21명(18.26%)	1명(0.86%)

'을/를'을 선택한 응답자가 33명(28.69%)로 그 수가 상당했지만 응답자 절반 가까이 '에'(46.08%)를 선택하였다. 또한 '을/를'과 '에'의 복수 응답은 7명(6.08%)으로 그 비율이 낮았는데, 이는 학습자들이 복수 조사 사용에 대한 정확한 인지가 없다는 것을 알 수 있다. 또한 기타 응답으로 16명(13.91%)이 '에서'를 선택하는 대치오류를 보였는데, '장소

+에 이동동사', '장소+에서 동작동사'에 대한 명확한 구분 없이, 장소 존재 여부에 따라 조사를 선택하기 때문이다. 이에 이 둘에 대한 차이도 명확히 알려줄 필요가 있다.

4) 행동의 출발점

<표 5> 한국어 조사 '을/를' 용법의 사용 양상 2-4

문제 유형	문제				
고르기	그는 어릴 때 고향(을, 에서) 떠나서 지금은 서울에서 삽니다.				
학습기간	을/를, 에서 (복수 응답)	을/를	에서	기타	무응답
4학년	2명(4.65%)	12명(27.90%)	19명(44.18%)	9명(20.93%)	1명(2.32%)
3학년	2명(5.88%)	11명(32.35%)	11명(32.35%)	10명(29.41%)	0명(0%)
2학년	0명(0%)	8명(21.05%)	11명(28.94%)	19명(50%)	0명(0%)
총	4명(3.47%)	31명(26.95%)	41명(35.65%)	38명(33.04%)	1명(0.86%)

전체 응답 대부분이 '에서'(35.65%)와 '을/를'(26.95%)이었다. 이는 위 기능을 사용 동사에 따라 터키어로도 '에서'와 '을/를'로 사용할 수 있다. 하지만 복수 응답률은 매우 낮았다. 이는 '장소+에서/를 떠나다'의 표현에 대한 명확한 인식이 없기 때문인 것으로 보인다. 이에 이 두 조사가 모두 사용 가능함을 가르쳐야 한다. 또한 기타 응답으로 '에'의 응답이 많았다. 이는 2학년 16명(42.10%), 3학년 9명(26.47%), 4학년 8명(18.60%)으로 총 33명(28.69%)에 달한다. 학습기간이 짧을수록 정확한 사용 배경 지식 없이 '장소+에'에 대한 문법적 구조만을 인식하고 있으므로 이에 대한 명확한 교육이 필요하다.

3.2.3. 터키어의 다른 표현과 의미 대응

1) 어떤 재료나 수단이 되는 사물

<표 6> 한국어 조사 '을/를' 용법의 사용 양상 3-1

문제 유형	문제			
고르기	이 푸른 천(을) 옷으로 만들자.			
학습기간	을/를	와/과	기타	무응답
4학년	29명(67.44%)	6명(13.95%)	7명(16.27%)	1명(2.32%)
3학년	19명(55.88%)	4명(11.76%)	10명(29.41%)	1명(2.94%)
2학년	18명(47.36%)	10명(26.31%)	7명(18.42%)	3명(7.89%)
총	66명(57.39%)	20명(17.39%)	24명(20.86%)	5명(4.34%)

어떤 재료의 사물을 나타낼 때 터키어로 도구의 부사격 조사인 '와/과(la/le)'를 사용하는 반면, 대부분의 응답자들이 '을/를'(57.39%)을 정답으로 잘 선택하였다. 하지만 모국어 간섭에 의한 대치오류인 '와/과'의 응답도 전체의 17.39%였다. 이 문항 역시 학습기간이 길어질수록 '을/를'에 대한 응답도 많아졌는데, 위 기능이 학습기간 중 많이 노출되었던 것으로 보인다.

2) '가다', '오다' 등의 동사+ 행동의 목적이 되는 일

<표 7> 한국어 조사 '을/를' 용법의 사용 양상 3-2

문제 유형	문제			
번역하기	Babam annemle birlikte seyahate çıktı. → 아버지와 어머니는 함께 여행을 가셨다./떠나셨다.			
학습기간	을/를	에	기타	무응답
4학년	18명(41.86%)	11명(25.58%)	14명(32.55%)	0명(0%)
3학년	15명(44.11%)	7명(20.58%)	12명(35.29%)	0명(0%)
2학년	16명(42.1%)	8명(21.05%)	8명(21.05%)	6명(15.78%)
총	49명(42.6%)	26명(22.6%)	34명(29.56%)	6명(5.21%)

한국어로 '여행을 갔다'는 터키어로 '여행에 갔다'의 문형으로 대치된다. 터키어의 문형을 번역하게 한 위 문제에서 49명(42.6%)의 응답자들은 '을/를'로 옳게 번역하였지만, 대치오류인 '에'로 번역한 응답자가 26명(22.6%)로 그 수가 상당했다. 이외 기타 응답으로 '여행했다', '여행하러 갔다', '여행하기 위해 갔다' 등이 있었다. 이 문항은 학습기간이 길어도 오류율이 여전히 높다. 이는 한국어에 '장소+를 여행(을) 하다', '장소+에/으로 여행을 가다'와 같은 다양한 표현이 있는데, 이에 대한 명확한 표현 습득을 못 했을 뿐더러 모국어 간섭도 오류 발생에 영향을 준 것으로 보인다. 그러므로 '여행에 가다'라는 표현이 오류인 것을 정확히 인식시키고, 그 대신 올바른 표현들을 학습시키는 것이 필요하다.

3) '을/를 - 로/으로', 어떤 행위의 기준이 되는 대상

<표 8> 한국어 조사 '을/를' 용법의 사용 양상 3-3

문제 유형	문제		
고르기	이 서류(를) 끝으로 더 이상 받지 않겠습니다.		
학습기간	을/를	기타	무응답
4학년	23명(53.48%)	19명(44.18%)	1명(2.32%)
3학년	19명(55.88%)	14명(41.17%)	1명(2.94%)
2학년	24명(63.15%)	11명(28.94%)	3명(7.89%)
총	66명(57.39%)	44명(38.26%)	5명(4.34%)

정답률이 57.39%로 높은 편이었으나 기타 오류 응답으로 '이/가'도 많았다, 2학년 11명(28.94%), 3학년 12명(35.29%), 4학년 18명(41.86%)로 총 41명(35.65%)이 '이/가'로 응답했는데, 이는 학습기간이 길어져도 '을/를 - 로/으로'의 문형이 익숙하지 않아 '이/가'와 '을/를'을 혼돈하고 있는 것이다. 그러므로 본 용법은 중급단계에 진입하면 반드시

명확한 의미 및 형태 학습이 필요하다.

4) '말하기를', '이르기를' 등의 인용

<표 9> 한국어 조사 '을/를' 용법의 사용 양상 3-4

문제 유형	문제		
고치기	동네 사람들이 말하기(→말하기를), "그 집에 사람이 살지 않는다."라고 했다.		
학습기간	를	기타	무응답
4학년	0명(0%)	41명(95.34%)	2명(4.65%)
3학년	0명(0%)	23명(67.64%)	11명(32.35%)
2학년	0명(0%)	16명(42.1%)	22명(57.89%)
총	0명(0%)	80명(69.56%)	35명(30.43%)

위 문항에 정답자가 전혀 없었는데 이는 '말하기를', '이르기를'에 대한 문형이 학습자들에게 매우 생소한 것으로 보이며, 한국어에서 인용을 위해 자주 사용되는 문형이므로 반드시 이에 대한 명시적인 학습이 필요하다.

3.2.4. 터키어에 부재한 용법

1) 동작 대상의 수량이나 동작의 순서

<표 10> 한국어 조사 '을/를' 용법의 사용 양상 4-1

문제 유형	문제		
고르기	미진이는 터키에서 2년(을) 살았다.		
학습기간	을/를	기타	무응답
4학년	15명(34.88%)	12명(27.9%)	16명(37.2%)
3학년	13명(38.23%)	14명(41.17%)	7명(20.58%)
2학년	10명(26.31%)	24명(63.15%)	4명(10.52%)
총	38명(33.04%)	50명(43.47%)	27명(23.47%)

'을/를'에 대한 응답률이 33.04%였으며 기타 응답률, 즉 오답은 43.47%였다. 기타 응답에는 '에'(26.19%)에 대한 응답이 많았으며 보기에도 없던 '동안'(3.17%)도 있었다. 또한 무응답자도 27명(23.47%)이 되었다. 이처럼 무응답과 오답이 많은 까닭은 첫째, 위 용법에 대해 터키어는 무표지로 대응되기 때문에, 둘째, '시간+에'라는 문형이 정확한 의미와 사용 환경에 대한 지식 없이 학습자들 인식에 지배적으로 자리 잡고 있기 때문인 것으로 보인다. 이에 '시간+을/를', 즉 '수량+을/를'에 대한 정확한 의미와 명시적인 형태 학습이 필수적이다.

2) 동족 목적어가 행위의 목적어가 됨

<표 11> 한국어 조사 '을/를' 용법의 사용 양상 4-2

문제 유형	문제		
번역하기	Ben iyi dans ederim. → 나는 춤을 잘 춰요.		
학습기간	을/를	기타	무응답
4학년	32명(74.41%)	11명(25.58%)	0명(0%)
3학년	24명(70.58%)	10명(29.41%)	0명(0%)
2학년	16명(42.1%)	18명(47.36%)	4명(10.52%)
총	72명(62.6%)	39명(33.91%)	4명(3.47%)

터키어는 동족 목적어를 사용하지 않음에도 불구하고 '춤을 추다', '꿈을 꾸다'와 같은 표현들은 초급부터 출현하기 때문에 대부분의 학습자들이 잘 번역하였다. 그러나 기타 응답으로 '나는 좋은 춤을 춰요.', '나는 잘 춤을 춰요.', '나는 춤을 잘 해요.' 등의 오답이 39명(33.91%)나 되었다. 이는 터키어를 그대로 한국어로 번역한 오류이다. 위와 같은 동족 목적어는 한국어 교육 초기 기본적인 교수요목이므로 학습 초기부터 한국어와의 차이점에 주안점을 두고 가르칠 필요가 있다.

3) 일부 부사 및 부사형 어미 '-아, -게, -지, -고'와 결합하여 강조

<표 12> 한국어 조사 '을/를' 용법의 사용 양상 4-3

문제 유형	문제			
고치기	동생은 어릴 때부터 노래를 잘 부르지가(→부르지/부르지를) 못해요.			
학습기간	를	'를' 탈락	기타	무응답
4학년	4명(9.3%)	27명(62.79%)	10명(23.25%)	2명(4.65%)
3학년	2명(5.88%)	19명(55.88%)	10명(29.41%)	3명(8.82%)
2학년	2명(5.26%)	19명(50%)	7명(18.42%)	10명(26.31%)
총	8명(6.95%)	65명(56.52%)	27명(23.47%)	15명(13.04%)

'부르지를'의 응답률은 매우 낮았으며, 오류는 아니지만 '를' 없이 '부르지'로만 응답한 학습자가 65명(56.52%)나 되었다. 또한 무응답자도 15명(13.04%)에 달했다. 터키어에 위 기능의 문법이 부재해 위와 같은 결과가 나타난 것으로 보인다. 기타 응답으로 '부르지는 못해요', '부르지기 못해요' 등의 응답도 있었으며 설문의 목적 문법과 상관없는 곳을 고친 응답도 있었다. 이 용법 역시, 학습시기에 따라 숙달도가 달리 향상되지 않으므로 중·고급의 단계에서 반드시 명시적인 학습이 필요하다.

<표 13> 한국어 조사 '을/를' 용법의 사용 양상 4-4

문제 유형	문제			
고치기	이 차를(→이 차가/이 차는/이 차로/이 차와) 멀리를 못 가 봤어요.			
학습기간	'를' 유지	'를' 탈락	기타	무응답
4학년	18명(41.86%)	3명(6.97%)	17명(39.53%)	5명(11.62%)
3학년	13명(38.23%)	6명(17.64%)	9명(26.47%)	6명(17.640%)
2학년	11명(28.94%)	1명(2.63%)	13명(34.21%)	13명(34.21%)
총	42(36.52%)	10명(8.69%)	39명(33.91%)	24명(20.86%)

위 문제는 ‘부사+를’의 형태로 부사를 강조하는 기능에 대해 학습자들의 인식을 알아보기 위함으로 ‘멀리를’의 문장을 옳게 인식하고 ‘이차’와 어울리는 조사를 알맞게 선택해야 하는 문항이었다. 정답률은 학습자들의 학습기간이 길수록 높았다. 또한 ‘멀리를’에서 ’를‘을 탈락시키는 오류 및 ‘멀리’에다가 ‘에’, ‘지’ 등의 다른 조사들을 결합시키는 첨가오류도 많았다. <표 12>와 <표 13>을 통해 학습자들이 ‘어미+를’, ‘부사+를’의 문형에 대한 어색함을 가지고 있으며 그 용법에 대한 정확한 인지도 부족하다는 것을 알 수 있다. 그러므로 ‘어미+를’, ‘부사+를’의 강조 기능을 명확히 가르칠 필요가 있다.

3.3. 터키어의 특수격 지배 동사의 사용 양상 분석

3.3.1. 방향의 부사격 조사와 결합하는 동사

터키어로 ‘보다’, ‘가다’, ‘믿다’, ‘닮다’, ‘타다’, ‘돕다’, ‘입학하다’, ‘공격하다’, ‘시작하다’ 등의 동사는 목적격 조사 대신 방향의 부사격 조사(a/e/ya/ye)와 결합한다. 각 동사에 대한 터키인 학습자들의 한국어 조사 사용 양상은 다음과 같다.

<표 14> 특수격 지배 동사에 대한 조사 사용 양상 1

동사	학습기간	을/를	에	기타	무응답
보다 (번역하기)	4년	26명(60.46%)	17명(39.53%)	0명(0%)	0명(0%)
	3년	13명(38.23%)	16명(47.05%)	4명(11.76%)	1명(2.94%)
	2년	7명(18.42%)	24명(63.15%)	0명(0%)	7명(18.42%)
	총	46명(40%)	57명(49.56%)	4명(3.47%)	8명(6.95%)
닮다 (번역	4년	19명(44.18%)	16명(37.20%)	8명(18.60%)	0명(0%)
	3년	3명(8.82%)	20명(58.82%)	11명(32.35%)	0명(0%)

동사	학습기간	을/를	에	기타	무응답
하기)	2년	8명(21.05%)	16명(42.10%)	7명(18.42%)	7명(18.42%)
	총	30명(26.08%)	52명(45.21%)	26명(22.6%)	7명(6.08%)
돕다 (번역 하기)	4년	13명(30.23%)	27명(62.79%)	3명(6.97%)	0명(0%)
	3년	3명(8.82%)	28명(82.35%)	2명(5.88%)	1명(2.94%)
	2년	0명(0%)	32명(84.21%)	1명(2.63%)	5명(13.15%)
	총	16명(13.91%)	87명(75.65%)	6명(5.21%)	6명(5.21%)
믿다 (고치기)	4년	31명(72.09%)	1명(2.32%)	10명(23.25%)	1명(2.32%)
	3년	23명(67.64%)	3명(8.82%)	4명(11.76%)	4명(11.76%)
	2년	13명(34.21%)	3명(7.89%)	12명(31.57%)	10명(26.31%)
	총	67명(58.26%)	7명(6.08%)	26명(22.6%)	15명(13.04%)
시작 하다 (고치기)	4년	28명(65.11%)	0명(0%)	6명(13.95%)	9명(20.09%)
	3년	20명(58.82%)	0명(0%)	10명(29.41%)	4명(11.76%)
	2년	11명(28.94%)	0명(0%)	11명(28.94%)	16명(42.10%)
	총	59명(51.30%)	0명(0%)	27명(23.47%)	29명(25.21%)
타다 (고치기)	4년	27명(62.79%)	0명(0%)	14명(32.55%)	2명(4.65%)
	3년	19명(55.88%)	2명(5.88%)	9명(26.47%)	4명(11.76%)
	2년	11명(28.94%)	0명(0%)	22명(57.89%)	5명(13.15%)
	총	57명(31.95%)	2명(1.73%)	45명(39.13%)	11명(9.56%)
입학 하다 (고르기)	4년	23명(53.48%)	14명(32.55%)	6명(13.95%)	0명(0%)
	3년	4명(11.76%)	28명(82.35%)	2명(5.88%)	0명(0%)
	2년	6명(15.78%)	21명(55.26%)	11명(28.94%)	0명(0%)
	총	33명(28.69%)	63명(54.78%)	19명(16.52%)	0(0%)

<표 14>를 살펴보면 대체적으로 학습기간이 길어질수록 '을/를'의 사용률이 증가한다는 것을 볼 수 있다. 이는 지속된 학습을 통해 조사

의 오류가 감소한다는 것을 보여준다. 동사별로 '을/를'과 '에'의 사용률을 단순히 비교해 보면, '믿다', '타다', '시작하다'의 동사는 '을/를'과의 결합률이 높지만, '보다', '돕다', '입학하다', 닮다'의 동사는 '에'와의 결합 비율이 더 높다. 물론 '타다', 입학하다'와 조사 '에'는 결합이 가능하므로 오류는 아니지만 '보다', '돕다', '닮다'와 같은 동사들은 조사 '에'와 결합 시 명백한 오류가 된다. 위 동사들이 매우 기초 동사이지만 모국어 간섭이 꽤 큰 것을 알 수 있다. 이러한 오류의 화석화를 막기 위해 기초 동사들을 배우는 학습 초기부터 목적격 조사와의 결합을 정확히 인식시킬 필요가 있다.

3.3.2. 탈격의 부사격 조사와 결합하는 동사

'싫어하다', '무서워하다' 등의 동사는 터키어에서 탈격의 부사격 조사 '에서', '(으)로부터'(dan/den/tan/ten)와 결합한다. 설문 분석은 다음과 같다.

<표 15> 특수격 지배 동사에 대한 조사 사용 양상 2

동사	학습기간	을/를	에서/으로부터	기타	무응답
싫어하다 (고치기)	4학년	39명(90.69%)	2명(4.65%)	1명(2.32%)	1명(2.32%)
	3학년	24명(70.58%)	1명(2.94%)	7명(20.58%)	2명(5.88%)
	2학년	20명(52.63%)	0명(0%)	10명(26.31%)	8명(21.05%)
	총	83명(72.17%)	3명(2.60%)	18명(15.65%)	11명(9.56%)
무서워하다 (고르기)	4학년	31명(72.09%)	5명(11.62%)	6명(13.95%)	1명(2.32%)
	3학년	22명(64.70%)	5명(14.75%)	7명(20.58%)	0명(0%)
	2학년	9명(23.68%)	17명(44.73%)	8명(21.05%)	4명(10.52%)
	총	62명(53.91%)	27명(23.47%)	21명(18.26%)	5명(4.34%)

'싫어하다'와 '무서워하다'와 같은 경우, 목적격 조사 '을/를'과 결합하는 비율이 꽤 높았다. 이는 모국어의 간섭을 비교적 많이 받지 않은

것으로 볼 수 있다. '싫어하다'와 '무서워하다'의 기타 응답으로 '담배를 피우는 것이 싫다.'와 '고양이가 무섭다.'와 같이 '이/가 상태동사'의 형태로 번역한 응답도 일부 있었다.

3.3.3. 도구의 부사격 조사와 결합하는 동사

'만나다'는 터키어에서 목적격 조사와 결합하지 않고 항상 '와/과(-la/le)와 결합한다. 이러한 모국어 간섭 현상으로 '을/를'(11.62%)보다 '와/과'(80.86%)의 응답이 현격하게 많다. 하지만 이에 대한 복수 응답(10.43%)이 매우 낮은 것을 보면 두 조사를 모두 사용할 수 있다는 것에 대한 학습자들의 확신이 부족한 것을 알 수 있다. 그러므로 두 조사가 모두 사용됨을 분명하게 가르칠 필요가 있다.

<표 16> 특수격 지배 동사에 대한 조사 사용 양상 3

동사	학습기간	을/를, 와/과 (복수 응답)	을/를	와/과	기타
만나다 (고르기)	4학년	5명(11.62%)	5명(11.62%)	33명(76.74%)	0명(0%)
	3학년	6명(17.64%)	0명(0%)	26명(76.47%)	2명(5.88%)
	2학년	1명(2.63%)	0명(0%)	34명(89.47%)	3명(7.89%)
	총	12명(10.43%)	5명(4.34%)	93명(80.86%)	5명(4.34%)

4 터키인 한국어 학습자를 위한 조사 '을/를'의 교수 학습 방안

터키인 학습자들에게 조사 '을/를'은 초급 단계에서 배운 손쉬운 문법 중 하나이지만, 첫째, 모국어와의 차이로 인해, 둘째, 조사 '을/를'만이 가지고 있는 특별한 용법 때문에 실제로는 어려운 문법 항목 중 하나이기도 하다. 이를 해결하기 위한 터키인 한국어 학습자를 위한 방안 제시로 교수 학습 모형과 단계별 학습 내용을 제시하면 다음과 같다.

4.1. 한국어 조사 '을/를'의 교수 학습 절차 모형

터키인 학습자를 대상으로 한 한국어 조사 '을/를'의 수업에서 가장 중요한 목표는 모국어와 한국어와의 형태 차이로 인한 오류 인지, 스스로의 문법 규칙 발견, 교사를 통한 명확한 학습, 정확한 조사 사용 등이 될 것이다. 이에 조사 '을/를'의 구체적인 교수 모형은 PPP와 TTT의 장단점을 유동적으로 사용하는 Harmer(1998)의 ESA가 적절하다. 정선주(2009:207-210)는 ESA 교수 절차 모형의 각 단계가 유동적이어서, 수업 현장의 학습 목표와 학습자들에 의해 각 단계를 변형할 수 있다고 했다. 이에 본고는 기본적인 ESA 교수 모형을 조금 수정하여 PSA에 따른 단계별 교수 학습 모형 즉, Presentation(제시)-Study(학습)-Activate(활동) 과정을 제시하고자 한다. 조사 '을/를'에 대한 터키인 학습자들의 모국어 간섭 오류가 많으며 '을/를'의 다양한 용법 또한 명확하게 학습해야 하므로, 목표 문법의 예문 제시를 통한 도입 활동은 반드시 필요하기 때문이다. Presentation(제시) 절차를 부각하여 적용한 PSA 교수 모형은 <표 17>과 같다.

<표 17> 터키인 학습자를 위한 PSA 교수 학습 모형 절차

<table>
<tr><th colspan="2">단계</th><th>교수-학습 절차</th></tr>
<tr><td colspan="2">제시(Presentation)</td><td>교사가 목적격 조사 '을/를'에 대해 반드시 알아야 할 문법 내용을 예문을 통해 제시하는 단계로 학습자가 학습 목표에 흥미를 가질 수 있도록 하는 도입 단계임.</td></tr>
<tr><td rowspan="2">학습
(Study)</td><td>유도
(Elicit)
및
설명</td><td>교사의 설명 위주의 일방적인 교수 학습이 아니라 학습자들이 스스로 규칙을 마련하여 교수 학습하는 단계임. 단계별 주제 학습 내용을 교사가 명시적인 학습을 함.
(1) 초급 단계: ①동작이 미친 직접적 대상, ②터키어의 특수격 지배 동사 + '을/를', ③동족 목적어가 행위의 목적어일 경우, ④'가다', '오다' + 행동의 목적이 되는 일
(2) 중급 단계: ①어떤 재료나 수단이 되는 사물, ②'을/를 - 로/으로', 어떤 행위의 기준이 되는 대상, ③동작 대상의 수량이나 동작의 순서, ④일부 부사 및 부사형 어미 '-아, -게, -지, -고'와 결합하여 강조, ⑤'말하기를', '이르기를' 등의 인용
(3) 고급 단계: ①장소를 나타내는 명사에 붙어 '가다, 오다, 다니다, 떠나다' 등의 이동하는 출발지, 도착지, 경유지, 움직임이 진행되는 경우, ②행동의 간접적인 목적물이나 대상의 경우.</td></tr>
<tr><td>연습</td><td>알맞은 문형 고르기, 틀린 곳 고치기, 문장 만들기 등의 학습 활동을 함. 목표 문법 항목을 반복하고 문장이나 대화들을 연습하는 단계임.</td></tr>
<tr><td colspan="2">활동(Activate)</td><td>오류에서 나타난 문제점을 중심으로 학습자들이 자유롭게 활동하고 적용할 수 있도록 수정 및 보완하고 이해와 실제의 활동으로 사용능력을 향상시킴.</td></tr>
</table>

PSA 교수 학습 절차를 통해 학습자는 첫째, 모국어 간섭 및 학습 부재로 인한 오류를 인지하고 스스로 규칙을 발견할 수 있을 것이며, 둘째, 오류에 대한 교사의 명시적이고 체계적인 설명을 통해 언어 지식을 확인하고 보완할 수 있을 것이다.

4.2. 한국어 조사 '을/를'의 단계별 학습 내용

일반적으로 한국어 교재에는 '동작이 미친 직접적 대상'의 기본적 의미만이 명시적으로 제시되어 있다. 그래서 그 외의 기능들은 수업 시간에 나온 지문을 통하여 전적으로 교사의 재량과 학생의 독해력에 의해 학습된다. 하지만 그보다도 명시적인 용법의 한 형태로 제시 및 연습이 전 학습 기간에 걸쳐 단계적으로 진행되어야 한다. 그렇지 않으면 고급 학습자가 되어서도 정확한 이해와 표현을 할 수 없을 것이다. 이에 조사 '을/를'의 12가지 기능 및 특수격의 지배를 받는 동사에 대한 학습 내용을 아래와 같이 단계적으로 구성하였으며, 3장의 사용 양상 분석을 통해 발견된 학습자들의 잦은 오류들을 참고하여 연습 예시를 일부 제시하였다.

4.2.1. 초급 단계

초급에서는 조사 '을/를'의 기본 용법, 즉 직접적 대상의 의미를 먼저 가르친다. 또한 터키어의 특수격 지배를 받는 동사를 목록화하여 모국어와는 다른 목적격을 사용해야 함을 명시적으로 가르친다. 사용 양상 분석에서도 학습기간이 길어질수록 그 오류가 감소하기는 하지만, 오류가 지속적으로 발생한 것을 볼 수 있었다. 특히 '보다', '돕다', '닮다'와 같은 동사들은 매우 기초적인 동사로서, 조사 '에'와 결합 시 명백한 오류가 된다. 하지만 그 정답률이 저조한 것을 확인할 수 있었다. 이와 같은 오류를 사전에 방지하기 위해 학습 초기부터 특수격 지배 동사 사용 시, 모국어와의 차이를 인식시키고, '-를 보다'와 같이 하나의 덩어리(chunk)로 가르치는 것이 중요하다. 또한 동족 목적어 '을/를' 용법은 초급 단계에서 주로 나오는 비교적 쉬운 문형으로 앞선 사용 양상 분석에서도 정답률이 꽤 높았다. 본고에서는 이를 초급 단계에서 가르치기로 한다. 또한 활용도가 높고 학습이 쉬운 '여행을 가다', '목욕을 가다' 등 행동의 목적이 되는 용법을 가르친다.

<표 18> 조사 '을/를'의 초급 단계 학습 내용 및 연습 예시

학습 내용
◎ 동작이 미친 직접적 대상 예) 언니는 지금 책을 읽고 있다.
◎ '을/를' + 터키어의 특수격 지배 동사 에(a/e/ya/ye) + 보다, 가다, 믿다, 닮다, 타다, 돕다, 입학하다, 공격하다, 시작하다 에서, (으)로부터(dan/den/tan/ten) + 좋아하다, 싫어하다, 무서워하다 와/과(-la/le) + 만나다
◎ 동족 목적어가 행위의 목적어가 됨 예) 나는 춤을 잘 춘다.
◎ '가다', '오다' + 행동의 목적이 되는 일 예) 여행을 가다.
연습 예시
1. 다음 문장을 읽고 빈칸에 알맞은 조사를 쓰십시오. 1) 우리 집 식구들은 밤에도 커피( ) 잘 마신다. 2) 부모님은 지난주( ) 터키( ) 여행( ) 가셨습니다. 3) 외국인들이 우리 학교( ) 구경( ) 왔다. 4) 옆집 아기가 밤( ) 잠( ) 잘 잔다. 5) 나는 등산( ) 자주 갑니다. 2. 틀린 곳을 바르게 고치십시오. 1) 한국 가수들은 춤 잘한다. 2) 동생은 개에서 무서워한다. 3) 친구에게 도와주고 싶었는데, 급한 일이 생겼다. 4) 그녀는 모든 사람들의 말에 잘 믿는 편이다. 5) 선생님은 조용히 창문 밖에 바라보았다.

4.2.2. 중급 단계

중급 단계에서는 주로 터키어에 없는 용법이거나 한국어와 형태상 차이점을 가지는 '을/를'의 용법을 학습한다. 앞서 사용 양상 분석에서 살펴보았듯이 터키어와 형태상 차이를 가지는 용법 중, '말하기를', '이르기를'과 같은 용법은 정답률이 7%가 안 될 정도로, 학습자들이 어려워했다. 또한 터키어에 부재한 용법 들 중 부사형 어미와 결합하여 강조하는 문법 역시, 정답률이 7%가 안 되었다. 이처럼 모국어에 없거나 모국어와의 표현 차이를 보이는 용법들은 학습이 용이하지 않으므로 중급 단계에서 용법의 의미와 형태를 반드시 명시적으로 제시하고 가르칠 필요가 있다.

<표 19> 조사 '을/를'의 중급 단계 학습 내용 및 연습 예시

학습 내용
◎ 어떤 재료나 수단이 되는 사물 예) 이 푸른 천을 치마로 만들자.
◎ '을/를 - 로/으로', 어떤 행위의 기준이 되는 대상 예) 이곳을 기점으로 합시다.
◎ 동작 대상의 수량이나 동작의 순서 예) 미진이는 터키에서 2년을 살았다.
◎ 일부 부사 및 부사형어미 '-아, -게, -지, -고'와의 결합하여 강조 예) 동생은 어릴 때부터 노래를 잘 부르지를 못해요. 이 차가 멀리를 못 가 봤어요.
◎ '말하기를', '이르기를' 등의 인용 예) 동네 사람들이 말하기를, "그 집에 사람이 살지 않는다."라고 했다.

연습 예시
* 다음 글을 읽고, 조사 '을/를'과 관련해 어떠한 오류가 있었는지 찾아보고 짝과 이야기해 보십시오. 나는 어제 김영희 디자이너에 대한 TV프로그램을 보았다. 한국 사람들이 말하기, '김영희 씨는 한국의 최고의 디자이너이다.'라고 한다. 나도 그 말에 동의한다. 김영희 씨는 모든 물건들이 작품의 재료로 만들어 버린다. 심지어 작년에는 휴지로 웨딩드레스를 만들어 화제가 되었다. 별것 아닌 휴지가 치마로 만들어서 아름다운 작품을 탄생시킨 것이다. 김영희 디자이너는 하루에 커피 열 잔 마셔가며 하루에 5시간밖에 안 잔다고 한다. 그만큼 작품 활동에 매진하고 있는 것이다. 그녀는 이 같은 노력이 아니었다면 이 정도로 옷을 잘 만들지가 못했을 것이라고 말한다. 나도 앞으로 내 일에 매순간 최선을 다해야겠다. 오늘 이 시간이 기점으로 나는 달라질 것이다.

4.2.3. 고급 단계

고급 단계에서는 조사 '을/를'이 이미 초급 단계에서 배운 부사격 조사와 동일한 기능을 수행함과 복수 사용도 가능함을 주지시킨다. 앞선 사용양상분석에서는 학습자들이 위와 같은 사실을 잘 인지하지 못하고 있어 오류율이 높다는 것을 확인할 수 있었다. 또한 학습자들이 정확한 의미적 사용 환경에 대한 지식 없이 '장소+에' 혹은 '장소+에서'와 같은 단편적인 문형만을 암기하여 사용하는 버릇이 있다는 것을 알 수 있었다. 이에 다시 한 번 의미에 따른 사용 환경의 이해 여부를 먼저 확인하는 것이 중요하다. 또한 일부 조사 '을/를'은 부사격 조사와 화용적으로 미세한 의미 차이가 있을 수 있음을 가르친다.

<표 20> 조사 '을/를'의 고급 단계 학습 내용 및 연습 예시

<table>
<tr><th colspan="2">학습 내용</th></tr>
<tr><td rowspan="3">◎ 장소를 나타내는 명사에 붙어 '가다, 오다, 다니다, 떠나다' 등의 이동하는 출발지, 도착지, 경유지, 움직임이 진행되는 경우</td><td>① 동작이 이루어지는 장소 ※ '에서'와 복수 사용 가능
예) 한 시간 동안 공원을 걸었다.</td></tr>
<tr><td>② 일정한 목적을 가지고 이동하고자 하는 곳 ※ '에'와 복수 사용 가능
예) 어머니는 시장을 가셨어요.</td></tr>
<tr><td>③ 출발점 ※ '에서'와 복수 사용 가능
예) 조금 전에 기차역을 떠났다.</td></tr>
<tr><td colspan="2">◎ 행동의 간접적인 목적물이나 대상이 되는 경우 ※ '에게'와 복수 사용 가능
예) 이 가방은 동생을 주어라.</td></tr>
<tr><th colspan="2">연습 예시</th></tr>
<tr><td colspan="2">* 빈칸에 들어갈 알맞은 조사들을 모두 찾아보고, 짝과 다음 대화를 연습해 보십시오.

(1) 가: 이 돈을 누구를 줄까요?
나: 이 돈은 동생(　) 주어라.

(2) 가: 어제 뭐 했어요?
나: 하루 종일 명동(　) 돌아다녔다.

(3) 가: 김 선생님, 지금 어디에 계세요?
나: 저는 좀 전에 학교(　) 출발했어요.

(4) 가: 요즘도 헬스장에 다니세요?
나: 네, 건강을 위해 매일 헬스장(　) 다녀요.

(5) 가: 이 사진을 누구에게 보여줄까요?
나: 저(　) 보여주세요.</td></tr>
</table>

5 결론

터키어와 한국어는 모두 알타이 제어로, 조사와 어미의 첨가로 인해 문장이 구성된다는 공통점이 있다. 앞서 살펴보았던 것과 같이, 두 언어의 조사 종류도 유사하여 일대일 대응이 되기도 하나 차이점도 상당하다. 특히 목적격 조사의 차이점으로 인해, 고급 학습자가 되어서도 이와 관련한 오류를 많이 생성해 낸다. 본 연구는 한국어와 터키어의 대조 분석과 설문조사를 통해 조사 '을/를'의 사용 양상을 분석하고 교육 방안을 제언하는 데 그 목적이 있다.

터키인 학습자의 조사 '을/를'의 사용 양상 분석을 위해 먼저 대조분석을 하였다. 한국어 조사 '을/를'의 12가지 용법에 따른 의미 대응 관계 분석을 하였고, 이를 통해 터키어에는 없는 용법들을 발견하였다. 또한 한국어와 다른 격조사와 결합하는 터키어의 특수격 지배 동사에 대해서도 대조 분석을 실시하였다. 이후, 터키인 학습자의 조사 '을/를'의 사용 양상을 분석하였는데 대조분석 시 예측했던 것처럼, 오류 발생에 있어 모국어 간섭 현상이 두드러진다는 것을 확인하였다. 또한 조사 '을/를'의 다양한 용법에 대한 무지로도 오류가 발생함이 밝혀졌다.

이러한 오류를 방지하기 위해서는 조사 '을/를'의 다양한 용법을 전 학습 단계에 따라 교육해야 한다. 본고에서는 단계별 학습 내용을 설정하고, 적절한 교수 모형 절차를 제안해 보았다. 아직 본고가 제안한 단계별 학습 내용과 선택한 교수 모형에 대한 검증이 필요하지만, 이를 통해 터키인 학습자들이 조사 '을/를'을 더욱 정확하게 이해하고 사용할 수 있을 것으로 기대한다.

참고문헌

국립국어원(2005), <외국인을 위한 한국어 문법 2>, 서울 : 커뮤니케이션북스. Kungnipkugŏwŏn(2005), *Woegugin-ŭl wuihan hangugŏ munpŏp (Korean grammar for foreigners 2)*, Seoul : Communicationbooks.

괵셀 투르쾨쥬(2004), 한국어 쓰기 교육 내용 구성 연구 : 터키인 학습자를 대상으로, 서울대학교 박사학위논문. Türközü, G. (2004), A study on contents formation for Korean writing education : Aimed at Turkish students, Doctoral Dissertation, Seoul National University.

김성주(2002), 터키어 화자들의 한국어 학습 시 발생하는 오류에 대한 분석, <사회언어학>(한국사회언어학회), 10, 25-56. Kim, S. J. (2002), An Analysis on the Errors of Turkish Speanker in Korean Education, *The Sociolinguistic Journal of Korea* 10, 25-56.

벌러르(2015), 몽골인 한국어 학습자의 격조사 '을/를'에 대한 오류 분석 및 교육 방안 연구, <새국어교육>(한국국어교육학회), 제102호, 273-304. Erden, B. (2015), Error Analysis and Teaching Method of Case Markers 'eul/leul' for Mongolian Learners of Korean, *New Korean Education* 102, 273-304.

정선주(2009), ESA 교수 절차 모형을 활용한 한국어 교육 방안 연구, <언어와 문화>(한국언어문화교육학회) 5, 197-218. Jung, S. J. (2009), A Study on Korean Language Education

Applying an ESA Teaching Procedure Model, *The Language and Culture* 5, 197-218.

조은숙 · Ozlem GOKE(2015), 한국어의 조사와 어미에 대응하는 터키어의 첨가어(Affix), <언어사실과 관점>(연세대학교 언어정보연구원) 35, 127-155. Cho, E. S. & GOKCE, O. (2015), A Contrastive Analysis of Postpositional Particle and Ending Suffix in Korean and Their Corresponding Cekim Eki in Turkish, *Language Facts and Perspectives* 35, 127-155.

코올뤼라지예(2013), 한국어와 터키어의 격과 격조사 비교 연구, 영남대학교 석사학위논문. Koylu. R. (2013), A Comparative Study on the Case Markers between Korean and Turkish languages, Master's thesis, Yeungnam University.

한정한(2014), 국어의 목적어를 어떻게 정의해야 하는가? -유형론의 관점, 서술어의 타동성에 의한 목적어 정의, <한국어학>(한국어학회) 68, 271-305. Han, J. H. (2014), How can we define Korean object: a typological perspective, focusing on transitivity of predicates, *Korean Linguistics* 68, 271-305.

Harmer, J.(1998), *How to teach English*, England : Longman.

제 3 장

학습자 모어 특성에 따른 한국어 문법 교육

1. 중국인 학습자를 위한 의문문 의사소통기능 실현요소와 교수 · 학습 방안
2. 태국인 한국어 학습자를 위한 어휘 교육
3. 베트남인 학습자를 위한 한국어 재귀표현 교육

1. 중국인 학습자를 위한 의문문 의사소통기능 실현요소와 교수 · 학습 방안

왕정 | 중국 청도농업대학교 한국어과 교수

1 서론

지금까지 논의된 의문문 교육 연구는 주로 의문형 종결어미와 의문사에 초점을 두고 진행해 왔다. 의문형 종결어미와 의문사는 의문문을 이루는 중요한 요소이지만 이 두 요소에 대한 이해만으로는 올바른 의문문을 생성할 수 없다. 모국어 화자는 여러 문장 구성 요소를 마음대로 구성해서 문장을 만들고 발화할 수 있지만 외국인 학습자에게 여러 요소를 구성해서 적절하게 의도를 표출하는 것은 쉽지 않다. 따라서 외국어 교육 현장에서 의문문 교육이 제대로 이루어지려면 의문문의 다양한 의사소통 기능을 이루는 요소를 적극적으로 개입시켜 의문문의 교육 내용을 구체화 시키는 것이 훨씬 효율적이다. 즉 학습자에게 의문문의 다양한 의사소통 기능을 능숙하게 사용하게 하려면 그 기능을 실현하는 데 여러 가지 문법 요소가 작용한다는 것을 제시할 필요가 있다. 이러한 제시를 통해서 학습자들은 의문문의 다양한 기능을 활용할 수 있게 되고, 의문문의 기능을 파악할 때 화맥과 더불어 문법 요소도 큰 역할을 한다는 것을 깨닫게 되며, 학습과정에서 의식적으로 관련된 지식을 각별히 유의하면서 의문문의 화용 능력을 향상시킬 수 있게 될 것이다. 이에 본고에서는 의문문 의사소통 기능을 실현하는 문법 요소를 중심으로 한·중 의문문의 대조 연구를 통해 지도 방안을 제안하고자 한다.

2 의문문 교육에서의 의사소통 기능

외국어 교육의 근본적인 목표는 주어진 상황에 맞게 적절한 발화를 하는 능력을 함양시키는 것인데, 이러한 능력을 의사소통 능력이라고 한다. 사회 언어학자 하임즈(Dell Hymes)는 촘스키(Chomsky)가 주장한 언어 능력이 너무나 제한적인 개념[1)]이어서 이를 보완하는 차원에서 의사소통 능력(communicative competence:CC)이란 용어를 처음 만들었다. 하임즈(Hymes)는 인간이 특정 상황에서 메시지를 전달하고 해석하며 인간 상호간에 의미를 타협하게 해 주는 능력을 의사소통 능력이라고 하였다.

1) 하임즈(Hymes)에 따르면, 촘스키(Chomsky)가 주장한 '규칙 제어 창의성(rule-governed creativity)'은 유아가 3~4세일 때 급격하게 발달하는 문법 현상을 설명하기에는 적절할지 몰라도 언어의 사회·기능적 규칙을 설명하기에는 불충분하다.(Brown 2010:233 재인용).

이 용어는 언어 기능을 더 정교화 시키는 것으로 언어 기능은 순수한 언어의 기능만 가리키는 것이 아니라 의사소통 기능도 포함되는 것이다. 즉 인간의 언어는 언어능력과 의사소통 능력 두 가지로 구분된다. 언어능력은 정확한 발음, 억양, 단어로 문장을 만드는 능력이고, 의사소통능력은 의사소통의 목적, 화맥, 신분, 대상 등의 적절한 발화를 통해 이루어지는 능력이다. 언어 능력과 의사소통 능력은 서로 상호 보완적으로 언어 기능을 수행하게 된다. 외국어 교육에서는 의사소통 능력과 언어 능력을 병행해야 한다.

2.1. 의사소통 기능의 개념과 실현 요소

의사소통 기능(communicative functional)은 언어학에서 다른 말로 기능(functional)이라고도 한다. 언어학에서 보통 의사소통 기능이란 화자가 언어를 통하여 청자에게 전달하려고 하는 자신의 의도, 또는 목적에 따른 언어 행위를 말한다. Brown(2010:236)에서 의사소통 기능이란 언어를 사용해 달성하려는 목적을 의미하는데, 예를 들면 진술하기, 요청하기, 응답하기, 인사하기 등이 이에 해당한다. 기능문법의 관점에서 볼 때, 언어란 인간의 의사소통 체계이므로 의사소통에서 언어의 역할은 다양한 언어 기능을 수행하는 것이다. 앞에서 언급했듯이 의사소통 기능은 언어를 사용해 달성하려는 목적을 의미하는데 인간은 달성하려는 목적의 다양성 때문에 학자들의 의사소통 기능에 대한 분류도 다양하게 나타난다. 본고에서는 의사소통 기능은 화자의 발화 의도, 즉 언어를 사용해서 달성하려는 목적으로 정의하고 의문문의 의사소통 기능을 연구하겠다.

발화의 목적이나 의도, 즉 의사소통 기능이 실현되려면 여러 가지

요소로부터 영향을 받는다. 기능 실현에 영향을 끼치는 요소를 크게 언어 내적 요소와 언어 외적 요소로 나눌 수 있다. 언어 내적 요소는 언어 체계 자체와 관련된 요소이고 언어 외적 요소는 언어 체계와 무관한 요소이다. 언어 내적 요소는 주로 음운적 요소, 형태적 요소, 통사적 요소가 포함된다. 인간은 언어를 사용해서 의도를 이루는 경우가 많기 때문에 사람들은 흔히 언어의 기능 실현 요소를 언어내적 요소와 동일시한다. 현재의 외국어 교육 현장에서는 이와 같이 언어 내적 요소에 초점을 맞춰서 교육하는 경우가 대부분이다. 언어 외적 요소는 크게 주관적 요소와 객관적인 요소로 나눌 수 있다. 주관적인 요소는 사람의 견해나 관점을 기초로 하여 형성된 것을 나타내는 것으로 주로 발화자의 태도와 감정, 그리고 청자의 이해와 같이 두 부분으로 나누며, 이에 따라 발화 의미가 크게 달라질 수 있다. 객관적인 요소는 문화적 배경, 시대적 배경, 사회적 배경 같은 추상적인 요소와 구체적인 문장 맥락을 나타내는 문맥 요소가 포함된다. 같은 발화라도 문화적 배경, 시대적 배경, 사회적 배경 에 따라 의미가 달라진다. 외국인 학습자들은 이 같은 언어 내적 요소와 언어 외적 요소를 정확하게 파악하고 적절하게 활용해야만 자기의 의도를 표출해서 의사소통의 목적을 실현할 수 있다. 언어의 의사소통 기능을 실현하는 요소를 아래 <그림 1>로 정리할 수 있다.

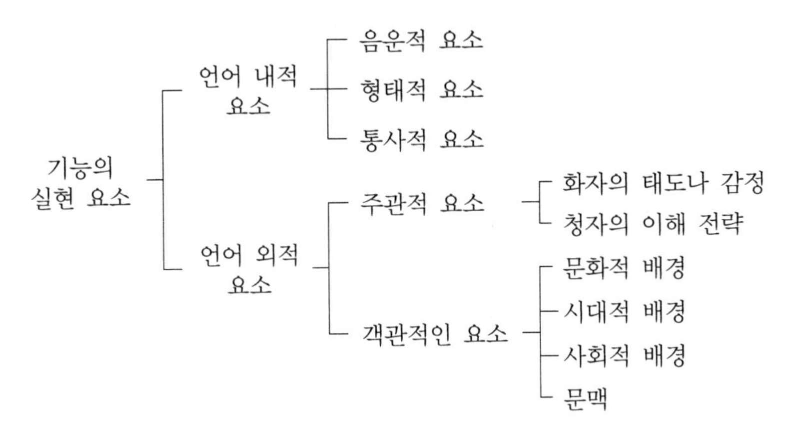

<그림 1> 언어 기능의 실현 요소

2.2. 의문문의 의사소통 기능의 실현 요소

의문문은 말 그대로 의문 기능을 수행하는 문장 유형이다. 그러나 사실은 한국어 의문문은 의문 기능 이외에 다양한 비의문 기능도 수행하고 있으며, 한국인의 언어생활에서 광범위하게 사용되고 있다.

유헬: 네가 이럴까봐 내가 미국에서 충분히 경고한 것 같은데 왜 말귀를 못 알아 처먹어?(1)
은상: 용건 끝났어?(2) 그럼 내 용건 좀 하자. 움직이지 마.
(유헬이 교복에 달고 있는 명찰을 뺐다.)
유헬: (놀라서) 너 지금 뭐 한 거야?(3) 미쳤어?(4)
은상: 비행기 안에서 기억 안 나?(5)
너는 내 이름, 주소, 전화번호 다 가져갔지만 난 네 이름만 가져갈게. 찾고 싶으면 연락해. 내 전화번호 알 거 아니야?(6)
유헬: 야! 거기 안 서?(7)

위의 대화는 드라마 『상속자』에서 여주인공 은상과 유헬이라는 여학생 간의 대화문이다. 짧은 대화에서 의문문은 7번이나 나타나고 단순히 질문 기능에만 국한되지 않고 여러 가지 의사소통 기능을 수행하면서 화자의 다양한 의도를 드러낸다. 이 7개 의문문이 내포한 화자의 의도를 살펴보면 다음과 같다. (1)번 의문문은 상대방에게 이유를 따져 묻는 것처럼 들리지만 실은 화자의 분한 감정을 표출하고 상대방을 꾸짖는 발화이다. (2)번 의문문은 상대방에게 용건이 끝났느냐고 묻는 것처럼 들리지만 실은 상대방의 대답을 요구하는 것이 아니고 후행 발화를 위한 복선이다. (3)과 (4)번 의문문은 화자의 놀랍고 믿어지지 않는 감정을 강조하여 의문문으로 표출한 것이다. (5)번은 형식이 의문문이지만 상대방에게 질문하는 것이 아니고 앞의 (3)번 질문에 대한 대답으로 볼 수 있다. 즉, 상대방에게 비행기 안에 일어났던 일을 기억하냐고 묻는 것이 아니고 반대로 비행기 안에서 벌어진 일 때문에 청자에게 지금의 행동을 하는 것이라고 행동한 원인을 밝히는 것이다. 이는 화자가 청자로부터 정보를 얻으려고 하는 것이 아니고 오히려 청자에게 정보를 제공하는 상황이다. (5)번과 비슷하게 (6)번 의문문도 청자로부터 정보를 얻으려고 하는 발화가 아니고 '내 전화번호가 있으니까 찾고 싶으면 연락해라'는 화자의 주장을 나타낸다. (7)번 역시 의문문의 형식을 빌렸지만 거기 서라는 명령의 의미가 내포되어 있다.

의문문이란 화자가 모르거나 확인하지 못한 정보에 대하여 정보를 얻으려고 청자에게 제보를 요구하는 것이다. 화자의 발화 의도는 일반적으로 상대방에게서 정보를 얻으려고 하기 때문에 대화에서 질문과 대답이 항상 쌍으로 나타난다. 그러나 위의 대화에서는 의문문에 대한 대답은 한 번으로 그것도 의문문 형태로 나타난다. 이러한 경우에 화자의 발화 의도는 청자에게서 정보를 얻으려고 하는 것이 아니라 자기의 감정을 표출한다든가, 주장을 강하게 세우든가, 상대방에게 지시하는 것이다. 위의 대화문에서 화자와 청자는 모두 화자의 발화 의도를 잘 파악하였으므로 의사소통에 지장이 없었다고 볼 수 있다.

그러나 대화문에서 제시한 의문문의 의사소통 기능은 빙산의 일각일 뿐 실생활에서 의문문의 의사소통 기능은 훨씬 더 다양하고 복잡하다. 의문문에 대해 상당한 문법 지식을 가지는 중·고급 학습자들은 문법적으로 완벽한 의문문을 만들 수 있지만 커뮤니케이션에서 적절하게 사용하지 못하거나 상대방의 질문 의도를 정확하게 파악하지 못하는 경우가 흔히 나타난다. 본고는 이것을 학습자들이 의문문의 의사소통 기능에 대해 인식이 부족한 탓으로 본다.

(1) 빨리 일어나지 못해?
(2) 논문을 좀 봐 주시겠어요?

예문 (1), (2)는 모두 의문문이지만 화자의 발화 의도는 상대방에게서 정보를 얻으려고 하는 것이 아니라 예문 (1)의 목적은 상대방에게 빨리 일어나라는 명령을 강조하여 표출하는 데 있고 예문 (2)의 목적은 상대방에게 논문을 좀 봐달라고 완곡하게 부탁하는 데 있다. 이 같은 명령이나 부탁 기능은 의문문을 이루는 어떤 한 요소만으로 실현되는 것이 아니고 여러 요소가 통합된 의문문이라는 통일체로 실현되는 것이다. 구체적으로 설명하면 예문 (1)은 부사 '빨리', 부정 표현 '-지 못하다'와 의문형 종결어미 '-아/어/여-'의 통합으로 이루어지고, 예문 (2)는 부사 '좀', 구문 표현 '-아/어 주다', 선어말어미 '-겠-', 의문형 종결어미 '-아/어/여요'의 통합으로 이루어졌다.

앞에서 언어 기능을 실현하는 요소는 언어 내적 요소와 언어 외적 요소 등 다양한 요소로 실현된다는 것을 제시했다. 본 논문은 주로 언어 내적 요소에서 문법과 관련된 형태적 요소, 통사적 요소를 중심으로 의문문의 다양한 기능이 실현되는 문법적 요소를 살펴볼 것이다. 즉, 의문문의 다양한 기능이 대화에서 실현되기 위하여 어떠한 문법적 요소로 사용되는가를 연구하고자 한다. 국어학에서 의문문 기능에 대한 연구는 많지만 기능이 이루어지는 문법적 요소에 관한 연구는 주로 의문형 종결어미와 의문사만 기술하고 다른 요소를 언급한 연구는 별로 없었다. 그러나 사실은 의문문의 다양한 기능은 여러 문법적 요소들이 조화를 이룬 결과이다. 형태적 차원으로 보면 의문문의 다양한 기능을 실현하는데 의문형 종결 어미, 의문사 이외에 선어말어미 '-겠-', 부사 등 문법적 요소도 중요한 역할을 한다. 통사적 차원으로 보면 부정사로 이루어진 부정 표현과 여러 요소를 통합한 구문 표현도 중요한 역할을 한다. 형태적 차원과 통사적 차원에서 의문문의 다양한 기능을 실현하는 문법적 요소는 아래 <표 1>에서 제시한 여섯 가지가 있다.

〈표 1〉 의문문의 기능을 실현하는 문법적 요소

<table>
<tr><td rowspan="4">형태적 요소</td><td rowspan="2">변화사</td><td>의문형 종결 어미</td></tr>
<tr><td>선어말어미 '-겠-'</td></tr>
<tr><td rowspan="2">불변화사</td><td>의문사</td></tr>
<tr><td>부사</td></tr>
<tr><td rowspan="2">통사적 요소</td><td rowspan="2"></td><td>부정 표현</td></tr>
<tr><td>구문 표현</td></tr>
</table>

국어학에서 의문형 어미는 경어법의 등급에 따라 체계를 세우는 작업이 많았다. 그러나 실제 의사소통에서는 의문문의 종결형태가 훨씬 복잡하고 다양하다. 국어학에서 '-아요/어요', '-지요'같은 종결 형태는

종결어미 '-아/-어', '-지'와 높임을 나타내는 조사 '요'가 합쳐진 형태로 연구되어 왔다. 국어문법의 관점에서는 이런 형태들은 종결어미라고 할 수 없지만 한국어 수업 현장에서는 의문문에 대한 교수·학습의 능률을 고려하여 이들을 분리해서 분석하지 않고 '-ㅂ니까/습니까'와 같이 단일한 형태인 것처럼 가르치는 것이 보통이다. 따라서 본고에서는 이들도 의문형 종결어미의 범위 내에 포함하여 의문형 종결어미라고 기술하겠다. 본 연구에서는 먼저 드라마 구어 대화 자료인 7,500개의 문장 중에서 1,365개의 의문문을 대상으로 조사·분석하여 사용 빈도가 높은 16개의 의문형 종결어미를 추출한 후 <표 2>와 같이 정리했다.

<표 2> 의문문 종결어미의 실현 빈도

서열	종결어미/ 종결표현	실현빈도
1	-아/어/여(요)	35%
2	-(이)야	13%
3	-지(요)/죠	10.6%
4	-냐	8.4%
5	-ㅂ니까/습니까	5.6%
6	-ㄹ까(요)	4.2%
7	ㄴ/는데(요)	4.2%
8	-세요	3.7%
9	-다고/라고/냐고/자고(요)	2.6%
10	-ㄴ가(요)	1.96
11	-ㄹ래(요)	1.86%
12	-니	1.58%
13	-나(요)	1.58%
14	(이)예요	1.2%
15	-다면서/라면서(요), -다며/라며	1.02%
16	-다니	0.74

조사의 객관성을 위하여 주제와 내용이 다른 각각의 드라마를 조사했으며[2] 이와 동시에 중국내 한국어 학과에서 사용 중인 정독 교재에서의 의문문 종결어미의 제시양상을 조사하여 <표 3>으로 정리했다.

<표 3> 교재에서 다루는 의문형 종결 표현

	연변대	북경대	산동대	서강대	경희대	연세대	서울대
이에요/예요	◉	◉	◉	◉	◉	◉	◉
-아/어/여요	◉	◉	◉	◉		◉	◉
-(으)ㄹ래요	◉	◉	◉	◉		◉	◉
-(으)ㄹ까요	◉	◉	◉	◉	◉	◉	◉
-지요	◉	◉	◉	◉	◉	◉	◉
-ㅂ니까/습니까	◉	◉	◉	◉	◉	◉	◉
-다면서요	◉	◉	◉	◉	◉	◉	◉
-다니요	◉				◉	◉	◉
-(으)ㄴ/던가요?		◉	◉		◉	◉	◉
-나요?		◉	◉		◉	◉	
-냐요?				◉			
-니?				◉		◉	◉
-이야?				◉		◉	
-다고요?				◉	◉		
-세요?						◉	
-다지요?					◉		
-데요							◉

드라마 구어 대화 자료의 조사결과와 통합교재에서 다룬 종결어미의 조사결과와 비교하여 사용 빈도가 높은 최종 10개 의문형 종결어미를 추출했다.

2) 진강려(2013)에서도 단편적 드라마를 대상으로 의문형 종결 표현에 대한 빈도 조사를 했는데 본고의 조사결과와 비교하면 종결 어미'-이(야)'가 제외되었다.

<표 4> 연구 대상의 의문형 종결어미

1	-아/어/여(요)	6	-다고/라고/냐고/자고(요)
2	-지(요)/죠	7	-ㄴ가(요)
3	-ㅂ니까/습니까	8	-ㄹ래(요)
4	-ㄹ까(요)	9	-다면서/라면서(요), -다며/라며
5	ㄴ/는데(요)	10	-다니

위의 10개 종결어미는 학습자가 이미 통합교재에서 형태적, 통사적 차원에서 높임법과 결합하여 배웠으므로 본고에서는 주로 화용적 차원에서 의사소통 기능에 초점을 맞춰서 연구할 것이다. 즉, 상황에 맞게 어떻게 의문문 종결어미를 선택하는지, 그리고 이 종결어미와 어울리는 문법 요소가 무엇인지에 초점을 둘 것이다. 나머지 문법적 요소는 주로 영역별 관련 논문 및 각 교육 기관의 교재를 참고하고 보충·정리할 것이다.

3 한·중 의문문 기능 실현 요소의 대조

외국어 교육에서의 대조 분석의 적용 절차를 바탕으로 대조 분석 절차를 제시하면 아래 <그림 2>와 같다.

단계		
단계1	모국어와 목표어의 특징에 대한 대조 분석	한·중 의문문의 기능이 실현하는 문법적 요소에 대한 대조 분석
단계2	예견된 난점에 의해 설문 조사 설계	예견된 난점에 의해 의문문 설문 조사 설계
단계3	설문조사에서 나온 오류에 대한 분석	설문조사에서 나온 오류에 대한 분석
단계4	연구 결과를 도출해서 교육에 적용	연구 결과를 도출해서 의문문 교육에 적용

<그림 2> 한·중 의문문 대조 분석의 적용 절차

첫 단계에서는 한국어와 중국어의 대조를 통해서 의문문의 기능이 실현되는 문법적 요소의 차이점을 밝히고 중국인 한국어 학습자의 학습 난점을 예측할 것이다. 그 다음에 예측된 난점에 의한 설문 조사를 작성하고 중국어 학습자와 모국어 화자의 한국어 의문문 사용 실태를 대조·분석할 것이다. 세 번째 단계에서는 설문 조사 결과에 의한 예견을 검증하고 잘못된 예견을 수정하고자 한다. 조사 결과에서 나온 중국어 전이로 인해 생긴 오류는 첫 단계의 한·중 대조 분석 결과와 결합하여 분석할 것이다. 마지막 단계는 연구 결과를 도출하여 한국어 의문문 교육에 적용한 후 의문문의 교육 내용을 정리할 것이다.

3.1. 한·중 의문문 기능 실현 요소의 대조

대조 분석의 전제는 분석 대상이 동질적인 성향을 가져야 한다는 것이다. 이는 한국어 의문문과 중국어 의문문을 대조·분석하기 전에 의문문이 속하는 문법 범주부터 살펴볼 필요가 있음을 시사한다. 한국어

의문문은 서법의 하나로 간주되며 평서문, 명령문, 청유문, 감탄문과 함께 한국어의 서법 체계에 포함된다. 서법이란 화자의 청자에 대한 생각이나 태도가 문장의 종결어미에 나타나는 것이다. 박덕유(2012:210)에서 의문문은 화자가 청자에게 질문하여 그 대답을 요구하는 문장 종결 양식으로, 단순한 서술에 머물지 않는다는 점에서 평서문이나 감탄문과 다르고, 어떤 행동을 요구하지 않는다는 점에서 명령문이나 청유문과 다르다고 했다. 위의 분석을 통해서 알 수 있듯이 한국어 의문문의 상위 범주인 서법과 중국어 의문문의 상위 범주인 어기는 모두 화자의 생각이나 태도를 나타낸다는 점에서 비교할 만한 과제이다.

중국어에서 의문문은 어기(語氣)범주로 다뤄져 왔다. 왕력(王力)(1985:161)에서는 사람들이 종종 객관적으로 일을 서술하지 못하는 경우가 많고 대부분 발화에 어느 정도의 감정이 들어 있다고 했다. 이러한 감정은 흔히 억양[3]으로 나타내지만 억양만으로 모든 감정을 드러낼 수 없으므로 중국어에서는 허사(虛詞)[4]로 억양을 도와 다양한 감정을 분명하게 나타나게 한다. 이처럼 언어로 각종 감정을 들어내는 방식을 어기(語氣)라고 한다. 형복의(邢福義)(1991)에서는 어기에 따라 중국어 문장을 진술(陳述), 감탄(感歎), 기사(祈使), 의문(疑問)과 같이 네 가지 유형으로 나눈다.

위의 분석을 통해서 알 수 있듯이 한국어 의문문의 상위 범주인 서법(敍法)과 중국어 의문문의 상위 범주인 어기(語氣)는 모두 화자의 생각이나 태도를 나타낸다는 점에서 비교할 만한 과제이다.

3) 중국어에서는 이를 어조(語調)라고 부르지만 한국어의 억양과 같은 뜻으로 쓰이기에 본고에서는 이해의 편의를 위해 억양이라는 용어를 사용하였다.
4) 중국어에서 실사(實詞)는 문법적 기능과 의미를 함께 가지고 있는 어휘를 가리키는 데 반해 허사(虛詞)는 독립된 의미를 가지지 못하고 문법적인 기능만을 가지는 어휘를 말한다.

1) 한국어 의문형 종결어미와 중국어 의문 어기사

중국어의 의문 어기사는 한국어 종결어미와 비슷하게 의문문을 이루는 대표적인 요소이다. 중국어 어기사와 한국어 의문형 종결어미는 같은 의사소통 기능을 수행하는 경우가 많다. 예를 들어 중국어 어기사 '呢, 吗'는 단순한 의문 기능을 수행한다는 점에서 한국어 의문형 종결어미 '-ㅂ/습니까', '-아/어/여요'와 유사하고 '吧'는 '呢, 吗'보다 의문의 정도가 떨어지고 추측을 나타내는 점에서 한국어 종결어미 '-지요'와 유사하다. 한국어 의문형 종결어미와 중국어 어기사는 모두 문장의 끝에서 질문 기능을 수행하지만 일대일의 대응관계는 성립하지 않는다.

(3) ㄱ. 아버지, 신문을 보고 계십니까? (爸，看报呢?)
ㄴ. 학교에 갑니까? (去学校吗?)

(4) ㄱ. 吃冷面吗? (냉면을 먹을래요?)
ㄴ. 外面冷吗? (밖에 추워요?)

위의 예문 (3)에서 한국어 예문은 모두 의문형 종결어미 '-ㅂ니까'로 끝나지만 중국어로 번역하면 서로 다른 '呢'와 '吗'로 번역해야 한다. 예문 (4)의 중국어 예문은 모두 의문 어기사 '吗'로 끝나지만 한국어로 번역하면 각각 '-(으)ㄹ래요'과 '-아/어/여요'로 번역된다. 중국어 어기사와 한국어 의문형 종결어미는 일대일의 대응관계는 아니지만 수행하는 의사소통 기능이 유사한 데가 많아서 한국어 학습에서 긍정적인 모국어 전이를 일으킨다. 구체적으로 설명하면, 중국어 어기사 '呢, 吗'는 단순한 의문 기능을 수행한다는 점에서 한국어 의문형 종결어미 '-ㅂ/습니까'와 '-아/어/여요'와 유사하며, '吧'는 '呢, 吗'보다 의문의 정도가 떨어지고 추측을 많이 나타나는 점에서 한국어 종결어미 '-지요'와 유사하다. 이로 인해 중국인 학습자들이 단순 의문 기능을 수행하는 의문형 종결어미 '-ㅂ/습니까', '-아/어/여요'와 추측, 확인기능을 수행하는 의문형 종결어미 '-지요'를 상대적으로 파악하기 쉬워한다.

한편 중국어 모국어로 인해 부정적인 전이를 일으키는 경우도 있다. 중국어 어기사 '呢, 吗'는 단순한 의문 기능 이외에 상대방의 의향을 물어볼 때도 많이 사용하게 된다. 중국어와 달리 한국어에서 청자의 의향을 물어볼 때는 일반 의문기능을 수행하는 종결어미 '-아/어/여요'나 '-ㅂ/습니까' 등을 사용하지 않고 '-(으)ㄹ래요', '-(으)ㄹ까요' 등의 종결표현을 많이 사용한다. 따라서 모국어 전이로 인해 중국인 학습자들이 상대방의 의향을 물어볼 때 '-(으)ㄹ래요', '-(으)ㄹ까요'보다 '-ㅂ/습니까'와 '-아/어/여요'류 종결어미를 더 많이 사용하고 '-(으)ㄹ래요', '-(으)ㄹ까요'를 적절하게 사용하는 데까지 학습 시간이 상대적으로 오래 소요된다.

(5) ㄱ. 吃冷面<u>吗</u>? (냉면을 먹<u>을래요</u>?)
ㄴ. 明天我们去哪儿<u>呢</u>? (내일 어디로 <u>갈까요</u>?)

위의 예문은 모두 상대방의 의향을 물어보는 의문문이지만 중국어는 문장 끝에 '呢, 吗'를 사용해서 표현하고, 한국어는 문장 끝에 '-(으)ㄹ래요', '-(으)ㄹ까요'를 주로 사용한다는 점에서 대별된다.

2) 한국어 의문사와 중국어 의문대사

의문사는 한국어와 중국어 의문문의 대표적인 구성 요소로 사용 빈도가 높다. 한국어의 의문사든지 중국어의 의문사든지 의문사의 기본적인 기능은 화자가 모르거나 알기를 원하는 정보를 대체하는 지시 기능을 갖는다. 후문옥(候文玉)(2012)은 아래 <표 5>, <표 6>과 같이 의문사의 지시 기능과 문법 기능으로 한국어와 중국어 의문사를 분류하였다.

<표 5> 의문사의 지시기능 분류

지시 기능	중국어 의문사	한국어 의문사
사람, 사물을 묻는 의문사	谁, 什么, 哪	누구, 무엇, 무슨, 어느
시간, 장소를 묻는 의문사	多会儿, 哪里, 哪儿	언제, 어디
수량을 묻는 의문사	几, 多少	몇, 얼마
상황, 방식, 방법, 원인을 묻는 의문사	怎样, 怎么样 怎么, 为什么	어떠하다, 어떤, 어떻게 어찌하다, 왜, 어찌

<표 6> 의문사의 문법기능 분류

문법 기능		한국어 의문사	중국어 의문사
체언적	의문대명사	누구, 무엇, 어디, 언제	谁, 什么, 哪里, 哪儿, 多少, 几, (哪)
	의문수사	몇, 얼마	
용언적	의문동사	어찌하다	怎样, 怎么样, (怎么)
	의문형용사	어떠하다	
수식적[5]	의문관형사	무슨, 어느, 어떤	多会儿, 为什么, 怎么, 几, 哪
	의문부사	어떻게, 왜, 어찌	

위의 표를 통해서 알 수 있듯이 한국어 의문사와 중국어 의문대사는 지시기능을 수행할 때 의미가 유사하며 서로 대응될 수 있다.

5) 체언적 의문사는 문장에서 주어, 목적어로 쓰는 의문사를 가리키고, 용언적 의문사는 술어나 보어로 쓰는 의문사를 가리키며 수식적 의문사는 부사어나 관형어로 쓰이는 의문사를 가리킨다.

3) 한국어 부정 표현과 중국어 부정 표현

의문과 부정 표현의 결합은 한국어와 중국어에서 모두 존재하는 언어 현상이다. 양 국어학계에서 이 문제에 대한 연구 성과는 주로 '부정의문문'의 영역에서 많이 이루어졌다. 한국어에서 부정 표현은 의문문이 이루어지는 형식적인 요소로 취급되지 않지만 '부정의문문'에 관한 다양한 연구에 의하면 부정 표현은 의문문의 다양한 기능을 수행하는 중요한 문법적 요소로 인정된다는 것을 알 수 있다. 한국어에서 부정 표현은 단독적으로 의문문을 이룰 수 없지만 의문문의 비의문 기능을 이루는데 완화장치나 강조장치로 많이 쓰인다. 한국어에서 부정 표현만으로는 의문문을 이루지 못하고 다른 문법적 요소와 같이 공기해야 의문문의 기능을 수행할 수 있기 때문이다. 이와 달리 중국어에서는 부정 표현과 다른 문법적 요소를 공기하여 의문문의 기능을 수행하는 경우도 있고, 부정 표현으로 이루어지는 통사구조만으로 의문문이 형성되어 기능을 수행하는 경우도 있다. 한국어에서 부정 표현은 의문문을 이루는 형식적인 요소로 잘 취급하지 않지만, 중국어에서 부정 표현은 의문문을 이루는 형식적인 요소로 취급한다. 특히 부정사 '不'과 '没(有)'로 이루어진 통사구조 'X不(X)', '술어+ 没(有)'는 의문문을 이루는 대표적인 통사구조로, 부정 표현은 중국어 의문문을 이루는 중요한 수단이 된다. 따라서 다른 요소 없이 부정 표현만으로 의문문을 이룰 수 있다. 그러나 교재에서 부정 표현과 의문문의 관계를 명시적으로 제시하지 않기 때문에 의문문에서의 부정 표현 사용에 오류가 발생할 가능성이 있다.

4) 한국어 선어말어미 '-겠-'과 중국어 양태동사

한국어 선어말어미 '-겠-'과 중국어의 양태동사는 모두 관용적인 양태 표현이고 의문문과 함께 공기하여 추측 기능과 의향 기능을 주로 수행한다. 중국어 양태동사는 주로 동사, 형용사 앞에 사용되지만 한국어 선어말어미 '-겠-'은 주로 동사 어간 뒤에 사용된다. '-겠-'은 중국어의 여러 양태동사와 대응할 수 있다. '-겠-'은 중국어의 여러 양태동사와 대응할 수 있으나 엄격한 일대일의 대응관계는 아니다.

(6) 전화번호를 좀 알려주시겠어요? (您能告诉我您的电话号码吗?)
(您可以告诉我您的电话号码吗?)
(您能不能告诉我您的电话号码吗?)

(7) 你可以把窗户关上吗? (창문을 좀 닫아 주실래요?)
(창문을 좀 닫아 주시겠어요?)

한국어 '-겠-'과 중국어 '要'는 대체로 추정과 의지를 나타낼 때 쓰인다. 위의 예문 (6)을 중국어로 번역할 때 선어말어미 '-겠-'이 적어도 '能', '可以', '能不能' 세 가지 형태로 번역될 수 있다. 이와 유사하게 예문 (7)을 한국어로 번역할 때 양태동사 '可以'는 종결어미 '-(으)ㄹ래요'나 선어말어미 '-겠-'과 대응되는 것이다. 위의 예문을 통해서 알 수 있듯이 한국어 선어말어미 '-겠-'과 중국어 양태동사의 대응관계는 복잡하고 일대다의 관계이다. 선어말어미 '-겠-'과 중국어의 양태동사는 모두 양태 표현이므로 서로 대응할 수 있는 경우가 많다.

중급 한국어 학습자들은 이미 어느 정도 언어 지식을 배웠으므로 명제를 표현하는 데 큰 지장이 없지만 화자의 미세한 심리적 태도를 적절하게 표현하는 데는 아직 부족함이 많다. 의문문을 통해서 화자의 '모름'과 청자에 대한 요구를 표현하는 단계에서 상황에 맞게 화자의 미세한 심리적 태도를 표현하는 단계로 이동하는 과제가 남았다.

5) 한국어 의문형 서법부사와 중국어 어기 부사

부사는 의문문을 이루는 형식적인 요소로 보지 않지만, 의문문의 비의문 기능을 확정해주는 표지라고 할 수 있다. 한국어와 중국어 의문문에서 이 같은 부사가 없어도 그 기능을 수행할 수 있지만 의문 부사를 공기하면 문장의 기능이 훨씬 더 뚜렷하게 실현된다. 아래 예문 (8), (9)은 어휘적으로 대응하는 경우다.

(8) 我这么大年纪了，(难道)还会说谎吗？
내가 이렇게 나이를 먹었는데 (설마) 거짓말 따위를 하겠습니까?
(9) 你到底给不给他打电话？
너 (도대체) 그에게 전화를 할거야 말거야?

이처럼 부사는 의문문을 이루는 형식적인 요소가 아니다. 비의문 기능을 확정해주는 표지라고 할 수 있다. 의문문의 다양한 기능을 수행하는 데에 있어 중국어에서 쓰는 부사와 한국어에서 쓰는 부사가 다르다. 추측 기능을 수행하는 의문문을 예로 들면, 한국어에서는 '혹시', '설마'가 자주 함께 사용되지만, 중국어에서는 '莫非', '难道'가 자주 함께 사용된다.

6) 한국어 구문 표현과 중국어 통사구조

일반적으로 여러 문법적 요소로 이루어진 한국어 구문 표현과 중국어 통사구조는 생산성이 높고 다양하다는 공통점이 있다. 하지만 복잡한 형태를 가지는 한국어 구문 표현이나 중국어 통사구조는 서로 대응하는 형태가 많지 않고 차이점도 크다. 교착어인 한국어는 어간과 어미로 구문 표현이 이루어지고, 고립어인 중국어는 허사와 실사가 결합된 어휘 수단으로 통사구조가 이루어진다. 같은 어족이 아닌 한국어와 중국어는 구문 표현과 통사구조에서 큰 차이점을 보이며 복잡한 형태를 가지는 한국어 구문 표현이나 중국어 통사구조는 서로 대응하는 형태를 찾기 쉽지 않다.

그러나 한·중 의문문의 다양한 기능을 실현하는 문법적 요소에 대한 대조를 통해서 알 수 있듯이 한·중 양 언어에서 이 같은 문법적 요소의 사용이 비슷한 점도 적지 않다. 하지만 위의 결과만으로는 부족하며 중국인 학습자들은 모국어 전이로 인해 적절한 문법적 요소를 선택하지 못할 가능성이 높다.

4 의문문 기능 실현의 교수·학습 방안

4.1. 귀납 추론 전략 활용하기

귀납 추론은 인지 전략의 중요한 전략으로 외국어 학습에서 학습자 중심 수업에서 많이 사용되는 학습 전략이다. 전통적인 문법 수업은 교사 위주로 이루어지기 쉽다. 이것은 문법이 주로 설명 위주로 가르쳐지는 까닭이다. 문법을 이해하는 데 교사의 설명이 중요하고 필요하다는 것을 예나 지금이나 학계에서 공인을 받았다. 문법의 이런 특징 때문에 교사가 수업에서 피할 수 없이 학습자에게 문법을 제시하면서 설명하는 과정이 필요하다. 그러나 문법을 제시하고 설명하는 단계에서는 자칫 교사의 설명이 길어지고, 일방적인 주입식 교육이 이루어져 교사 중심의 강의가 되기 쉽다. 문법 수업에서 교사의 설명도 필요하나 학습자 스스로 생각하고 귀납하는 과정도 중요하다. 학습자들이 스스로 생각하는 과정을 통해서 학습자들은 비로소 이 문법을 확실히 이해할 수 있다.

의문문에 대한 지식이 없는 초급 학습자들과 달리 중·고급 학습자들은 이미 의문문 종결어미, 의문사, 통사구조 등 의문문이 이루어지는 구성요소들에 대해 어느 정도 알고 있다. 교사가 처음부터 설명할 필요 없이 제시자료를 통해서 학습자들을 스스로 의문문의 기능을 수행하는 데 중요한 역할을 하는 요소들을 찾도록 인도하는 역할을 한다. 예시를 통해서 학습자들이 스스로 의문문의 다양한 기능을 귀납적으로 이해시키고 특정한 기능을 수행하는 의문문의 구성요소가 무엇인지 파악하도록 한다.

◈ <예시 1> <u>의문문의 다양한 기능을 파악하고 귀납하기</u>

1단계

교사는 다양한 기능을 수행하는 의문문을 제시한다. 교사가 질문을 통해서 학습자들은 발화자의 발화 의도를 주목시킨다.

자료(다양한 기능을 수행하는 의문문 대화 예시)

1. 창수가 누나와 함께 백화점에 가서 여자 친구 수진에게 생일 선물을 하려고 원피스를 골랐다. 하지만 수진의 마음에 들지 않을까봐 걱정스럽다. 그래서 창수는 자신이 고른 원피스가 어떤지 누나에게 의견을 물어보고 싶다. 이 상황에서 창수가 할 말로 가장 적절한 말을 완성해 보세요.

창수: 누나, 수진이가 이 원피스를 **<u>좋아할까요?</u>**
나나: 글쎄, 색깔이 좀 **<u>어둡지 않아?</u>**

2. 하영이는 할아버지와 버스를 타고 집에 가는 길이었다. 할아버지께서 더워서 버스 창문을 열어 두셨는데, 추위를 잘 타는 하영이 창문을 닫으려고 한다. 이 상황에서 하영이가 할 말로 가장 적절한 말을 의문문으로 완성해 보세요. 하영: 할아버지, 창문을 **좀 닫아도 괜찮겠어요**? 할아버지: 그래, 내가 닫아 줄게.
3. 보라와 은상은 동창모임을 위하여 저녁 식사를 준비하고 있다. 음식을 넉넉히 준비했지만 보라가 혹시나 음식이 모자랄까봐 좀 걱정한다. 아래의 대화를 완성해 보세요. 가: 음식을 이렇게 넉넉히 준비했는데 설마 음식이 모자라**는 건 아니겠지요**? 나: 그럼요, 걱정 마세요. 넉넉할 거예요.
4. 중국 학생 마정은 수업 시간에 선생님께서 내주신 숙제가 무엇인지 이해하지 못하였다. 그래서 마정은 선생님께 다시 숙제가 무엇인지 여쭤보려고 한다. 이 상황에서 마정이가 할 말로 가장 적절한 말을 완성해 보세요. ☞ 마정: 선생님, 숙제를 **다시 한 번 말씀 주시겠어요**?
5. 영수네 가족은 저녁을 먹으러 식당에 갔다. 그런데 영수와 영수 동생은 식당에서 시끄럽게 뛰어다녔다. 아버지께서 조용히 하라고 몇 번을 해도 아이들은 못 들은 척했다. 화가 난 아버지는 자식들에게 조용히 하라고 다그치려고 한다. 이 상황에서 아버지가 할 말로 가장 적절한 말을 완성해 보세요. 아버지: 너희들, **조용히 하지 못해**?
6. 늦은 밤까지 지수는 안 자고 드라마를 보고 있다. 이를 본 엄마가 몇 번이나 자라고 해도 지수는 못 들은 척하고 계속 드라마만 봤다. 이 상황에서 화가 난 엄마가 할 말로 가장 적절한 말을 완성해 보세요. 엄마: 엄마 **말을 못 듣니**?
7. 어느 날 윤아는 밤 11시까지 연구실에서 공부하고 나서 하숙하는 집에 돌아갔는데 하숙집 열쇠를 연구실에 놓고 와서 아래 층에 사시는 하숙집 아주머니에게 예비 열쇠를 받으려고 한다. 옆에 있던 친구 연희는 늦은 밤에 아주머니께서 이미 주무실 것 같아서 윤아를 말리려고 한다. 이 상황에서 연희가 할 말로 가장 적절한 말을 의문문으로 완성해 보세요. 윤아: 아주머니께 예비 열쇠를 달라고 해야겠다. 연희: 이렇게 늦은 시간에 찾아가면 **실례가 되지 않을까요**?

8. 현수가 급한 일이 생겨서 택시를 타고 어딘가로 가고 있다. 기사 아저씨가 큰 길로 가는 것처럼 보이니까 시간이 많이 걸릴까봐 마음이 너무 급한 현수가 기사에게 빠른 길로 서둘러 가 달라고 부탁해 보려고 한다. 현수: 기사님, 빠른 길로 **가 주실 수 없나요**?
9. 영민이는 오늘 수업할 때 쓸 책을 기숙사에 놓고 학교에 왔다. 그래서 룸메이트 지호에게 책을 가져다 달라고 부탁을 하려고 지호에게 전화를 하였다. 이 상황에서 영민이가 할 말로 가장 적절한 말을 완성해 보세요. 영민: 지호야, 나 문학 책을 기숙사에 놓고 나왔나 봐. 학교에 올 때 **가져 올래**?
10. 소라는 어제 소방서에 불이 났다는 뉴스를 본 뒤 상지에게 이 소식을 전하였다. 상지는 그 소식을 듣고 놀랐다. 아래의 대화를 완성해 보세요. 소라: 소방서에 불이 났다는 뉴스 봤어요? 상지: 소방서에 **불이 나다니**? 그럴 수도 있나요?

2단계

절차

(1) 학습자에게 학습 자료를 보여주면서 이해하도록 한다.

(2) 유도 질문을 통해 학습자들에게 의문문의 다양한 기능을 인식시킨다.

※ 학습자 스스로 귀납하기 어려울 경우도 있으니 '권고', '제안', '확인' 등 기능을 제시해서 선택하는 것도 좋다.

♣ 제시에서 화자의 발화의도를 선택해 보세요.

♣ 단순 의문	♣ 추측	♣ 강조	♣ 명령	♣ 놀라움
♣ 의향 묻기	♣ 확인	♣ 부탁	♣ 제안	♣ 인사

3단계 | 기능을 실현해 주는 요소 찾기

자료를 보고 의문문의 다양한 기능을 실현해 주는 요소들을 찾는 활동이다. 예시 대화를 제시하면서 수업을 시작한다. 예시를 통해서 학습자로 하여금 의문문의 기능이 이루어지는 요소에 주목시킨다. 교사가 유도 질문을 통하여 학습자로 하여금 기능에 따라 나타난 특정한 요소를 주목시키고 식별해 내도록 지도한다.

수업자료

- 할아버지께서 혹시 망령이 드신 게 아닐까요?
- 사람이 어찌 늙지 않을 수 있겠는가?
- 설마 너 혼자 이 밥을 다 먹으라고?
- 문을 좀 닫아 주실래요?
- 아드님이 미국에 갔다면서요?
- 빨리 안 가?
- 엄마 말을 안 들을래?
- 찜질방에 갈까?
- 다친 사람을 보고 어떻게 그냥 지나갈 수 있어?
- 그 사람은 어떤 사람인지 몰라? 왜 꼭 그런 사람이랑 같이 일해?
- 네가 부자냐? 돈도 없으면서 왜 이런 비싼 선물을 사니?
- 바쁜 걸 못 봤어요?
- 당장 나가지 못해?

4단계

절차

1) 교사가 학생에게 다양한 기능을 수행하는 의문문 자료를 나눠 준다.
2) 학생들을 두 명씩 짝을 지어 자료의 의문문이 어떤 기능을 수행

하는지를 찾게 한다.

3) 기능을 식별하고 각 예문이 무슨 기능을 수행하는지 이야기 하게 한다.
4) 기능을 실현해 주는 요소들을 찾아 밑줄을 긋고 이야기하게 한다.

4.2. 대조 전략 활용하기

대조는 언어 학습의 중요한 방법이다. 외국인 학습자에게 한국어를 효율적으로 교육하기 위해서 모국어와 목표어를 대조할 필요가 있다. 구체적인 문법 사용 오류는 문법 항목을 서둘러서 범하는 경우가 많지만 문법 항목의 선택 오류는 보통 학습자 모국어의 영향을 많이 받는다.

◈ <예시 2> <u>대조 분석을 통하여 모국어 전이 현상을 파악한다.</u>

1단계

절차

1) 의문문으로 다양한 담화 기능을 수행하는 언어 상황을 미리 종이에다가 타자한다.
2) 교사가 학생들을 세로 줄이나 가로 줄로 한 조로 만든 후 준비된 종이를 조별로 1장씩 나눠준다.

중국 학생 마정은 수업 시간에 선생님께서 내주신 숙제가 무엇인지 이해하지 못하였다. 그래서 마정은 선생님께 다시 숙제가 무엇인지 여쭤보려고 한다. 이 상황에서 마정이가 할 말로 가장 적절한 말을 완성해 보세요. ☞ **마정: 선생님, ______________________ (숙제)**

2단계

절차

1) 조 구성원을 'A-B-A-B…'이렇게 정하고 A로 정한 학생들은 중국어로 B로 정한 학생들은 한국어로 상황에 적절하다고 생각하는 응답을 자기 노트에다가 쓰게 한다.
2) 주어진 종이의 문제 아래쪽에 조 구성원들의 응답을 한국어 응답과 중국어 응답을 따로 정리한다.

3단계

절차

1) 교사가 같은 상황에서 한국인 모어화자가 많이 사용하는 발화를 미리 종이에다가 타자하고 준비한다.
2) 교사가 준비된 종이를 학습자에게 준다.
3) 조별로 같은 상황에서 한국어 모어화자의 발화와 학습자의 한국어 응답, 중국어 응답을 살피게 한다. 관찰・대조를 통해서 아래 두 가지 요구를 완성하게 한다.
   ① 학습자들의 한국어 응답은 모국어 영향을 받는지를 논의하도록 유도한다.
   ② 학습자들의 응답에서 이해할 수 있는 발화와 적절한 발화를 구별시킨다.

4단계

1) 조별로 대표를 뽑아서 전형적인 오류 예문을 칠판에 쓰게 하고 토론한 결과를 발표하도록 한다.
2) 교사는 발표결과를 결합해서 보충 설명을 해주고 평가한다.

5 결론

본고는 한국어 의문문과 중국어 의문문의 기능이 실현되는 문법 요소를 대조 분석했다. 한국어 의문문의 다양한 의사소통 기능이 실현되는 문법 요소는 주로 의문형 종결어미, 의문사, 선어말어미 '-겠-', 부사, 부정법, 구문 표현 등이다. 반면에 중국어 의문문의 다양한 기능이 실현되는 문법 요소는 주로 의문 어기사, 의문대사, 양태동사, 어기 부사, 부정법, 통사 구조 등이다. 본문은 서로 대응하는 문법 요소를 대조하는 방법으로 언어 간의 공통점을 제시했다. 이와 동시에 언어 간의 차이로 인해 한·중 의문문의 다양한 기능을 수행하는 문법 요소는 서로 대응하는 관계가 보이지만 엄격히 일대일의 대응관계가 아님을 보였다. 또한 이에 대한 교수·학습 방안으로 귀납 추론 전략 활용하기와 대조 전략 활용하기를 제시하였다. 지면 제한으로 본문은 대응되는 문법 요소의 관계를 보다 심층적으로 다루지 못한 점이 있는데 이는 후행 연구에서 다루기로 한다.

참고문헌

김혜진(2012), "한국어 수준과 모국어에 따른 한국어 학습자의 덩어리 표현 습득 양상연구", 이화여자대학교, 석사논문.

박덕유(2012), 『학교 문법론의 이해』, 역락.

______(2017), 『이해하기 쉬운 문법교육론』, 역락.

박종갑(1987), "국어 의문문의 의미기능 연구", 영남대학교 박사논문.

이은섭(2005), 『현대 국어 의문사의 문법과 의미』, 서울: 태학사.

이창덕(1992), "질문 행위의 언어적 실현에 관한 연구", 연세대학교, 박사논문.

최윤곤(2005), 『한국어 문법 교육과 한국어 표현범주』, 한국문화사.

한길(2005), 『현대 우리말 반어법 연구』, 서울: 역락.

段業輝(1995), 語氣副詞的分布及語用功能, *漢語學習(4)*. Duan Ye hui (1995), Distribution and Pragmatic Functions of Modal Adverbs, Chinese learning (4).

侯文玉(2012), 汉韩语疑问词对比研究, 博士论文, 上海外国语大学. Hou Wenyu, (2012), "A Comparative Study of Chinese and Korean question word", doctoral dissertation, Shanghai International Studies University.

黃伯榮&廖序東(1991), 現代漢語, 高等教育出版社. Huang Borong &Liao Xudong (1991), <Modern Chinese>, Higher Education Press.

兰巧玲(2007), 俄汉语是非问句对比研究, 博士論文, 黑龙江大学. Lan Qiao Ling (2007), "A Comparative Study of Chinese and Russian yes-no questions", doctoral dissertation,

Heilongjiang University, 14.

呂叔湘(1944), *中国文法要略*, 商務出版社. Lv Shuxiang (1944), "Outline of Chinese Grammar" Business Press, 184.

王力(1985), *中國現代語法*, 商務出版社. Wang Li (1985), <China Modern Grammar> Business Press, 161.

邢福義(1991), *現代漢語*, 高等教育出版社. Xing Fuyi (1991), <Modern Chinese> Higher Education Press.

학습자 모어 특성에 따른
한국어 교수법

2. 태국인 한국어 학습자를 위한 어휘 교육

윤지유 | 인하대 교육대학원 강사

1 서론

우리가 제2언어를 배울 때 가장 먼저 습득하는 것이 어휘이고 두 개의 어휘, 세 개의 어휘를 연결해 가면서 문장을 형성하게 된다. 곧 어휘의 습득은 새로운 언어 습득의 시작이라 할 수 있다. 또한 제2언어 해독에 있어서 해당 언어의 문법을 잘 알지 못하더라도 많은 어휘를 습득하고 있다면 문장을 해석해 낼 수 있을 것이다. 이처럼 새로운 언어 습득에 있어서 어휘의 습득은 중요한 역할을 한다. 이에 대해 Wilkins(1972)는 문법이 없이는 약간의 의미가 전달되지만, 어휘가 없이는 의미가 전혀 전달되지 않는다고 하여 언어 학습에 있어서 어휘력 신장의 중요성을 지적하였다. 그러나 제2언어 교육에서 어휘는 따로 학습해야 할 필요성이 인식되지 못했고, 어휘력 신장의 방법으로 단순한 암기의 방법을 선택하여 왔다. 한국어 교육에 있어서도 1990년대까지만 해도 어휘 교육은 거의 무시되었다. 그러나 실제로 제2언어 학습자들은 초급 단계에서는 의사소통을 할 수 있었으나 중급 이상으로 갈수록 어휘력이 의사소통의 장애로 작용하게 된다고 한다. 이러한 사실은 조현용(2000)의 한국어 학습자를 대상으로 어휘의 중요성에 관한 학습자의 반응을 조사한 연구에서 잘 나타난다.[1] 한재영 외(2005)에서도 중급부터는 어휘 생성 원리를 통해 어휘 확장을 이룰 수 있으므로 파생어와 합성어에 관한 교육이 집중적으로 이루어져야 한다고 하였다.

이러한 연구는 한국어 교육에서 어휘 교육의 필요성과 의사소통 능력 향상을 위해서는 어휘의 형성 원리를 바탕으로 한 체계적인 접근이 필요하다는 것을 시사한다. 또한 Ausubel(1968)의 인지학습 이론에 의한 심리학의 실험결과 어휘교육 시 학습자에게 제시한 의미 없는 음절들도 유의성(meaningfulness)의 유무에 따라 어휘 학습 효과가 다르게 나타나며, 이때 무관한 어휘들 사이에 유연성이 높으면 높을수록 더 빨리 학습된다고 하였다. 이는 어휘 교육이 언어 능력을 신장시킨다는 것을 보여주는 연구라 할 수 있다.[2]

한국어는 절반 이상이 한자어로 이루어져 있어서 조어력이 강한 언

1) 조현용(2000)의 조사 결과를 정리하면 다음과 같다.
*의사소통 시 어려움의 원인

단계	어휘	발음	문법
초급	28%	28%	44%
중급	47%	30%	19%
고급	64%	18%	18%

*한국어 능력 중 가장 중요하다고 생각하는 점

단계	어휘	발음	문법
초급	46%	27%	27%
중급	44%	28%	28%
고급	72%	11%	17%

2) 김정은(2003) 재인용.

어로 일컬어진다. 다시 말하면 한국어는 유연성이 큰 복합어(complex word)를 많이 지니고 있는 언어라고 할 수 있다. 여기서 유연성이란 어떤 단어가 그것이 나타내는 음성, 형태적 구조, 또는 의미 내용과의 사이에 본질적인 관계가 있다는 것을 뜻한다. 이 가운데 형태적 구조에 의한 관계는 한국어의 파생어와 합성어의 생성을 촉진시킨다고 할 수 있다.

본고는 한국어 교육에 있어 어휘 교육의 필요성을 느끼고 태국인 한국어 학습자들의 어휘교육을 위한 기본 자료를 마련하고자 하였다. 태국어는 한국어처럼 조어력이 강한 언어라는 점에서 한국어를 기준으로 두 언어 사이에 유사하거나 일치하는 단어 합성의 형태를 찾아 어휘 교육에 활용할 수 있는 기초 자료를 정리하고자 한다. 어휘의 선택은 한국어 학습자의 수준을 고려하지 않고, 다만 한국어를 기준으로 단어의 합성 형태가 한국어와 유사하여 한국어 어휘력을 향상시키는데 효과적인 단어만을 정리하였다.

2 한국어와 태국어의 특징

첫째, 한국어는 첨가어로서 어휘적 요소에 문법적인 요소를 덧붙여 단어나 어절을 만든다. 즉 문장을 형성할 때 문장의 성문마다에 적합한 조사가 붙어야 하며 용언은 시제와 높임에 따라 어미에 변화가 있어야 한다. 그리고 단어의 형성에 있어서는 어근과 어근의 결합뿐 아니라 어근에 접사가 붙어서 새로운 단어를 형성할 수 있다.

(1) ㄱ. 맨-주먹, 풋-사랑, 잔-소리
ㄴ. 부모-님, 다림-질, 요리-사
ㄷ. 돌-다리, 작은-형, 늦-더위
ㄹ. 어머니께서 집에 가셨다.

(1)의 'ㄱ' 은 접두사와 어근이 결합된 파생의 예이며, 'ㄴ'은 어근과 접미사가 결합된 파생어의 예이다. 'ㄷ'은 어근과 어근이 결합된 합성어로 '돌-다리'는 명사와 명사가 결합된 형태이며, '작은-형'은 관형어와 명사가 결합된 형태이며, '늦-더위'는 용언의 어근과 명사가 결합된 형태이다. 'ㄹ'은 동사의 어간 '읽'에 사동 어미 '-히-', 시제선어말어미 '-었-'이 결합된 형태이다. 이처럼 한국어는 단어와 단어의 결합이 용이하며 'ㄹ'의 경우처럼 '어머니'라는 어휘소가 문장의 주어 역할을 하기 위해서 '-께서'라는 조사가 결합되어야 하며 '집'이라는 어휘소가 부사어 역할을 하기 위해서 부사격 조사 '-에'가 결합되어야 한다. 또한 '가다'라는 동사의 기본형이 과거 시제와 높임을 나타내기 위해서 '-시-'와 '-었-'의 선어말어미가 결합되어야 한다.

그러나 태국어는 고립어이고 단음절어이기 때문에 어형의 변화 없이 각 단어의 의미와 배열 순서에 따라 문법적 관계가 형성되며 두 단어 혹은 그 이상의 단어가 결합하면서 단어의 배열 순서에 따라 다양한 합성어를 만들어 낸다.

(2) เขา เป็ ทหาร
(그) (이다) (군인)

(2)는 '그', '이다', '군인'이라는 세 개의 단어를 다른 어떤 어형의 변화나 덧붙이는 말없이 그대로 나열한 것으로 문장을 형성하였다.

둘째, 한국어의 기본 어순은 '주어+목적어+서술어'이다. 그러나 태국어는 '주어+서술어+목적어'의 어순을 가진다.

(3) 나는 밥을 먹는다. (한국어) : 주어 +목적어 +서술어
ผม กิน ชา (태국어) : 주어 +서술어 +목적어
(나) (먹다) (밥) : 나는 밥을 먹는다.

예문 (3)의 한국어 문장과 태국어 문장은 같은 의미의 문장이다. 그러나 두 문장을 비교해 보면 목적어와 서술어의 위치가 서로 다르다는 것을 알 수 있다. 또한 문장 형성 시 한국어가 '-는', '-을', '-는-'의 조사와 어미를 결합한 것과 달리 태국어 문장은 3개의 어휘를 순서대로 나열했을 뿐이다.

셋째, 한국어는 어형의 변화가 있다. 한국어 용언의 어미 부분은 시제와 높임에 따라 그 형태가 변화한다.

(4) ㄱ. 그는 시장에 간다. (현재)
ㄴ. 그는 시장에 갔다. (과거)

예문 (4)의 'ㄱ'과 'ㄴ'은 주어와 부사어는 같고 동사의 시제만 다른 형태이다. 따라서 'ㄱ'은 현재를 나타내는 선어말어미 '-ㄴ-'이 결합되었고, 'ㄴ'은 과거를 나타내는 시제 선어말어미 '-었-'이 결합되었다.

그러나 태국어의 단어는 완성된 형태를 가지고 있어서 문장 안에서의 기능이나 위치가 변하더라도 더 이상의 어형의 변화가 없다.

(5) ㄱ. ผม ไป ตลาด : (현재)
(그) (가다) (시장)

ㄴ. ผม ไป ตลาด แล้ว : (과거)
(그) (가다) (시장) <완료>

'ㄱ'과 'ㄴ'을 비교해보면 완료의 의미를 나타내는 'แล้ว'이 더 첨가되었을 뿐 어휘들이 원래 가지고 있던 형태의 변형이나 원형에 다른 어휘를 첨가하지 않았다. 이처럼 태국어는 어형의 변화 없이 어휘의 나열 순서에 따라 의미가 결정된다. 다만 'ㄴ'처럼 특정한 어휘를 사용하여 시제를 표현한다.

넷째, 한국어의 문장 성분은 위치를 자유롭게 이동시킬 수 있다. 하나의 문장 안에서는 어순이 바뀌어도 문장이 가진 원래의 의미는 변하지 않으며, 종종 주어를 강조하기 위하여 일부러 어순을 바꾸어 쓰기도 한다.

(6) ㄱ. 나는 동생에게 돈을 준다.
ㄴ. 동생에게 돈을 준다 내가.

(6)의 두 문장은 주어의 위치를 바꾸어도 의미가 바뀌지 않는다. 다만, 'ㄴ'과 같이 쓸 경우 '나'를 강조하는 용법으로 여길 수 있다.

그러나 태국어에서는 단어가 문장을 구성할 때 그 위치 여하에 따라서 단어의 기능과 의미가 달라진다. 따라서 태국어에서는 어순이 매우 중요하다.

(7) ㄱ. ผม ให้ เงิน น้อง
(나는) (주다) (돈) (동생) : 나는 동생에게 돈을 준다.
ㄴ. น้อง ให้ เงิน ผม
(동생) (주다) (돈) (나) : 동생이 나에게 돈을 준다.

예문 (7)의 'ㄱ'과 'ㄴ'은 주어의 위치가 바뀐 형태이다. 한국어에서는 위의 두 문장 모두 같은 의미이지만, 태국어는 위치가 달라지면서 문장의 의미가 바뀌었다. 문장 'ㄱ'은 내가 동생에게 돈을 주는 것이고, 'ㄴ'은 동생이 나에게 돈을 준다고 해석할 수 있다.

다섯째, 한국어는 꾸미는 말이 꾸밈을 받는 말 앞에 온다. 그러나 태국어는 꾸밈을 받는 말이 먼저 온다.

(8) ㄱ. 예쁜 꽃 : 한국어
ㄴ. ดอกไม้ สวย : 태국어
(꽃) (예쁜)

예문 (8)은 'ㄱ'과 'ㄴ'에서 알 수 있듯이 태국어로 예쁜 꽃은 '꽃 예쁜'으로 어순을 바꾸어야 한다. 이러한 수식어와 피수식어의 어순 관계는 단어의 합성에서도 나타난다. 정승환(1999)은 태국어 합성어[3]의 조어적 특징을 다음과 같이 말한다. 첫째, 태국어의 합성어는 두 개 이상의 자립 형태소가 결합하여 이루어지며 이들 구성요소는 서로 분리되지 못하고 다른 요소가 삽입되지 못한다. 둘째, 태국어의 합성어는 합성어의 의미가 핵어[4]와 수식어의 의미가 합하여진 의미영역 안에서 새로운 의미가 생겨나는 경우와 핵어와 수식어의 의미가 합성된 의미영역을 벗어나 다른 의미가 생겨나는 경우가 있다. 셋째, 합성어의 구조에 있어서 명사성 합성어와 동사성 합성어 그리고 비핵 합성어가 있

3) 정승환(1999)에서 말하는 합성어는 한국어의 단어 분류의 합성어와 달리 단지 두 개의 단어가 결합된 것을 모두 합성어라고 한다. 즉, 한국어의 단어 분류 중 복합어에 해당하는 것이다.
4) 정승환(1999)에 있는 표현을 그대로 '핵어'를 사용하였다. '핵어'는 수식을 받는 어휘를 즉 피수식어를 말한다.

다. 넷째, 태국어의 합성어는 핵어와 수식어의 관계에 따라 여러 가지 형태가 있다.

다음은 태국어 어휘 합성의 예이다.

(9) ชั้น + บน = ชั้นบน
(층) (위) (위층)

(10) คน + ทน = คนทน
(사람) (일) (일꾼)

예문 (9)는 '층'이라는 의미와 '위'라는 의미를 결합했을 때 한국어에서는 그 의미가 '위층'이 된다. 예문 (10)은 '사람'이라는 의미와 '일'이라는 의미를 결합하면 '일 하는 사람' 즉 '일꾼'이 된다. 그러나 두 어휘가 결합된 태국어 단어를 보면 한국어의 '위층', '일꾼'과 그 어순이 반대로 되어 있다. '위층'에서 수식어는 '위'이고, 피수식어는 '층'이다. '일꾼'에서 수식어는 '일'이고 사람을 의미하는 '꾼'이 피수식어가 된다. 태국어의 수식 관계 어순은 '피수식어+수식어'이므로 태국어 어휘는 'ชั้น(층)บน(위)'와 'คน(사람)ทน(일)'이 된다. 태국어의 단어 합성은 두 개 이상의 어휘를 나열하면 새로운 어휘를 만들 수 있고 마치 한국어의 접사와 어근의 결합 형태와 유사한 형태를 취하는 단어들이 많아서 이러한 점을 적용하면 어휘 교육에 효율성을 높일 수 있을 것이다.

본고는 이처럼 한국어와 유사한 어휘 결합의 형태를 보이는 태국어 어휘들을 찾아 정리하였다. 태-한 사전에 나타나는 어휘들을 검토하며 한국어 어휘 교육에 적용할 수 있는 어휘 25가지를 다음과 같이 정리하였다.

3 한국어와 태국어의 합성 어휘

태국어의 합성 어휘 중 한국어의 합성 어휘와 유사한 형태를 가진 어휘들을 정리한 것이다. 태국어의 합성 어휘 중에는 태국어의 '명사+명사' 형태의 어휘 결합에서 앞의 명사가 마치 한국어의 접두사 또는 의존 명사처럼 결합되는 단어도 있었다.

(1) 한국어 명사+명사, 태국어 명사+명사

번호	한국어	품사	태국어	품사	한국어 단어		태국어 단어	
1	색(색깔)	명사	สี[씨]	명사	흰	색	씨	카우
					검정			담
					빨강			댕
					노랑			르앙
					파랑			퐈
					초록			키야우
					분홍			촘푸
2	차(마실 것)	명사	ชา[차]	명사	녹	차	차	키야우
					냉			옌
					인삼			쏨
					생강			킹
3	장(가구)	명사	ตู้[뚜]	명사	옷	장	뚜	쓰아파
					찬			깝카우
					책			낭쓰으
					진열			초
4	밥	명사	ข้าว [카우]	명사	찹쌀	밥	카우	니아우
					볶음			팟
					현미			끄롱
5	급(등급)	명사	ชั้น[찬]	명사	초	급	찬	뜬
					중			끄랑
					고			쑹
					동			디야우깐

번호	한국어	품사	태국어	품사	한국어 단어		태국어 단어	
6	수(물)	명사	น้ำ[남]	명사	온	수	남	론
					냉			옌
					약			야
					향			홈
					설탕	물		딴
					바닷			탈레
					콧			묵
					눈			따
7	-일(날)/일(하루)/요일	명사	วัน[완]	명사	휴	일	완	윧
					생			껃
					국경			찯
					내			프룽
					월	요일		짠
					화			앙칸
					수			풋
					목			파르핟
					금			쑥
					토			싸오
					일			아팃
8	곳(장소)	명사	ที่[티]	명사	주	소	티	유
					숙			팍
					매표			카이뚜아
					환전			랙응언
9	약	명사	ยา[야]	명사	물	약	야	남
					알			멛
					배탈			깨뿌완통
					두통			깨뿌 완후아
10	차	명사	รถ[롣]	명사	승용	차	롣	껭
					봉고			뚜
					기			화이
					화물			반툭
					소방			답프렁
					유모			켄덱
11	등(불)	명사	ไฟ[퐈이]	명사	전	등	퐈이	퐈
					가로			캉타논
					손전			차이
					신호			싼야 짜라쫀

(2) 한국어 명사+의존명사, 태국어 명사+명사

<table>
<tr><th>번호</th><th>한국어</th><th>품사</th><th>태국어</th><th>품사</th><th colspan="2">한국어 단어</th><th colspan="2">태국어 단어</th></tr>
<tr><td rowspan="6">12</td><td rowspan="6">사람/-자</td><td rowspan="6">명사</td><td rowspan="6">คน[콘]</td><td rowspan="6">명사</td><td>한국</td><td rowspan="4">사람</td><td rowspan="6">콘</td><td>까올리</td></tr>
<tr><td>태국</td><td>타이</td></tr>
<tr><td>중국</td><td>찐</td></tr>
<tr><td>일본</td><td>이쁜</td></tr>
<tr><td>부</td><td rowspan="2">자</td><td>루와이</td></tr>
<tr><td>환</td><td>카이</td></tr>
<tr><td rowspan="8">13</td><td rowspan="8">-쪽(방향)</td><td rowspan="8">명사</td><td rowspan="8">ขาง[캉]</td><td rowspan="8">명사</td><td>오른</td><td rowspan="8">쪽</td><td rowspan="8">캉</td><td>콰</td></tr>
<tr><td>왼</td><td>싸이</td></tr>
<tr><td>위</td><td>본</td></tr>
<tr><td>아래</td><td>랑</td></tr>
<tr><td>앞</td><td>나</td></tr>
<tr><td>뒤</td><td>랑</td></tr>
<tr><td>안</td><td>나이</td></tr>
<tr><td>바깥</td><td>넌</td></tr>
<tr><td rowspan="6">14</td><td rowspan="6">-자/-인(사람)</td><td rowspan="6">의존
명사</td><td rowspan="6">ผู[푸]</td><td rowspan="6">명사</td><td>남</td><td rowspan="4">자</td><td rowspan="6">푸</td><td>차이</td></tr>
<tr><td>여</td><td>잉</td></tr>
<tr><td>보호</td><td>뽁크롱</td></tr>
<tr><td>시청</td><td>촘</td></tr>
<tr><td>노</td><td rowspan="2">인</td><td>타우</td></tr>
<tr><td>관리</td><td>두래</td></tr>
</table>

(3) 한국어 명사+접사, 태국어 명사+명사

<table>
<tr><th>번호</th><th>한국어</th><th>품사</th><th>태국어</th><th>품사</th><th colspan="2">한국어 단어</th><th colspan="2">태국어 단어</th></tr>
<tr><td rowspan="7">15</td><td rowspan="7">-실(방)</td><td rowspan="7">접사</td><td rowspan="7">หอง[헝]</td><td rowspan="7">명사</td><td>화장</td><td rowspan="7">실</td><td rowspan="7">헝</td><td>남</td></tr>
<tr><td>침</td><td>논</td></tr>
<tr><td>교</td><td>리안</td></tr>
<tr><td>도서</td><td>싸묻</td></tr>
<tr><td>사무</td><td>탐응안</td></tr>
<tr><td>거</td><td>랍캑</td></tr>
<tr><td>회의</td><td>쁘라춤</td></tr>
</table>

번호	한국어	품사	태국어	품사	한국어 단어		태국어 단어	
16	-어(언어)	접사	ภาษา[파사]	명사	한국	어	파사	까올리
					태국			타이
					영			앙끄릿
					독일			여르만
					중국			찐
					일본			이쁜
					표준			끄랑
17	-비/-료 (비용)	접사	ค่า[카]	명사	교통	비	카	도이싼
					숙박			캉큰
					여행경			던탕
					등록비			롱타비안
					학			라우리안
					진료			모
					식			아한
					입장	료		뚜아
18	-금(돈)	접사	เงิน [(응)언]	명사	현	금	응언	쏟
					예약			쩽
					계약			다우
					상			랑완
					예			퐉
19	-쟁이/-뱅이	접사	ขี้[끼]	명사	겁	쟁이	끼	크랃
					허풍			모
					게으름	뱅이		끼얏
					주정			마오
20	-학(학문)	접사	ศาสตร [싸-ㅅ]	명사	언어	학	쌋	파사
					정치			랏타
					과학			윗타야
					경제			쎗타

(4) 한국어 명사+접사, 태국어 동사+명사

<table>
<tr><th>번호</th><th>한국어</th><th>품사</th><th>태국어</th><th>품사</th><th colspan="2">한국어 단어</th><th colspan="2">태국어 단어</th></tr>
<tr><td rowspan="8">21</td><td rowspan="8">-하다</td><td rowspan="8">접사</td><td rowspan="8">ทำ[탐]</td><td rowspan="8">동사</td><td>일</td><td rowspan="8">하다</td><td rowspan="8">탐</td><td>응안</td></tr>
<tr><td>요리</td><td>아한</td></tr>
<tr><td>선행</td><td>분</td></tr>
<tr><td>잘못</td><td>핃</td></tr>
<tr><td>계약</td><td>싼야</td></tr>
<tr><td>폭행</td><td>라이</td></tr>
<tr><td>행동</td><td>뚜아</td></tr>
<tr><td>~인 척</td><td>뻰</td></tr>
</table>

(5) 한국어 동사+보조용언, 태국어 동사+명사

<table>
<tr><th>번호</th><th>한국어</th><th>품사</th><th>태국어</th><th>품사</th><th colspan="2">한국어 단어</th><th colspan="2">태국어 단어</th></tr>
<tr><td rowspan="4">22</td><td rowspan="4">보다</td><td rowspan="4">보조
동사</td><td rowspan="4">ลอง
[러-ㅇ]</td><td rowspan="4">동사</td><td>시도해</td><td rowspan="4">보다</td><td rowspan="4">렁</td><td>두</td></tr>
<tr><td>먹어</td><td>낀두</td></tr>
<tr><td>입어</td><td>싸이두</td></tr>
<tr><td>생각해</td><td>낏두</td></tr>
<tr><td rowspan="5">23</td><td rowspan="5">(-고) 싶다</td><td rowspan="5">보조
동사</td><td rowspan="5">อยาก[약]</td><td rowspan="5">동사</td><td>먹고</td><td rowspan="5">싶다</td><td rowspan="5">약</td><td>낀</td></tr>
<tr><td>갖고</td><td>다이</td></tr>
<tr><td>가고</td><td>빠이</td></tr>
<tr><td>자고</td><td>논</td></tr>
<tr><td>만나고</td><td>쩌깐</td></tr>
<tr><td rowspan="4">24</td><td rowspan="4">(~할)만하다</td><td rowspan="4">보조
형용사</td><td rowspan="4">นา[나]</td><td rowspan="4">동사</td><td>볼</td><td rowspan="4">만
하
다</td><td rowspan="4">나</td><td>두</td></tr>
<tr><td>먹을</td><td>낀</td></tr>
<tr><td>들을</td><td>황</td></tr>
<tr><td>구경할</td><td>촘</td></tr>
</table>

(6) 한국어 관형사+명사, 태국어 관형사+명사

번호	한국어	품사	태국어	품사	한국어 단어		태국어 단어	
25	매(각각)	관형사	ทุก[툭]	관형사	매	주	툭	쌉다
						일		완
						년		삐
						번		티

4 맺음말

어휘 교육은 외국어 교육의 시작이고 끝이라고 말한다. 언어 교육에서 소홀해지기 쉬운 어휘 교육은 외국어 습득에서 반드시 필요한 것이다. 이처럼 반드시 필요한 어휘 교육이 자칫 잘못하면 지루하고 단순한 암기 교육으로 그칠 수 있다. 그러기에 어휘 교육은 좀 더 효율적으로 어휘를 습득할 수 있도록 많은 자료와 교수법이 개발되어야 한다. 위의 자료들은 태국어 모어 학습자가 한국어를 학습할 때에 효과적으로 어휘를 확장하는 데에 이용할 수 있는 것들이다.

단순히 배운 단어를 무의미하게 암기하기 보다는 각각의 어휘들이 어떻게 형성되어 있으며 어떻게 다른 단어와 결합하여 또 다른 단어를 만들어 낼 수 있는지의 원리를 깨닫는다면 어휘 확장을 좀 더 효율적으로 할 수 있을 것이다. 하나의 어휘를 학습하고 어휘 형성 원리를 통해 파생적으로 어휘를 확장해 나간다면 암기하고 잊어버리는 단순화된 훈련에서 벗어나 좀 더 체계적인 어휘학습이 가능할 것이다. 더군

다나 위의 자료와 같이 모국어의 형성 원리와 접목한다면 쉽게 이해하고 오랫동안 기억할 수 있을 것이다. 물론 위와 같은 원리들이 모든 어휘에 해당하는 것은 아니지만 단순 암기에 의존하지 않고 쉽고 재미있게 어휘를 확장시킬 수 있는 중요한 방법이 될 것이다.

위 자료들은 한국어와 태국어를 비교한 일부 자료에 해당하지만 이와 유사한 자료들이 더욱 많이 수집되고 개발된다면 한국어를 학습하는 외국인 학습자들이 어렵거나 지루하지 않고 흥미롭게 한국어 어휘를 확장시킬 수 있는 하나의 방법이 될 것이다. 또한 이를 활용한 교수-학습 자료를 만들어 활용한다면 더욱 효과적인 수업의 방법이 될 것이다.

다음은 위에 정리된 자료들을 활용한 어휘학습의 일반적인 흐름을 표로 정리한 것이다.

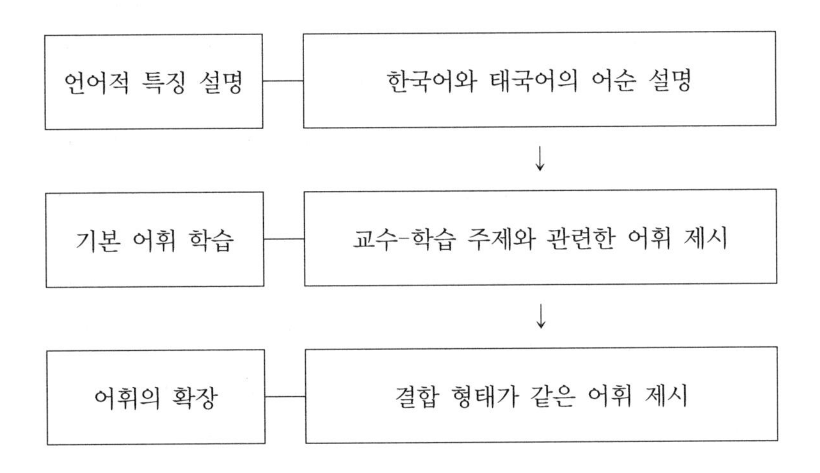

위 자료들을 활용하여 태국인 학습자를 대상으로 한국어 어휘교육을 한다면 먼저 한국어와 태국어의 어순에 대한 설명이 필요할 것이다.

위에 조사해 놓은 합성 어휘 25개 중 23개의 형태에서 한국어와 태국어가 어순이 반대였다. 대조언어학적으로 언어를 비교할 때 또는 언어의 특징을 살펴볼 때 언어마다의 어순을 살펴본다. 그 중 가장 기본적으로 살펴보는 것이 '주어, 목적어, 서술어'의 어순이다. 그리고 이와 함께 수식어와 피수식어의 어순을 살펴본다. 한국어와 태국어는 2절에서 살펴본 것과 같이 기본 문형의 어순도 수식어와 피수식어의 어순도 다르다. 한국어는 '수식어+피수식어'의 순서이지만, 태국어는 '피수식어+수식어'의 순서이다. 즉, 한국어에서는 '예쁜 꽃'이라고 하지만 태국어는 '꽃 예쁜'의 어순이다.

이러한 특징이 단어 형성에도 반영되었다. 따라서 이러한 언어적 특성을 설명한 후에, 교수-학습 주제와 관련 있는 합성어휘의 예들을 제시하면서 어휘를 확장시키면 효과적인 어휘 학습이 될 것이다. 예를 들면 초급단계에서 '색'과 관련한 어휘를 배우게 되는데, 이때 이러한 방법을 활용할 수 있을 것이다. 단순히 '노란색'은 'สีเหลือง(씨르앙)'이라고 알려주는 것보다는 'สี(씨)'는 '색(깔)'이고 'เหลือง(르앙)'은 '노란'이라고 알려주며 한국어의 어순은 '노란+색'이지만 태국어의 어순은 '색+노란'이라는 것을 강조하여 어휘를 학습시킨다. 교수-학습 주제와 관련한 교재에 나오는 '색'을 나타내는 다른 단어들을 위와 같은 방법으로 주지시킨다. 그 다음 단계에서는 교재에 나오지 않는 색깔이라도 학생들이 알고 싶어 하는 색깔들을 '색'부분을 제외한 '검정-', '초록-' 등과 같이 제시하여 '검정색', '초록색' 등을 만드는 연습을 해보게 한다.

이러한 방법을 활용하면 단순한 암기보다는 더 오래 기억할 수 있을 것이다. 또한 여러 개의 어휘를 쉽고 빠르게 학습시킬 수 있다. 실제로 수업에 적용해 본 결과 학문 목적 학습자의 경우는 이러한 형태에 매우 효과적으로 반응하였다. 많은 어휘를 쉽게 학습할 수 있으며 어휘 학습을 재미있어 하는 학습자도 발견할 수 있었다.

그동안의 한국어 어휘학습이 단순 전달과 암기였다면 이제는 학습자의 언어적 배경을 연구하여 효과적이고 흥미로운 어휘학습이 될 수 있도록 한국어 교수-학습의 방법이 개선되어야 할 것이다. 본고는 다양한 한국어 교수-학습 중 한 가지로서 이와 같은 방법을 제안해 보고자 한다.

참고문헌

곽지영(1997), "외국인을 위한 한국어 어휘 교육", 「외국어로서의 한국어교육」.

김광해(2009), 「국어 어휘론 개설」, 집문당.

김정은(2003), "한국어 파생어 교육 연구", 「이중언어학」제22호.

김지영(2004), "한국어 어휘 교육 항목 선정을 위한 기초 연구", 「한국어 교육」.

나은미(2008), "유추를 통한 한국어 어휘 교육" 「한국어학」제40호.

______(2007), "어휘 연결 방식과 패턴에 대한 연구", 「이중언어학」제34호.

문금현(2006), "한국어 어휘 교육을 위한 다의어 학습 방안 - 동사 '보다'를 중심으로", 「이중언어학」.

박선옥(2008), "한국인과 중국인의 단어 연상의미 조사 분석과 단어 연상을 활용한 한국어 어휘 교육 방법", 「한국어 의미학」25.

서희정(2006), "한국어 학습자를 위한 접두파생어에 대한 연구", 「이중언어학」제30호.

신명선(2006), "학문 목적의 한국어 학습자를 위한 어휘 교육의 내용 연구", 「한국어교육」.

______(2008), 「의미, 텍스트, 교육」, 한국문화사.

신형욱(2010), "외국어로서의 한국어 교육을 위한 어휘 교수・학습 방안 제안", 「한국어교육」제21호.

이유경(2009), "한국어 어휘 교육 연구를 위한 이론의 고찰", 「한국어교육」.

임지룡(1992), 「국어 의미론」, 탑출판사.
정환승(1999), "태국어 합성어의 조어적 특징에 관한 연구", 「동남아연구」.
______(2004), "한구어와 태국어의 보조용언에 대한 비교 연구", 「한국태국학회 학술대회 발표논문집」.
조현용(2000), 「한국어 어휘교육 연구」, 박이정.
한영균(2007), "한국어 어휘 교육과 어휘 통계 정보", 「한국어교육」제18호.
허용 외(2005), 「외국어로서의 한국어교육학 개론」, 박이정.

학습자 모어 특성에 따른
한국어 교수법

3. 베트남인 학습자를 위한 한국어 재귀표현 교육

옥빈 항 | 인하대 국어문화원 연구원

1 들어가기

1992년에 한국과 베트남이 수교한 이래 양국 간에 정치, 경제, 사회, 문화 등 다양한 분야에서 많은 교류가 활발히 이루어지고 있고 한류의 열풍으로 인하여 여러 목적으로 한국어를 구사하려는 베트남인 학습자가 꾸준히 증가하고 있다. 베트남에서 1993년 국립 호치민 인문사회대학교 동방학부내에 한국학과가 설립된 이후 국립 호치민 인문사회대학교(1994)와 국립 하노이대학교 외국어대학교(1996)에 각각 한국학과 및 한국어·한국문화학과가 설립되는 등 현재까지 한국어 교육을 실시하는 대학교는 모두 15개가 있으며 세종학당은 전국에 8곳에 개설되어 있다[1]. 이처럼 베트남에서 한국어 교육이 든든하게 자리를 잡는

1) 베트남 북부지역에는 하노이국립대학교-인문사회과학대학교, 하노이국립외국어대학교, 하노이대학교이 있고. 중부지역에는 다낭외국어대학교, 후에외국

것은 양국의 지속적인 우호관계를 증진시키는 데에 큰 역할을 하고 있다. 이와 함께 그 동안 베트남인 학습자를 위한 양국 언어의 문법, 문화, 역사 등에 대한 관련 연구가 많이 진행되었고 이는 베트남인 학습자를 위한 한국어 교육이 발전하는데 크게 기여했다. 그러나 베트남인 한국어 학습자를 위한 한국어 문법 교육 중에서 재귀표현 교육에 대한 연구는 미흡한 실정이다.

한국어 재귀표현은 아주 사소한 문법적인 요소라고 생각할 수도 있지만 실제는 재귀표현의 문법적 기능을 살펴보면 아주 복잡하게 사용된다. '재귀'란 '주어에서 나온 행동이 다시 주어로 되돌아간다' (Marouzeau, 1951)는 뜻이다. 한국어 재귀대명사는 학자에 따라 '자기', '자신', '본인', '자체', '당신', 등이 있다. 그리고 베트남어 재귀표현은 대표적으로 'bản thân'(반턴), "mình"(밍), "bản thân mình"(반턴민), "tự"(뜨)가 있다. 재귀표현은 일상생활에서 사용 빈도가 높기 때문에 한국어와 베트남어에서 중요한 위치를 차지하고 있다.[2] 따라서 외국인 한국어 학습자들은 한국어로 의사소통을 잘 하려면 재귀대명사의 용법을 잘 알아야 할 필요가 있다.

본고는 베트남인 한국어 학습자들의 한국어 재귀대명사에 대한 인식을 알고자 베트남인 한국어 고급 학습자들을 대상으로 심층 인터뷰를 진행했다.[3] 그런데 대부분의 응답자들이 한국어 재귀대명사에 대한

어대학교가 있으며, 남부지역에는 호치민국립대학교-호치민인문사회과학대학교, 호치민외국어정보대학교, 홍방국제대학교, 락홍대학교, 달랏대학교, 반히엔대학교, 응웬떳탄대학교, 투득기술대학교(3년째), 사이공문화-예술-관광대학교(3년째), 바리아붕따우대학교(3년째).

2) 강범모(1998)에서는 고려대학교 한국어 말모둠 1,000만 어절의 코퍼스에 기반하여 한국어 재귀대명사 발생 빈도를 조사한 바가 있다. 이에 따르면 '자기'의 사용 빈도는 10,005개이며, '자신'의 사용 빈도는 10,601개이고 '자기자신'의 사용빈도는 508개라고 한다.

개념 자체를 모른다는 것이다. 그리고 응답자들은 '자기', '자신', '본인'을 알지만 이들의 품사가 무엇인지 정확하게 모르고 있었다. 그러면서 이 단어들에 대한 쓰임을 잘 몰라 이들을 습관대로 사용하거나 또는 어떤 경우는 이 단어들을 회피하고 대체로 인칭대명사를 사용한다는 것이 응답자들의 공통적인 의견이다. 그리고 응답자는 한국어 '자기', '자신'을 베트남어로 번역할 때 모두 'mình'으로 번역할 수 있기 때문에 '자기', '자신'을 제대로 쓰고 있는지에 대한 의심을 갖고 있다는 의견을 모았다. 또한 한국에 온지 5년 이상 된 학습자를 포함한 대부분 응답자들이 여전히 '당신'이 재귀대명사의 높임 표현이라는 것을 모르고 있다는 것이다. 이는 베트남어에서 재귀대명사라는 품사 명칭 자체가 존재하지 않기 때문에 생긴 것이라고 볼 수 있다. 실제로 한국어 학습 교재에서 한국어 재귀 표현에 대한 문법적인 설명이 제대로 이루어지지 않고 새로운 어휘나 새로운 문법 표현을 다루는 부분에도 재귀 표현에 대한 언급이 거의 없는 실정이다(최경도:2012:1). 그렇기 때문에 한국어 재귀대명사 '자기', '자신' 등을 학습할 때 이들의 용법을 자세히 배우지 못하는 것이 한국어 재귀대명사를 사용하는 데 어려움을 겪고 있는 원인 중의 하나라는 것으로 알 수 있다. 특히 교착어인 한국어와 고

3) 인터뷰의 주요 내용은 베트남인 학습자들이 한국어 재귀대명사를 학습하는 데 어떤 어려움을 겪고 있는지에 대한 것이다. 인터뷰는 인하대학교에서 2시간 동안 진행했다. 인터뷰 참여자 5명은 모두 인하대학교 대학원에 재학하고 있는 대학원생이다. 연구 참여자의 현황은 아래 표와 같다.

연구 참여자	성별	한국 체류기간	토픽
1. A	여	5년	6급
2. B	남	3년	5급
3. C	여	2년	6급
4. D	여	1년	5급
5. E	여	4개월	5급

립어인 베트남어의 차이로 인해 양국 언어 간에 다른 점이 많다는 점에서 양국 언어의 재귀표현의 쓰임에도 역시 차이점이 많이 있을 수밖에 없을 것이다. 이러한 차이점으로 인해 베트남인 한국어 학습자들이 한국어 재귀대명사를 올바르게 사용하기는 어려울 것이다.

이로써 본고는 한국어와 베트남어 재귀대명사 대조를 통해서 양국 언어 재귀대명사의 공통점과 차이점을 밝히고, 대조 결과를 바탕으로 베트남인 한국어 학습자에게 한국어 재귀대명사에 대한 교수 전략을 찾아보는 것을 목표로 한다.

2 재귀표현의 개념과 범주

2.1. 재귀표현의 개념

재귀(reflection)는 '원래 있던 곳으로 다시 돌아옴'을 뜻한다. '재귀대명사(rerflexive pronoun)'란 일반적으로 한 단순문이나 절의 선행사와 동일 지시 관계에 있는 대용어이다[4]. 재귀표현의 연구는 미국에서 일찍부터 이루어졌으며 한국에서 1970년부터 두루 다루기 시작하였다.[5] 재귀대명사의 개념은 학자에 따라 조금씩 다르게 정의되었다. 먼저

4) 최경도(2012:8)에서 인용.

5) 崔鍾根(2006), 1970년대 미국 언어학계에서 재귀화(reflexvizaition) 연구가 활발하게 이루어지고 있어 명사화, 관계사화 등에 적용한 후 한국어에도 재귀화가 적용되기 시작하였다.

Jespersen(1924:221)은 재귀대명사는 앞에서 언급된 것이라며, 대부분의 경우 주어와의 동일성을 나타낸다고 하였다. Marouzeu(1951 :197)은 재귀대명사를 주어에서 나온 행동이 다시 주어로 되돌아가는 것이라고 주장하였다. Quirk et al.(1985:356)는 그것과 동일 지시되는 문장이나 절의 어떤 명사구, 대부분의 경우 주어를 '반사(reflect)'하는 것은 재귀대명사라고 하였다. 그리고 최현배(1959:233)는 말 가운데 대개는 이미 한 번 드러난 사람 그이를 돌이켜 가리키는 말이라고 하고 성광수(1981:31)는 재귀대명사란 동사로 나타나는 주체어의 동작 또는 행위가 어떤 다른 목적어에 미치지 않고 주체어에 재귀하는 대명사로 기술했다. 이익섭・임홍빈 (1983:247)은 '자기'처럼 인칭대명사와 구별되는 형태를 가지고, 늘 선행사를 재귀할 때만 쓰이는 대명사만을 재귀사라 부른다고 했다. 이익섭(2005:108)은 '한국어 재귀대명사는 앞에 나온 말, 즉 선행사를 다시 받되 일반 대명사와 구별되는 특유의 형태를 띤 대명사를 가리키는데, 3인칭에서만 나타난다'라고 정의하고 있다. 한편, 김종록(2008)은 '앞에 나온 주어를 그대로 반복하는 것을 피하기 위해 그 명사 대신 쓰는 것'으로 재귀대명사라고 했다.

위에서 재귀표현에 대한 정의를 살펴보면 재귀표현은 문장이나 절 안에서 선행사와 조응 관계를 가지는 것이다. 즉 재귀대명사의 선행사는 동일한 문장이나 절에 나타나며 재귀표현은 그 선행사를 되돌아가 가리키게 되는 것이다. 그러므로 본고에서는 전통적인 견해를 따라 '재귀대명사는 주체어의 행위가 다시 주체어로 되돌아가는 것'으로 정의하고 재귀대명사에 대해 다루기로 한다.

2.2. 재귀표현의 범주

먼저 한국어 재귀대명사는 '자기'가 유일한 형태로 인식되어 오다가 이익섭(1978)에서 한국어 재귀대명사는 '자기'밖에 없으며 '저', '당신'은 '자기'의 존비 관계에 따라 달리 쓰이는 형태라고 하였다. 이후 김일웅(1980)에 따르면 '자기', '자신', '자기자신', '제자신', '자체'가 모두 재귀대명사가 될 수 있다고 제안하였고, '자신'이 덧붙여져서 생긴 '그 자신', '제자신, 자기자신' 등은 '그, 제, 자기'를 강조하는 경우로 사용되었다. 서정수(1994)에서는 재귀표현은 일반 형태로 '자기, 자신, 자기자신'이 있고 경어법에 따라 '저, 당신'이 있으며, 이외에 '스스로와 자체'가 있다고 하였다. 또한 한국어 재귀대명사는 다른 문법서들에서 다음과 같이 다루고 있다.[6]

<표 1> 한국어 재귀표현의 범주

	재귀 대명사	예시
우리말본 (1937/1983:233~235)	두루 가리킴의 사람대이름씨: 이미 한번 들어난 사람 그이를 돌이켜 가리키는 말	자기, 당신, 저, 남
표준국어문법론 (1985/2011:80-81)	재귀칭, 혹은 재귀대명사: 앞에 나온 3인칭 주어가 되풀이됨을 피할 때 쓰이는 인칭대명사	자기, 저, 저희, 당신
외국인을 위한 한국어문법1 (2005:379-382)	재귀대명사: 앞에 나온 명사나 대명사를 다시 가리키는 대명사	자기, 저, 당신, (스스로, 서로)

이처럼 한국어 재귀표현은 '자기, 자신, 자기자신, 저, 당신, 서로, 스스로'이 있다. 이외에 '본인, 자체'도 재귀표현으로 삼는다.

6) 한송화(2013:281)에서 참조.

한편, 베트남 재귀표현은 한국어 재귀표현처럼 발달하지 않았기 때문에 베트남어 재귀표현에 대한 연구가 이루어지지 않았다. 따라서 베트남 국내에서 베트남어 재귀대명사에 대한 연구는 아직까지 미흡한 실정이다. 또한 한국어와 베트남어 대조 연구에서 양국언어의 재귀대명사에 대한 대조 연구는 없지만 양국 언어 인칭대명사를 대조하는 연구에서 한국어와 베트남어 재귀대명사에 대해서 언급한 내용이 있었다.[7] 베트남어 재귀표현은 대표적으로 "mình"(밍), "bản thân(반턴)", "tự"(뜨)가 있고 또는 선행사 주어가 화자, 그리고 청자가 아닌 제3자이면 뒤에서 앞의 주어를 다시 언급할 때 3인칭을 사용하는 경우도 있다.

본고에서는 한국어의 여러 재귀표현 중에 '자신', '자기', '스스로', '본인', '자체'를 선택하여 이들과 베트남 재귀표현인 'mình'(밍), 'bản thân'(반턴), 'tự'(뜨)를 대조하고자 한다.

3 한국어와 베트남어의 재귀표현 특징

3.1 한국어의 재귀표현

3.1.1. 자기

'자기'는 한국어에서 흔히 사용하는 재귀표현이다. '자기'는 역시 앞에서 말한 사람을 다시 가리켜 말할 때 쓰는 표현이다. '자기'는 문장에

7) 한국어와 베트남어 인칭대명사 대조의 연구로는 범광영(2003)와 루탄투이(2011)의 연구가 있다.

서 주어, 목적어, 관형어, 부사어 등 다양한 위치에서 나올 수 있으며 명사나 대명사처럼 뒤에 조사가 결합할 수 있다.

(1) a. 흐엉은 자기를 가르쳐 주신 선생님을 만났다.
b. 란 씨는 자기한테 어울리는 치마를 찾고 있다.
c. 마이는 자기 다리를 주물렀다.

(1)에서 재귀대명사 '자기'는 격조사 '-를', '한테'과 결합할 수 있는 것임을 확인할 수 있다. 그리고 문장 내에서 '자기'는 목적어(1a, 1b), 관형어(1c)의 위치에 나타났다. 그리고 (1c)에서 '자기'는 다리를 수식하면서 '다리'의 성질을 한정해 주고 있다. 문장 내에서 명사구를 형성하고, 주어인 '마이'가 명사구를 지시하고 서술어 의미의 영향을 받아 '자기'가 '마이'를 재귀한다. 즉, 문장 내에서 '다리'는 '마이의 다리'라는 뜻을 나타내고 있다. 문장 내에서 재귀대명사 '자기'가 쓰일 경우, 소유격의 역할을 할 때 주로 소유격 표지 '의'를 생략해도 된다. '자기'는 '자신'에 비해 제약이 많다. 그것은 선행사의 조건, 즉 인칭, 주어의 여부, 그리고 문장 내의 위치와 거리와 같은 제약들이다.

먼저, '자기'의 선행사 조건을 살펴보겠다. 기본적으로 재귀대명사 '자기'의 선행사는 3인칭이다.

(2) a.*나는 자기도 모르게 그 사람의 손을 잡았다. (자기-> 자신)
b.*너는 자기가 숙제를 다 했니? (자기-> 네)
c. 흐엉은 자기를 떠난 남자를 만났다.

위의 (2c)에서는 '자기'의 선행사가 3인칭이므로 문장이 자연스럽게 성립된다. 그러나 (2a, 2b)는 '자기'의 선행사가 1·2인칭을 선행사로 취하기 때문에 비문이다. 그러나 '자기'가 1인칭과 2인칭에서 쓰는 경우도 있다. 이때는 '자기'가 문장 내에서 명사구를 형성하면서 뒤에 오는 명사를 수식하는 관형어의 역할을 해야 한다는 제약이 있다. 이는 아래의 (3a)예문과 같다.

(3) a. 내가 자기 생각만 하는 사람으로 보이니?
b. 너는 지금 도대체 자기 정신이냐? (임홍빈:1987)

그리고 위의 예문 (3b)처럼 '지금의 너'는 '평소의 너'와 분리되어 3인칭화를 겪고 있기 때문에 '자기'의 선행사가 될 수 있다고 했다. 따라서 이는 타자의 시점을 도입하여 의미론적으로 3인칭화를 겪는 1, 2인칭에 한하여 '자기'의 선행사가 될 수 있다는 것이다.[8)]

또는 '자기'는 기본적으로 사람을 가리킬 때 사용한다. 그러나 사람이 아니지만 마음을 가졌다고 여겨지는 대상을 가리키는 경우도 있다.

(4) 우리 강아지는 자기가 좋아하는 사람이 오면 깡충깡충 뛴다.
(오경숙:2016)

한국어에서 (4)와 같은 문장은 흔히 볼 수 있는 문장이다. 예문 (4)에서 '자기'가 가리키는 대상은 사람이 아니고 동물인 강아지다. 따라서 여기에서 사람과 강아지의 사이가 친밀한 것으로 느껴질 수 있다.

마지막으로 '자기'의 선행사가 주어인지 아닌지에 대한 제약을 살펴보겠다. 보통 '자기'가 가리키는 대상은 문장의 주어인 경우가 대부분이다.[9)] 그러나 (5)의 예문은 '자기'의 선행사가 주어뿐만 아니라 간접

8) 오경숙(2016:140)에서 참조.
9) '자기'의 선행사가 주어이어야 한다는 주장은 이익섭(1978), 김정대(1981), 양동

목적어를 가리킬 수 있는 것으로 보여 주고 있다.

(5) a. 흐엉i은 란j에게 자기i/j 방에 있으라고 했다.
b. 흐엉i은 란j을 자기i/j 방에서 놀게 했다.

3.1.2. 자신

'자신'은 한국어 재귀표현의 대표 형태이며 각 인칭에 두루 쓰이는 재귀표현이다. 인칭에 따른 제약이 크지 않고 문장 내에서 주어, 목적어, 부사어 등의 위치에서 다소 자유롭게 등장한다.

(6) a. 나는 자신을 믿는다.
b. 너는 자신을 믿는다.
c. 흐엉은 자신을 믿는다.

(6)에서 '자신'이 1인칭인 '나', 2인칭인 '너', 그리고 3인칭인 '흐엉'을 가리키고 있고 있기 때문에 '자신'이 인칭에 대한 제약이 없는 것임을 보여 주고 있다. 특히 문장에서 '자신'이 다른 명사구와 결합하여 쓰일 때 '자기'처럼 소유격 조사 '의'를 생략하면 안 된다. 이는 아래의 (7)예문을 통해서 살펴볼 수 있다.

(7) a. 그는 자신의 잘못을 깨닫지 못하고 있다.
b. 그는 자기 잘못을 깨닫지 못하고 있다.

성광수(1981)는 '자신'이 그 선행사를 가까운 체언 형식으로 택하며, '자기'보다 의미성이 강해 재귀대명사의 기능이 강하다고 밝혔다. 따라

휘(1986) 등에서 찾아볼 수 있다.

서 '자신'은 인칭과 명사구의 종류에 제약 없이 모든 인칭과 명사구에 대해 강조의 용법으로 사용될 수 있다. '자신'의 강조 용법은 '자기'와의 쓰임에서 가장 차이를 보이는 용법 중의 하나이다.

(8) a. 나 자신/내 자신 : (*) 나 자기 / 내 자기
b. 너 자신/네 자신 : (*) 너 자기 / 너 자신
c. 그 자신 : (*) 그 자기

위의 (8)에서 '자신'이 대명사나 명사구의 1인칭, 2인칭과 3인칭 뒤에 연결할 수 있음을 알 수 있다. 그런데 이와 달리, '자기'는 다른 대명사와 결합할 수 없다. 이로써 강조 용법으로 재귀표현이 쓰일 때 '자신'을 사용해야 한다는 것이다.

(9) a. <u>너 자신이</u> 그 문제를 해결할 수 있겠니?
b. 사장은 그 일을 <u>직원 자신</u>의 힘으로 할 수 있게 했다.

예문(9)는 '자신'이 선행사를 강조하는 역할을 하고 있음을 보여 주고 있다. 또한 '자신'은 앞의 선행사가 무엇이든 상관없이 다 연결될 수 있음을 알 수 있다. 위의 (9)예문에서 재귀대명사 '자신'을 생략해도 문장의 형성에는 큰 영향을 주지 않으나 다만 강조의 의미가 사라질 수 있다.

3.1.3. <u>스스로</u>

한국어 재귀표현 중에서 '자신'과 '자기'를 교체해서 쓰는 '스스로'가 있다. '스스로'는 '~가, ~를, ~에게, ~의' 등과 같은 조사들과 결합하여 재귀표현의 역할을 한다. 또한 재귀표현은 '자신'처럼 강조 용법으로도

쓰인다.

(10) a. 나는 스스로에게 속삭였다.
b. 너 스스로가 그 문제를 해결해야 한다.
c. 흐엉은 스스로를 책망하다.
d. 사람들은 스스로의 삶을 결정한다.

(10)의 예문에서 '스스로'가 인칭에 대한 제약이 없는 것으로 알 수 있다. (10a)에서의 '스스로'가 간접 목적어의 위치에 분포하고 있다. (10b)에서의 '스스로'는 2인칭 대명사와 결합하여 강조 용법으로 쓰이고 있으며 '자신'을 대신해서 재귀대명사로서의 역할을 하고 있다. (10c)에서 쓰이는 '스스로'는 목적격 기능을 하며 선행사가 3인칭이기 때문에 재귀대명사 '자기'나 '자신'을 교체해서 사용해도 의미가 달라지지 않다. (10d)의 경우에 '스스로'는 관형격으로 재귀표현의 역할을 하고 있다.

'스스로'는 조사와 결합하여 재귀표현의 역할을 하는 것 외에 단독으로 쓰일 때 부사로 볼 수 있다.

(11) 흐엉은 스스로 집에 갔다.

위의 예문(11)에서 '스스로'가 단독적으로 쓰이고 있기 때문에 부사로 보는 것이 보통이다. 그러나 (성광수:1994)에 따르면 이 예문에서 쓰이는 '스스로'는 '스스로가'에서 조사 '가'가 생략된 것이라는 점에서 이와 같은 경우에 '스스로'는 부사가 아니라 재귀대명사 '스스로가'와 마찬가지로 재귀대명사로 처리할 수 있다.

3.1.4. 자체

문장 내에서 선행사가 무정물일 경우 그 선행사를 재귀대명사로 되받아 표현할 때 '자체'를 사용한다. '자체'는 다른 재귀대명사들과 마찬가지로 문장 내에서 주격, 목적격, 관형격의 형태로 나타난다.

(12) a. 그 질문 자체가 중요하다.
b. 이번 문제는 회사 자체에서 해결할 수 있는 문제다.
c. 네가 나를 그 정도 챙겨 주는 그 자체만으로도 행복하다.
d. 지구 자체의 온도가 변화하고 있다.

(12)의 예문에서 보는 것처럼 '자체'의 선행사는 모두 무정물이다. (12a)에서 '자체'는 문장에서 주어의 의미를 갖는 질문의 그 본래가 중요하다는 내용을 표현한다. (12b)에서 '문제'는 다른 곳이 아니라 '회사'에서 충분히 해결할 수 있는 문제라는 의미를 나타내기 위해 '자체'를 쓰고 있다. (12c)에서 쓰이는 '자체'는 선행사가 사물이 아닌 한 명사구를 가리키는 재귀적 용법으로 쓰이고 있으며 동시에 문장 내에서 강조 용법도 나타난다. (12d)예문의 '자체'는 다른 것의 온도가 아니가 지구의 온도가 변화하고 있는 것을 설명하고 있다.

3.1.5. 당신, 저, 본인

앞서 살펴본 재귀표현들은 경어법에 따라 높임 표현 '당신'과 낮춤표현 '저(제)'가 있으며 높임표현은 '당신'이 있다. 재귀대명사의 낮춤 형태인 '저'는 1인칭대명사 '저'와 다르다.

(13) a. 너는 제 것만 생각하지 마.
b. 우리 집 강아지는 고양이를 제 새끼처럼 키운다.

c. 사람들은 저마다 각기 다른 개성과 매력을 가지고 있다.

(13a, b)에서 선행사가 상대방을 낮추는 2인칭대명사 '너', 그리고 동물인 '강아지'이므로 재귀표현의 낮춤 형태인 '제'를 사용하고 있다. 여기에서 '제'는 '저의'의 축약형으로 이해할 수 있다. (13c)에서 '저'는 복수 명사를 선행사로 하는 것으로 이해할 수 있지만 자세히 살펴보면 '각자'를 지칭한다고 할 수 있다.

(14) 할머니는 당신께서 좋아하신 곳으로 여행을 가셨다.

위의 (14)예문에서 쓰인 재귀표현 '당신'은 선행사가 아주 높임의 대상이 될 때에 쓴다. 이 예문에서 선행사가 높임대상인 '할머니'이므로 재귀표현의 높임 행태 '당신'을 사용하고 있다.

이외에 공식적인 자리나, 안내문 공지문에 쓰이는 재귀표현 '본인'이 있다. '본인'은 다른 재귀대명사와의 쓰임이 조금 다르다. 문장 내에서 선행사가 없이 쓰이는 경우가 많으며 이때 선행사는 불특정 다수를 뜻하거나 문맥상 문장 밖에 존재하면서 생략되어 쓰인다.

(15) a. 서류는 본인이 직접 작성해야 한다.
b. 이 문제에 대해 대통령 본인이 직접 밝힐 것이다.

위의 (15)예문들은 주로 공적인 자리나 안내문에 쓰인 문장들이다. (15a)에서 쓰인 본인의 선행사는 불특정이고 이 문장을 안내문의 성격으로 해석할 수 있다. (15b)는 공적인 자리에 쓰인 문장이며 문장 내에 쓰인 '본인'의 선행사는 '대통령'이다.

3.2. 베트남어의 재귀표현

3.2.1. Mình

베트남어 재귀대명사의 대표적인 'mình'(밍)(자기/자신)은 선행사의 인칭대명사와 조응하여 쓰이며 경어법을 벗어나서 존대의 대상을 따지지 않고 모든 사람을 대신 가리킬 때 쓰인다. 재귀대명사 'mình'은 인칭에 대한 제약 없이 모든 인칭에 쓰인다. 베트남어 문장의 어순이 SVO(주어+동사+목적어)이므로 문장에서 재귀대명사 'mình'은 목적어나 부사어 뒤에 위치한다.

(16) a. Tôi tự trách mình.
(또이 뜨 짝 밍)
나/ 자책하다/ 자기
내가 자신을 자책한다.

b. Cậu hãy xem lại mình đi.
(꺼우 하이 샘 라이 밍 디)
너 /(명령 부사)/돌아보다/(명령부사)
너 자신을 돌아봐!

c. Hương đi vào phòng của mình
(흐엉 디 바오 풍 꾸어 밍)
흐엉/가다/부사(에)/방/의/방
흐엉은 자기 방으로 간다.

(16)예문에서의 'mình'은 1인칭대명사 'tôi'와 2인칭대명사 'Cậu', 그리고 3인칭 'Huong'와 결속한다. 또 위에 예문을 보듯이 재귀대명사 'mình'은 문장 내에 목적어, 소유격(의) 부사 뒤에 오는 것을 확인할 수 있다.

그런데 베트남어에서 'mình'은 재귀대명사일 뿐만 아니라 1인칭, 2인칭대명사이기도 한다.

(17) a. Cậu ấy xem hình của mình.
(까우 샘 힝 꾸어 밍 디)
그/보다/사진/소유격 부사
그는 나의 사진을 본다. / 그는 자기의 사진을 본다.
b. Người ngoại quốc đến nước mình nhiều.
(응으이 응와이 꾸억 덴 느억 밍 니에우)
외국인/오다/나라/우리/많다
외국인이 우리나라에 많이 온다.
c. Tôi đi chợ, mình trông con nhé.
또이 디 저, 밍 쫑 건 내
(나/가다/시장/ 자기/돌보다/아이/(명령부사)
나는 시장에 갈 거니까, 자기는 아이를 돌봐요.

(17a)에 쓰인 'mình'은 친한 사이에서 자기를 지칭하는 1인칭 단수 대명사이고 (17b)의 'mình'은 1인칭 복수형 대명사이다. (17c)의 'mình'은 부부가 서로 부르는 호칭어이다. 이는 한국어에서 부부 사이에서 서로 부르는 '자기'와 같은 것이다. 그러나 (17a)는 문어에 쓰인다면 'mình'은 재귀대명사의 역할을 하고 있는 것으로 알 수 있다. 그런데 이는 구어에서 생성한 문장이라면 문장 내에 쓰인 'mình'은 선행사의 'Cậu ấy'를 가리키는 재귀대명사라고 분석할 수도 있고, 발화하는 사람을 가리키는 1인칭 대명사라고 분석할 수도 있다. 왜냐하면 친한 사이에서 자기를 지칭할 때 1인칭대명사 'mình'을 사용하기 때문이다.

따라서 일상생활에서 대화할 때 잘 못 이해하는 것을 피하기 위해서 문장의 주어, 즉 선행사가 2이인칭과 3인칭이 올 때에는 'mình' 앞에 부사'chính'(징)을 붙어서 쓰는 'Chính mình'이 선행사를 재귀화 한다. 'Chính'의 뜻은 '바로', '그것이다'이다. 그러므로 재귀표현을 나타낼 때 (17a)를 아래와 같이 쓰면 더 자연스럽다.

(17) a'. Cậu ấy xem hình của chính mình.
(까우 샘 힝 꾸어 밍 디)
그/보다/사진/소유격 부사/자기
그는 자기의 사진을 본다.

재귀대명사 'mình'은 높임 표현이 없지만 선행사가 낮춤 대상일 때 'nó'를 사용하여 선행사를 다시 가리킨다.

(18) a. Em tôi nghĩ nó đẹp nhất.
(앰 도이 응이 너 뎁 녓)
우리동생/생각한다/제/예쁘다/가장
우리 동생은 제가 가장 예쁠 줄 안다.
b. Con mèo liếm lông của nó
(건 메오 리엠 롱 꾸어 너)
고양이/핥다/털/의 / 제
고양이는 제 털을 핥는다.

위의 (18a,b)예문의 선행사 '동생', 그리고 '고양이'는 낮춤대상이기 때문에 'mình'을 사용하는 대신에 재귀표현의 낮춤 형태인 'nó'가 쓰이고 있다.

3.2.2. Bản thân

'Bản thân'(반턴)은 베트남어에서 재귀대명사로 분류하는 것이다.

'Bản thân'은 인칭에 대한 제약이 없으며 문장 내에 주어, 목적어, 관형어에 위치한다.

(19) a. Bạn nên chăm sóc bản thân cẩn thận.
(반 넨 잠 석 반 턴 건 턴)
너/~야 하다/챙기다/자신/꼼꼼하다
너는 자신을 꼼꼼하게 챙겨야 한다.
b. Bản thân muốn thành công, phải học chăm chỉ.
(반턴 무언 탄 공, 파이 헉 잠 지)
자신/원하다/성공하다/~야 하다/공부하다/열심히
자신이 성공하려면 열심히 공부해야 한다.

(19)에 쓰인 'bản thân'은 목적어와 주어에 위치하고 있다. (19a)의 'bản thân'의 선행사는 2인칭대명사인 'bạn'이 된다. (19b)의 'bản thân'은 선행사가 없으며 공식적인 자리, 또는 문어에 쓰인 문장이라고 해석할 수 있다. 'Bản thân'은 인칭대명사나 명사구와 결합하여 그 선행사의 재귀대명사로 되받아 쓰는 것이다.

(20) a. Bản thân tôi cũng không hiểu mình.
(반턴 또이 궁 콩 히에우 밍)
나 자신 / 도/~지 않다 / 이해하다 /나
나 자신도 나를 이해하지 않다.
b. Bản thân sự việc này không đến mức nghiêm trọng.
(반턴 스 비엣 나이 콩 과 응에임 쫑)
자체/사건/이/아니다/정도/심각하다
이 사건 자체가 심각한 정도가 아니다.

위의 (20a)에서 'bản thân이 1인칭대명사 'tôi'와 결합한 'bản thân tôi'가 쓰여 문장의 의미를 다른 사람이 아니라 내가 나를 모른다는 것으로 강조하고 있다. 여기에는 'bản thân tôi' 앞에 'chính'(징)을 덧붙여 쓰이면 문장 주어의 강조로 부각시킬 수 있다. (20b)에서 'bản thân'이 'sự việc'(사건)과 결합하여 그 사건의 본래가 심각한 정도가 아닌 것을 뜻한다.

3.2.3. Tự

베트남어에서 'tự'(뜨)는 문장에서 재귀대명사 'mình', 또는 'bản thân mình' 과 같이 쓰며 재귀표현의 역할을 한다. 이 경우에 'tự'은 문장의 동사 앞에 온다.

(21) a. Anh ấy tự hỏi chính mình.
(아잉 어이 뜨 호이 징 밍)
그/스스로/묻다/자신
그는 스스로에게 묻는다. / 그는 자신을 묻는다.
b. Mẹ tôi tự hứa với mình
(매 또이 뜨 흐어 버이 밍)
어머니/스스로/약속하다/자신
어머니는 스스로에게 약속한다.

(21)에서 'tự'가 동사 'hỏi' 앞에 위치하고 있다. 'Tự'는 목적어인 재귀대명사 'mình'와 함께 쓰여 문장의 주어를 돌이켜 가리키고 있다.

이외에 'tự'는 재귀대명사의 쓰임에서 강조용법으로도 쓰인다. 이런 경우에 'tự'가 재귀대명사 'bản thân'와 1, 2인칭에 붙여서 복합 재귀표현의 형태로 성립되고 문장의 주어에 위치하여 강조용법으로 쓰인다.

(22) a. Tự (bản thân) tôi đã hoàn thành việc này.
(뜨 반턴 또이 다 환 타안 비엣 나이)
스스로/ 자신 / 나/ 과거표현 / 완성하다 / 일 / 이
나 스스로가 이 일을 완성했다.
b. Tự bản thân cậu đã bỏ lỡ cơ hội đó.
(뜨 반턴 까우 다 버 러 꺼 호이 도)
스스로/자신/너/다/놓치다/기회/그
너는 자기 스스로 그 기회를 놓쳤던 거야.

(22a)예문에서 'Tự'가 재귀대명사 'bản thân'와 1인칭대명사 'tôi'(나)와 결합하여 쓰이고 있으며 문장 주어를 강조한다. (22b)에서도 (22a)와 마찬가지로 'Tự+재귀대명사 자신+2인칭대명사'의 복합 재귀표현이 문장의 주어를 강조하고 있다.

4 한국어와 베트남어 재귀 표현의 대조

상기에서 한국어와 베트남어 재귀대명사에 대한 형태 및 특징을 살펴봤다. 앞에서 언급한 것과 같이 연구 참여자들이 한국어 재귀대명사를 사용하는 데에 많은 어려움을 겪고 있다는 것을 알 수 있었다. 따라서 본고는 베트남인 한국어 학습자들이 한국어 재귀대명사를 사용하는데 모국어로부터 어떤 영향을 받을 수 있는지에 대해서 알아보기 위해 양국 언어 재귀대명사의 공통점과 차이점을 찾아보자고 한다.

4.1. 재귀 표현의 형태 및 통사적 특징

4.1.1. 재귀표현의 형태

먼저 한국어와 베트남어 재귀대명사에 대한 내용을 토대로 아래 표와 같이 양국 언어의 재귀대명사의 형태를 대조해 보겠다.

<표 2> 한-베 재귀대명사 형태 대조

한국어 재귀대명사	베트남어 재귀대명사	예문
자기	mình/bản thân mình/3인칭대명사/~tự+동사+mình	란 씨는 **자기**한테 어울리는 치마를 찾고 있다. Lan đang tìm chiếc váy phù hợp với **mình** (cô ấy) (란/~고 있다/찾다/치마/어울리다/한테/자기)(그녀)
자신	mình/bản thân/bản thân mình/3인칭대명사/~tự+동사+mình	그는 **자신**의 잘못을 깨닫지 못하고 있다. Anh ấy không nhận ra lỗi của **bản thân.** (mình) (그/~못하다/깨닫다/잘못/의/자신) (자기)
스스로	tự (bản thân)+인칭대명사/bản thân mình	나는 **스스로에게** 속삭였다. Tôi đã thì thầm với **bản thân mình.** (나/과거 부사/속삭이다/에게/스스로) **너 스스로가** 그 문제를 해결해야 한다. **Tự bản thân bạn** phải giải quyết vấn đề đó. (스스로/너/~야 하다/해결하다/문제/그)
자체	bản thân/tự	그 질문 **자체**가 중요하다. **Bản thân** câu hỏi đó quan trọng. (자체/질문/그/중요하다).
당신	mình/bản thân/3인칭대명사	할머니는 **당신**께서 좋아하신 곳으로 여행을 가셨다. Bà đã đi du lịch đến nơi mà **mình** thích. (할머니/과거부사/여행가다/으로/곳/부사/자기/좋아하다).
저	nó	우리동생은 **제**가 제일 예쁠 줄 안다. Em tôi nghĩ **nó** đẹp nhất. 우리동생/생각한다/제/예쁘다/가장
본인	bản thân/2인칭대명사	서류는 **본인**이 직접 작성해야 한다. Hồ sơ phải do **bản thân** trực tiếp làm. 서류/~야 하다/본인/직접/작성하다.

위 표에서 보듯이 한국어 재귀대명사의 형태는 '자기, 자신, 스스로, 당신, 저, 본인'이 있는데 이들에 대응하는 베트남어 재귀대명사는 'bản thân, mình, nó, tự'가 있으며 한국어에 비해 비교적 적은 편이다. 그리고 한국어 재귀대명사들을 베트남어로 번역할 때 대부분이 'mình', 또는 'bản thân'으로 번역할 수 있다. 예컨대, 한국어 재귀대명사 '자기', '자신', '자체', '당신', '본인'을 베트남어로 번역하면 경우에 따라 각각이 'mình'으로 번역할 수도 있고, 'bản thân'으로 번역할 수도 있다는 것이다.

4.1.2 결합 정보

먼저 대부분의 한국어와 베트남어에서 재귀표현이 문장에서 주어, 관형어, 목적어에 위치하는 것이 양국언어의 공통점이다. 그리고 교착어인 한국어의 특징으로 한국어 재귀대명사는 '-이/가, -에게, -의, -을' 등과 같은 조사와 결합하여 사용하지만 교착어인 베트남어에서 재귀대명사들은 격 표지 없이 단독으로 나타낸다. 그리고 앞서 제시한 바와 같이 문장에서 '자기'가 쓰일 때 소유격의 역할을 하는 경우에 소유격 조사 '의'를 생략해도 되는 반면에 문장에서 재귀 표현 '자신', '스스로', '자체', '본인'이 쓰일 때 소유격의 역할을 하는 경우에 소유격 '의'를 생략하면 안 된다. 베트남에서도 마찬가지로 문장에서 재귀표현이 소유격의 역할을 할 때 소유격 부사인 'của'를 생략하면 안 된다.

다음으로 한국어 재귀대명사의 복수 형태는 복수 접미사 '~들'과 결합하여 실현된다. 베트남어에서 명사의 복수형은 명사 앞에 'những'(니응)이나 'các'(각)이 붙어서 실현된다. 그러나 베트남에서 재귀대명사의 복수 형태는 없다. 재귀대명사의 선행사가 1인칭, 2인칭 복수형일 경우에는 재귀대명사 'mình',이나 'bản thân'을 쓰면 되고 재귀대명사의 선행사가 3인칭 복수형일 경우에는 재귀대명사대신 3인칭 복수형 'họ'를 사용하면 더 자연스럽다.

(23) a. 우리는 **자신들**의 이익만 생각하면 안 된다.
a'. Chúng ta không được nghĩ đến lợi ích của riêng mình
(중다 콩 드억 응이 데인 러이 익 꾸어 리엥 밍)
우리/~안 되다/생각하다/이익/의/각자/자신
b. 그 사람들은 **자기들**이 원하는 일을 하고 있다.
b'. Những người đó đang làm việc mà họ muốn.
(니응 응으이 도 당 람 비엣 마 허 무언)
들/사람/그/~고 있다/하다/일/부사/그들/원하다

위의 (23a, 23b)에서 보듯이 재귀대명사의 복수형은 '자신들', '자기들'이 나타내고 있다. 베(23a')에서는 재귀대명사 'mình'의 선행사는 복수형인 '우리'인데도 재귀대명사 'mình'을 사용하고 있다. (23b')의 예문에서 주어 'những người đó'는 3인칭 복수형이기 때문에 문장에서 재귀표현 'mình', 'bản thân'대신에 3인칭 대명사 복수형 'họ'를 사용하고 있다.

둘째, 한국어에서 재귀대명사 '자기'와 '자신'을 결합하여 쓰인 '자기자신'이라는 재귀표현도 존재한다. '자기자신'에 대응하는 베트남어 재귀표현 'bản thân mình(반턴밍)'이다. 'bản thân mình'은 역시 재귀대명사 'bản thân' 과 재귀대명사 'mình'의 결합 형태다. 한국어 재귀표현 '자기자신'은 베트남어 재귀표현 'bản thân mình'과 마찬가지로 선행사에 대한 제약이 없다. 그런데 '자기자신'의 선행사 뒤에 격 조사를 생략하면 안 된다.

(23) a. 너는 **자기자신**을 사랑해야 한다.

너 (*)자기자신을 사랑해야 한다.
a'. Bạn phải yêu bản thân mình
(반 파이 이에우 반턴밍)
너/~야 한다/사랑하다/자기자신
b. 나는 **자기자신**을 사랑한다.
나 (*)자기자신을 사랑한다.
b'. Tôi yêu bản thân mình
(또이 이에우 반턴밍)
나/사랑하다/자기자신
c. 흐엉은 **자기자신**을 사랑한다.
c'. Hương yêu bản thân mình.
(흐엉 이에우 반턴밍)
흐엉/사랑하다/자기자신

위의 예문에서 보듯이 '자기자신'과 'bản thân mình'의 선행사는 모든 인칭에 다 쓰일 수 있다. 그런데 한국어 '자기자신'의 경우에 선행사 '나, 너, 흐엉'에 격조사를 사용하지 않으면 비문이 된다.

또한 '자기자신'은 중의성을 해소하거나 '자기'를 강조하기 위해 쓰이기도 한다.[10)] 베트남어 재귀표현 'bản thân mình'도 재귀대명사 'mình', 'bản thân'을 대체로 사용하여 중의성을 해소한 것이다.

(24) a. 흐엉은 프엉이 **자기**를 좋아한다고 생각했다.
a'. Hương nghĩ là Phương thích mình.
(흐엉 응이 라 프엉 틱 밍)
흐엉/생각한다/프엉/좋아하다/자기
b. 흐엉은 프엉이 **자기자신**을 좋아한다고 생각했다.

10) 최경도 (2012:17)에서 참조.

b'. Hương nghĩ là Phương thích bản thân mình.
(흐엉 응이 라 프엉 틱 반턴밍)
흐엉/생각한다/프엉/좋아하다/자기자신

(24a)에서 쓰인 '자기'의 선행사는 주절의 주어인 '흐엉'이 될 수도 있고, 종속절의 주어인 '프엉'이 될 수도 있다. 그러나 (24b)에서 '자기' 대신 '자기자신'을 쓰게 되면 문장 내에서 재귀 표현 '자기자신'이 지시하는 선행사는 '프엉'보다 '흐엉'으로 해석하는 것이 더 자연스럽게 된다. (24a')에서 쓰인 'mình'의 선행사는 주절의 주어인 '흐엉'이나 종속절의 주어인 '프엉'으로 해석할 수도 있다. 그런데 베트남어 'mình'은 재귀대명사뿐만 아니라 1인칭 대명사이기도하기 때문에 (24a')에서 쓰인 'mình'은 발화하는 사람을 가리킬 수도 있다. (24b')에서 쓰인 'bản thân mình'의 선행사는 '프엉', 또는 발화하는 사람보다 '흐엉'으로 해석하면 더 자연스럽게 된다.

4.1.3. 통사적인 제약

베트남어 재귀대명사는 대부분이 선행사에 대한 제약이 없지만 한국어 재귀대명사 중에서 '자기'는 다른 한국어 재귀대명사보다 제약이 많다. '자기'의 선행사가 3인칭이어야 하는 것은 문장에서 '자기'가 쓰이는 조건이다.

(25) a. (*)나는 **자기**가 좋아하는 일을 하면서 살고 싶다.
b. 나는 **자신**이 좋아하는 일을 하면서 살고 싶다.
c. Tôi muốn sống và làm việc mà mình (bản thân tôi) thích.
(또이 무언 송 바 람 비엣 마 밍 틱)
나/원하다/살다/~면서/하다/일/부사/자기 (나 자신)/좋아하다.

위의 (25a)는 자기의 선행사가 1인칭대명사 '나'이기 때문에 비문이다. 그런데 (25b)처럼 '자기'를 대신 '자신'이 쓰이면 자연스러운 문장이 성립된다. (25c)에서 선행사가 1인칭대명사 'tôi (나)'이어도 재귀대명사 'mình'이나 'bản thân mình'을 모두 사용할 수 있다.

다음으로, 한국어 재귀대명사 '자신', '본인'과 베트남어 재귀대명사 'bản thân'은 모두 선행사 없이 단독으로 사용할 수 있는 것은 양국 언어의 공통점이다.

(26) a. **자신**(**본인**)이 성공하려면 열심히 공부해야 한다.
b. Bản thân muốn thành công, phải học chăm chỉ.
(반턴 무언 탄 공, 파이 헉 잠 지)
자신/원하다/성공하다/~야 하다/공부하다/열심히

(26)예문에서 쓰인 재귀표현 '자신', '본인', 'bản thân'은 선행사가 없으며 공식적인 자리나, 문어에서 쓰인 문장이라고 해석할 수 있다.

4.2. 재귀표현의 의미

4.2.1. 베트남어 모어의 간섭

앞에서 제시한 것과 같이 베트남어에서 재귀대명사 'mình'은 재귀대명사이면서 1인칭대명사이다. 그러므로 구어에서 문장의 주어가 2인칭이나 3인칭인 경우에 문장에서 쓰인 대명사 'mình'은 주어인 선행사를 되풀이하는 것으로 분석할 수도 있고 발화하는 사람을 되풀이하는 것으로 분석할 수도 있다. 따라서 재귀대명사 'mình'은 구어보다 문어에서 더 많이 쓰인다. 이로 인해서 베트남인 한국어 학습자는 재귀대명사 '자기'나 '자신' 등 대신 3인칭을 사용하여 부자연스런 문장을 만들 수 있다.

(27) a. 흐엉은 **자기가** 만든 빵을 친구에게 주었다.
b. Hương đã cho bạn bánh mà mình làm.
(흐엉 / 과거표현/ 주 / 친구/ 빵 /부사/ 자기 / 하다)
(흐엉 따 조 반 바인 마 꼬 어이 람)
c. Hương đã cho bạn bánh mà cô ấy làm.
(흐엉 / 과거표현/ 주 / 친구/ 빵 /부사/ 그녀 / 하다)
(흐엉 따 조 반 바인 마 미잉 람)

(1a)에서 쓰인 '자기'는 주어의 '흐엉'을 다시 가리키는 재귀대명사이다. 그런데 이 문장을 베트남어로 번역할 때 (27a)의 재귀대명사 '자기'가 (27b)처럼 재귀대명사 'mình'으로 번역되면 'mình'의 선행사가 문장의 '주어'인 '흐엉'을 되풀이하는 것보다 화자를 가리키는 가능성이 더 높기 때문에 이런 경우에 문장의 뜻을 더 정확하게 표현하기 위해 예문 '27c'처럼 재귀대명사 'mình'대신 3인칭대명사 'cô ấy'이 쓰인다.

4.2.2. 의미 기능

한국어와 베트남어 재귀표현은 의미 기능에서 또 다른 공통점이 있다. 그것은 양국언어 재귀표현들이 강조 용법으로 쓰이는 것이다. 한국어에서 재귀대명사 '자신', '자체', '스스로'는 인칭대명사나 명사와 결합하여 강조용법으로 쓰인다. 이 중에서 '자신'과 '스스로'의 선행사는 '자체'의 선행사는 사물을 가리키는 명사나 문장 내의 한 명사구가 되어야 한다.

베트남어에서 강조용법으로 쓰일 때 한국어에서와 마찬가지로 재귀표현 'mình', 'bản thân' 뒤에 인칭대명이나 명사를 붙인다. 이 중에서 재귀표현 'mình'은 사람을 가리킬 때만 쓰지만 재귀대명사 'bản thân'은 사람을 가리킬 때나 사물을 가리킬 때도 모두 쓸 수 있다. 이 외에 재귀대명사 'mình' 또는 'bản thân+인칭대명' 앞에 부사 'Chính', 또는 부사 'tự'를 붙여서 강조용법으로 쓰이기도 한다.

(28) a. **나 자신**이 그 문제를 해결했다.
b. (Chính) Bản thân tôi đã giải quyết vấn đề đó.
((징)반턴 또이 다 자이 꾸엣 번데 도)
자신/나/과거부사/해결하다/문제/그
c. 나는 내 **자신**을 믿는다.
d. Tôi tin vào chính mình.
(또이 딘바오 징 밍)
나/믿다/부사/자신
e. 그 질문 **자체**가 중요하다.
f. Bản thân câu hỏi đó quan trọng.
(반턴 꺼우호이 도 관종)
자체/질문/그/중요하다

위의 (28a)에서 쓰인 '자신'은 강조용법으로 쓰이고 있다. 즉 '그 문제'를 해결한 사람은 다른 사람이 아니라 바로 '나'라는 것을 강조하고 있다. (28b)에서 선행사를 강조하기 위해서 재귀표현 'bản thân' 뒤에 1인칭대명사 'Tôi (나)'를 붙여서 쓰이고 있다. 또는 더 강조하는 의미를 나타낼 때 'bản thân tôi' 앞에 부사 'chính'을 붙여서 쓰이기도 한다. 예문(28c)에서 쓰인 '내 자신'은 선행사 '나'를 강조하고 있다. (28d)에서 주어인 'Tôi'(나)를 강조하기 위해서 재귀대명사 앞에 부사 'chính'을 붙여서 쓰이고 있다. 그리고 예문 (28e)에서 쓰인 '자체'는 문장에서 주어의 의미를 갖는 질문의 그 본래가 중요하다는 내용을 표현하고 있다. 베트남어에서 예문 (28f)처럼 주어인 'câu hỏi đó'를 강조하기 위해서 'câu hỏi đó' 앞에 재귀대명사 'bản thân'을 붙여서 쓰이고 있다.

4.3. 재귀 표현의 용법

4.3.2. 재귀사의 높임

한국어 재귀대명사 높임법에 따라서 낮춤표현 '저, 제'가 있으며 높임표현 '당신'이 있다. 한국어 재귀표현 '당신'은 그 선행사가 높임법상 '아주높임'의 대상일 때 쓰인다. 재귀표현으로 쓰인 '당신'외에 공적인 자리나 안내문 등에서 재귀표현 '본인'을 쓰기도 한다. 베트남에서 재귀대명사는 높임표현이 없지만 낮춤표현으로서 대명사 'nó'가 있다. 즉 베트남어에서 재귀표현의 선행사가 높여야 하는 대상일 때도 재귀대명사 'mình'이나 'bản thân'을 쓴다.

(29) a. 할아버지께서는 생전에 **당신**의 건강을 관리 잘하셨다.
b. Lúc còn sống ông đã giữ gìn sức khỏe của mình rất tốt.
(룩건송 옹 다 즈진 슥코애 꾸어 밍 럿 뜻)
생전/할아버지/과거부사/지키다/건강/의/자기/잘하다
c. 우리 여동생은 **제**가 가장 예쁜 줄 안다.
d. Em tôi tưởng rằng nó đẹp nhất.
(엠 또이 뜨엉 랑 노 뎁 녓)
동생/제/~줄 안다/제/예쁘다/가장
e. 우리 집 강아지는 고양이를 제 새끼처럼 키운다.
f. Con chó nhà tôi nuôi con mèo như con của nó.
(껀저 냐또이 누오이 껀매오 느이 껀 꾸어 노)

강아지/우리 집/키우다/고양이/처럼/새께/의/제

위의 (29a)의 '당신'은 2인칭 대명사가 아닌 재귀표현으로 쓰이고 있다. 문장의 주어 '할아버지'는 존대할 대상이므로 '자기, 자신'의 존칭 재귀표현 '당신'을 쓰고 있다. 그런데 예문 29b)에서 보듯이, 선행사가 높여야할 대상인데도 재귀표현 'mình'을 사용하고 있다. 그리고 예문 (26c)에서 선행사 '강아지'는 동물이기 때문에 재귀대명사의 낮춤표현인 '제'가 쓰이고 있다. 베트남어에서도 예문 (29d)처럼 재귀표현의 낮춤표현인 'nó'를 사용하여 선행사 'con chó'(강아지)를 되돌아 가리키고 있다.

4.3.3. 화용적 제약

한국어에서 다른 사람의 말을 간접화법으로 다시 언급할 때 그 사람이 자기를 가리켜 말할 때에는 인칭대명사 '나', '너'를 재귀대명사 '자기', '자신', '본인'으로 바꿔 쓴다. 베트남어에서 간접화법으로 다른 사람을 다시 전달할 때 그 사람이 본인을 가리켜 말할 때에는 재귀대명사를 쓰기도 하지만 일반적으로 3인칭으로 바꿔 쓰는 것이 더 자연스럽다.

(30) a. 흐엉: 오늘 친구가 **나**에게 커피를 사 주었어요.
[간접화법] 흐엉은 오늘 학교에서 친구가 **자기**에게 커피를 사 주었대요.
b. Hương : <u>Hôm nay</u> <u>bạn</u> <u>đã</u> <u>mua</u> <u>cafe</u> <u>cho</u> <u>tôi.</u>
흐엉 : 오늘/친구/과거부사/사다/커피/에게/나
[간접화법] <u>Hương</u> <u>nói rằng</u> <u>bạn</u> <u>đã</u> <u>mua</u> <u>cafe</u> <u>cho</u> <u>cô ấy.</u>
흐엉/말하다/친구/과거부사/사다/커피/에게/그녀

위의 예문(30a) 간접화법을 쓰는 경우에 '흐엉'이 자기를 가리키는 1인칭대명사 '나'를 '자리'로 바꾸어 사용하고 있다. 그렇지만 베트남어로 흐엉의 말을 다시 전달할 때 흐엉이 자기를 가리키는 1인칭대명사 'tôi'(나)를 3인칭으로 바꿔 쓰고 있다.

이상으로 한국어와 베트남어 재귀표현에 대한 대조 내용을 정리하면 <표 3>과 같다.

<표 3> 한국어와 베트남어의 재귀표현 대조

<table>
<tr><th colspan="2" rowspan="2">대조 내용</th><th colspan="3">한국어 재귀표현</th><th colspan="3">베트남어 재귀표현</th></tr>
<tr><th>자기</th><th>자신</th><th>스스로</th><th>mình</th><th>bản thân</th><th>tự</th></tr>
<tr><td rowspan="3">결합 정보</td><td>격조사와 결합 유무</td><td colspan="3">있음</td><td colspan="3">없음</td></tr>
<tr><td>소유격 '의'의 생략 가능성</td><td>있음</td><td>없음</td><td>없음</td><td>없음</td><td>없음</td><td>없음</td></tr>
<tr><td>복수형</td><td colspan="2">'~들'과의 결합</td><td>없음</td><td colspan="3">- 선행사가 3인칭 복수 명사일 경우에만 3인칭 복수 대명사 'họ'가 쓰인다.</td></tr>
<tr><td rowspan="2">선행사에 대한 제약</td><td>인칭</td><td>선행사가 3인칭이어야 함</td><td>없음</td><td>없음</td><td>없음</td><td>없음</td><td>없음</td></tr>
<tr><td>선생사가 사물인 경우</td><td colspan="3">-'자체'를 사용함.</td><td colspan="3">- 'bản thân'를 사용함.</td></tr>
<tr><td colspan="2">높임법</td><td colspan="2">존대 : 당신
낮춤: 저/제
공적 표현 : 본인</td><td></td><td colspan="2">존대 : 없음
낮춤 : nó</td><td></td></tr>
<tr><td colspan="2">강조 기능</td><td>없음</td><td colspan="2">인칭대명사+자신
인칭대명사+스스로
자기 자신</td><td colspan="3">- bản thân+인칭대명사
- chính mình
- chính bản thân+인칭대명사
- tự mình
- tự bản thân+인칭대명사</td></tr>
<tr><td colspan="2">간접 화법</td><td colspan="2">간접화법에서 쓰임</td><td></td><td colspan="3">간접화법에서 재귀표현보다 3인칭대명사를 씀</td></tr>
</table>

5 결론 및 제언

지금까지 한국어와 베트남어 재귀표현의 개념과 특징을 살펴보고 양국 언어 재귀표현을 대조해 보았다. 이로써 양국 언어 재귀표현에 대한 공통점과 차이점을 찾았다. 이러한 양국 언어 재귀표현에 대한 공통점과 차이점으로 인해 베트남인 한국어 학습자가 재귀표현을 사용하는데 오류가 많이 발생할 수 있음을 예측할 수 있다. 따라서 양국 언어 재귀대명사의 공통점과 차이점을 참고하여 베트남인 학습자에게 교육하면 더 좋을 것이라고 생각한다. 본고는 앞서 양국 언어 재귀표현에 대한 대조 내용을 기반으로 베트남 한국어 학습자를 위한 교육에 대한 제언을 하고자 한다.

먼저, 베트남어 재귀표현이 한국어 재귀표현보다 발달하지 않지만 양국 언어 간에 재귀표현에 대한 공통점이 있다. 첫째, 양국 언어의 재귀표현은 문장이나 절 내에서 주어, 목적어, 부사어 따위의 다양한 기능을 드러내는 자리에 쓰인다. 둘째, 양국 언어 재귀표현은 모두 강조하는 의미로 쓰인다. 양국 언어 간에 이러한 공통점이 있기 때문에, 학습자들이 한국어 재귀표현에 대한 학습을 더 쉽게 받아드릴 수 있을 것이라고 할 수 있다.

한편, 양국 언어 재귀표현에 대한 차이점도 많이 밝혀졌다. 양국 언어 재귀표현의 차이점을 정리하면 다음과 같다. 첫째, 한국어 재귀표현은 '자기' '자신', '스스로', '본인', '자체'등이 있고 베트남어 재귀표현은 'mình', bản thân', 'tự'이 있는 데 한국어 재귀표현 각각은 대응하는 베트남어 재귀표현이 없다. 즉 각 한국어 재귀표현을 베트남어로 번역할 때에 경우에 따라 모두 'mình', 'bản thân', 'bản thân mình', 'tự', 등으로 번역할 수 있다는 것이다. 이런 점에서 보면 베트남인 한국어 학습자가 알맞은 한국어 재귀표현을 쓰려고 할 때 고민이 될 수 있다.

둘째, 교착어인 한국어의 특징으로 재귀 대명사 뒤에 격조사와 결합하여 쓰이지만 고립어인 베트남어에서 대명사 뒤에서 격조사 표시 없이 쓰인 것이다. 단, 베트남어 재귀표현은 소유격과 같이 쓰일 때만 소유격 조사 'của'를 쓰고 이를 생략하지 못한다. 대부분 한국어 재귀대명사는 소유격 조사'의'를 생략할 수 없지만 재귀대명사 '자기'의 쓰임에서 소유격 조사 '의'를 생략할 수 있다. 셋째, 한국어에서 재귀표현의 복수 형태는 복수 접미사 '들'과 결합하여 실현되지만 베트남어에서 재귀표현의 복수 형태는 존재하지 않는다. 넷째, 베트남어 재귀표현은 선행사에 대한 제약이 없는 반면에 한국어 재귀표현 중에 재귀대명사 '자기'의 선행사는 인칭에 대한 제약이 있다. 즉 한국어 재귀대명사 '자기'의 선행사는 3인칭이어야 하는 것이다. 이런 차이점으로 인해 베트남인 한국어 학습자들이 '자기'를 사용하는데 오류를 범할 수 있을 것으로 예측할 수 있다.

다섯째, 한국어에서 재귀표현의 선행사가 사물이나 한 명사구인 경우에 재구대명사 '자기', '자신' 대신에 재귀표현 '자체'를 사용한다. 그런데 베트남어에서 재귀표현의 선행사가 사람인지 사물인지 구별 없이 재귀대명사 '자신'을 사용한다. 여섯째, 한국어에서 재귀표현은 높임법에 따라 낮춤 표현 '저', '제'가 있으며, 존칭표현 '당신'이 있지만 베트남어에서 재귀표현의 존칭표현이 존재하지 않고, 낮춤표현인 'nó'가 쓰인다. 마지막으로, 한국어에서 다른 사람의 말을 간접화법으로 다시 언급할 때 그 사람이 자기를 가리켜 말할 때에는 인칭대명사 '나', '너'를 재귀대명사 '자기', '자신', '본인'으로 바꿔 쓴다. 그런데 베트남어에서 간접화법으로 다른 사람의 말을 다시 전달할 때 그 사람이 자기를 가리켜 말하는 경우에 재귀표현보다 3인칭대명사를 바꿔서 사용하는 것이 일반적이다.

앞서 밝혀진 한국어와 베트남어 재귀표현에 대한 공통점과 차이점을 토대로 베트남인 한국어 학습자를 대상으로 한국어 재귀표현 교수·학습에 대해 몇 가지의 시사점을 제안하고자 한다. 첫째, 한국어 재귀표현 중에서 재귀대명사 '자기'가 가장 많은 제약이 있기 때문에 학습자에게 이러한 제약을 자세히 설명하는 것이 필요하다. 그 다음으로 한국어에서 사람을 가리키는 말을 다시 언급할 때 재귀표현 '자기, 자신, 본인, 스스로'를 사용하며, 어떤 사물이나 사실을 강조하여 가리킬 때 재귀표현 '자체'를 사용한다. 그런데, 베트남어에서 이와 같은 선행사에 대한 제약이 없기 때문에 학습자에게 이런 차이점을 강조하면 좋을 것이다.

둘째, 한국어 재귀표현과 베트남어 재귀표현은 모두 강조 용법으로 쓰이는 공통점을 학습자에게 설명하면 학습하는 데 도움이 될 것이다. 요컨대 한국어 재귀표현의 강조용법으로 쓰일 경우에 재귀대명사와 인칭대명사의 결합 형태인 '인칭대명사+자신, 인칭대명사+스스로', 또는 재귀대명사들의 결합 형태인 '자기 자신'있다. 베트남어에도 한국어와 마찬가지로 재귀표현의 강조용법으로 쓰일 때에 재귀대명사의 복합 형태인 'bản thân mình', 그리고 재귀대명사와 인칭대명사의 결합형태인 'bản thân+인칭대명사', 또는 재귀표현 앞에 부사 'tự', 'chính'을 붙여서 쓰인 'chính mình, chính bản thân+인칭대명사, tự mình, tự bản thân+인칭대명사'가 있는 것이다. 또한 한국어 재귀대명사 '자기'는 강조용법으로 쓰이지 않다는 점도 학습자에게 언급할 필요가 있다.

셋째, 한국어 재귀표현은 높임의 등급이 있다는 것을 학습자에게 가르칠 필요가 있다. 즉 재귀표현의 존칭 표현 '당신', 그리고 낮춤 표현 '저, 제'를 가르쳐야 한다는 것이다. 그리고 공적인 자리에서 쓰인 한국어 재귀표현 '본인'은 공적인 자리에서 쓰인 베트남어 재귀표현 'bản thân'의 용법과 대조하여 가르치면 학습자들이 재귀표현 '본인'에 대해서 더 쉽게 습득할 수 있을 것이다.

넷째, 베트남어에서 'mình'은 재귀표현이기도 하고 1인칭대명사이기도 한다. 따라서 문장에서 'mình'이 사용되면 이때 'mình'을 재귀대명사로 분석할 수도 있고 발화하는 사람을 가리키는 1인칭대명사로 분석할 수도 있기 때문에 청자가 화자의 발화 내용을 오해하지 않도록 재귀표현대신 3인칭대명사를 사용한다. 이러한 모어의 간섭으로 인해 베트남인 한국어 학습자가 재귀대명사 '자기', '자신'보다 3인칭대명사를 사용하여 부자연한 문장을 만들 수 있다. 따라서 한국어 재귀표현을 가르칠 때 재귀표현을 사용해야 할 자리에서 3인칭대명사를 사용하는 것보다 재귀대명사 '자기', '자신' 등을 사용하는 것을 제안하는 것이 더 좋을 것이다.

마지막으로 베트남어에서 다른 사람의 말을 다시 전달할 때, 그 사람을 자기를 가리키는 말을 재귀표현대신 3인칭대명사를 사용하는 경향이 있기 때문에 베트남인 학습자가 간접화행으로 사용할 때 오류가 생길 수 있다는 가능성이 크다. 따라서 간접화법이나 재귀대명사를 가르칠 때, 이런 점을 학습자에게 설명해주는 것이 학습하는데 도움이 될 것이다.

본고는 이상으로 한국어와 베트남어 재귀표현에 대한 특징을 살펴보고 대조했다. 그리고 양국 언어 재귀표현의 공통점과 차이점을 고려하여 베트남인 학습자를 대상으로 한국어 재귀표현을 효과적으로 교수·학습하기 위해 위와 같이 나름대로 몇 가지의 시사점을 제시해 봤다. 그러나 한국어 재귀표현에 대해 좀 더 깊게 살피지 못 한 한계가 있다. 따라서 차후 연구에서 이런 한계점을 해결하고 베트남인 한국어 학습자를 위해 더 구체적이고 효과적인 재귀표현 교수·학습 방안을 제시하기로 한다.

참고문헌

강남길(2001), "지시와 재귀사", 『한말연구학회』, Vol.-No.8, pp.1-16.

김경희(1991), "국어 재귀표현 구성의 범주 특성", 『한국언어문학』 제29집, pp.377-400.

강신명(2014), "한국어 재귀사의 조응 현상 연구, -'자기', '자신', '자기 자신'을 중심으로-", 계명대학교 교육대학원, 석사학위논문.

박진호(2007), "유형론적 관점에서 본 한국어 대명사 체계의 특징", 『국어학』, Vol.82 No-, pp.115-147.

백문영 (2014), "한국어・중국어 재귀 표현 대조 연구 및 교육 방안, -한국어 '자기', '자신', 중국어 '自己'를 중심으로-", 단국대학교 국어국문학과, 석사학위논문.

루탄투이(2011), "한국어와 베트남어의 인칭대명사 대비 연구", 건국대학교 대학원 국어국문학과, 석사학위논문.

엄홍준(2014), "한국어 재귀사의 조응 현상 연구 -'자기', '자신', '자기 자신'을 중심으로-", 계명대학교 교육대학원, 석사학위논문.

______(2014). "한국어 재귀사 '자기'의 속성", 언어, Vol.39 No.4, pp.899-919.

오경숙(2016), "한국어 재귀사 교육을 위한 문법 내용 연구 -'자기'를 중심으로-", 『이중언어학』 제65호, pp.131-152.

여도수(1999), "재귀대명사화의 의미론적 연구", 『공주영상정보대학 논문집』, pp.187-205.

이익섭(1978), "한국어의 再歸代名詞에 대하여", 『人文論叢』, Vol.2 No.-, 3-25(p.23).

장석진(1986), "조응의 담화 기능:재귀 표현을 중심으로", 『한글』 제194호, pp.121-156.

전기량(2015), "15세기 국어 재귀사에 대한 일고찰", 『구결연구』, 35, pp.207-238.

정연창(2003), "한국어 재귀사 '자기'의 해석과 생략", 『언어과학』, Vol.10.NO.2, pp.137-153.

제효봉(2011), "중국인 학습자의 한국어 재귀표현 사용 양상 연구 - '자기', '자신', '자기 자신'을 중심으로" ,『국어교육연구』 (국어교육연구회) 48, pp.257-286.

최경도(2012), "한국어 재귀 표현의 교육 방안 연구", 충남대학교 석사학위논문.

풍윤주(2013), "한국어와 중국어 재귀사에 대한 대조 연구 - '자기, 자신, 저(제), 당신'과 '自己'을 중심으로", 경희대학교 석사학위논문.

한송화(2013), "재귀대명사 '자기'의 의미와 기능", 『외국어로서의 한국어교육』, Vol.38 No.-, pp.279-303.

홍순성(1987), "한국어 재귀대명사의 특질", 동서문화, Vol.19 No.-, pp.249-263.

Tran Thi Mai Thao (2012), "베트남어 대명사에 대하여(영어와의 대조)", 호치민사범대학교, 석사학위논문.

Pham Quang Vinh (2002), "한국·베트남어의 인칭대명사 비교 연구", 동의대학교 대학원, 석사학위논문.

찾아보기

(ㅅ)

(ㅇ)

(ㅈ)

저자 **박덕유** | 인하대학교 교수
김은혜 | 인하대 교육대학원 강의교수
우스미 | 인도네시아대학교 한국어과 교수
임지영 | 인하대 언어교육원 강사
왕 정 | 중국 청도농업대학교 한국어과 교수
윤지유 | 인하대 교육대학원 강사
옥빈 항 | 인하대 국어문화원 연구원

학습자 모어 특성에 따른 한국어 교수법

초판인쇄 2017년 07월 11일
초판발행 2017년 07월 17일

저 자 박덕유 외
발 행 인 윤석현
책임편집 안지윤
발 행 처 도서출판 박문사
주 소 서울시 도봉구 우이천로 353 성주빌딩 3F
전 화 (02) 992-3253(대)
전 송 (02) 991-1285
전자우편 bakmunsa@hanmail.net
홈페이지 http://jnc.jncbms.co.kr
등록번호 제2009-11호

ISBN 979-11-87425-37-3 93700 정가 15,000원